谭其骧历史地理十讲

谭其骧 著

葛剑雄 孟刚 选编

中华书局

图书在版编目(CIP)数据

谭其骧历史地理十讲/谭其骧著;葛剑雄,孟刚选编. —北京:
中华书局,2022.8(2025.7重印)
ISBN 978-7-101-15777-2

Ⅰ.谭… Ⅱ.①谭…②葛…③孟… Ⅲ.历史地理–研究–中
国 Ⅳ.K928.6

中国版本图书馆 CIP 数据核字(2022)第 100704 号

书　　名	谭其骧历史地理十讲	
著　　者	谭其骧	
选　　编	葛剑雄　孟　刚	
责任编辑	胡正娟	
封面设计	周　玉	
责任印制	管　斌	
出版发行	中华书局	
	(北京市丰台区太平桥西里 38 号　100073)	
	http://www.zhbc.com.cn	
	E-mail:zhbc@zhbc.com.cn	
印　　刷	三河市宏达印刷有限公司	
版　　次	2022 年 8 月第 1 版	
	2025 年 7 月第 7 次印刷	
规　　格	开本/920×1250 毫米　1/32	
	印张 13⅛　插页 6　字数 300 千字	
印　　数	28001–32000 册	
国际书号	ISBN 978-7-101-15777-2	
定　　价	78.00 元	

谭 其 骧

籍贯浙江嘉兴，1911 年 2 月 25 日出生于奉天（今辽宁沈阳）。1926 年入上海大学，1930 年毕业于上海暨南大学历史社会学系，1932 年毕业于燕京大学研究院。同年起先后任北平图书馆馆员，辅仁大学、北京大学、燕京大学、清华大学等校兼任讲师，广州学海书院导师，1940 年赴贵州浙江大学史地系任副教授、教授。1950 年起为复旦大学教授，历任历史系主任、历史地理研究室主任、中国历史地理研究所所长，1980 年当选为中国科学院地学部委员（院士）。先后兼任中国史学会常务理事，中国地理学会理事、历史地理专业委员会副主任，国务院学位委员会学科评议组成员，国务院古籍整理出版规划小组成员、顾问，上海市哲学社会科学学会联合会副主席，上海市历史学会副会长、代会长等。1992 年 8 月 28 日病逝于上海。长期从事中国历史地理、中国史的教学和研究，主编《中国历史地图集》《简明中国历史地图集》《辞海·历史地理分册》《中国自然地理·历史自然地理》《中华人民共和国国家历史地图集》（第一册）等，1982 年前的主要论文编入《长水集》（上、下册），其后的主要论文编入《长水集续编》，汇编为《谭其骧全集》（2 卷）。

1930年夏，谭其骧先生上海暨南大学毕业照

1935年11月，谭其骧先生在广州中山公园

1984年4月，谭其骧先生在上海淮海中路寓所

1986年10月，谭其骧先生在日本

云梦与云梦泽

谭其骧

"云梦"一词，屡见先秦古籍，但汉后注疏家由于不能正确理解其意义，竟易云梦泽混为一谈，因而又滋生出许多关于云梦和云梦泽的误解。云梦泽汉世确在江夏，汉人言泽地所在虽简略而基本正确，要后随着云梦泽的消失，对经传"云梦"一词的望文误解，释经者笔下的泽地所在乃愈择愈广，终致失实到了极其荒谬的地步。本文的写作，目的即在于澄清这笔往纪的混淆，并对云梦泽的沧桑过程作一初步探索，希望能为今后科学地阐述历史时期江汉平原的地貌发育过程打下一个比较可靠的基础。

一　"云梦"不一定指云梦泽

古籍中有的"云梦"指的是云梦泽，例如详见于《周礼·职方》荆州其泽薮曰云梦，见于《尔雅·释地》以及《淮南子·地形训》九薮中的楚之云梦，但是有许多"云梦"指的却不是云梦泽，如：

《左传·宣公四年》载：令尹子文之父在郧时私通郧子之女，生下子文。初生时其母使弃诸梦中。虎乳之。郧子田，见之。昭公三年载：郑伯劳了楚国，还子郑伯田江南之梦。这里……梦是云梦的简称。这两个梦……田猎的地方，……知是一时同

天才来自勤奋

读书贵能得间

八〇届历史系毕业同学

惠存 甲子冬至 谭其骧

谭其骧先生为复旦大学1984届历史系毕业生题词

目　录

导言：为什么要学习历史地理学[①]

葛剑雄

中国历史地理学是研究中国历史上的地理现象及其演变规律的一门学科。它的研究对象与现代地理学基本是一致的，包括历史自然地理（如地貌、地形、水文、气候、植被、土壤、动物等）和历史人文地理（如经济开发、产业分布、城市、聚落、交通、人口、疆域、政区、文化、风俗、语言、宗教等）这两个方面。所以，中国历史地理课所要讲的也是中国地理，不过是历史上的中国地理，也就是过去几千年间中国范围内的地理状况。

就拿与我们中华民族关系很密切的黄河来说吧，我们要了解不同时期的黄河的河道和出海口在哪里，黄河的泥沙比现在多还是比现在少，黄河历史上是不是多灾，有哪些灾害及其发生的原因，黄河流域的气候和现在是不是相同，气温的高低、降水量的大小、植被分布怎样，是森林、草原还是耕地，地形有过什么变

[①] 本文是在谭其骧指导下，由葛剑雄撰写，并经谭其骧审阅，作为中央电大语文类专业 1982 级选修课"中国古代文化常识"讲稿，由葛剑雄授课。收入王力等著，董琨、吴鸿清汇编《中国古代文化史讲座》（中央广播电视大学出版社，1984 年），原名《谈谈历史地理学》，收入本书时略有修改。

化，等等。这些都是历史自然地理要回答的问题。

又比如要了解中国各个历史时期各民族所建立的政权的疆域，汉朝、唐朝的版图有多大，匈奴、吐蕃的活动范围在哪里；历代的行政区划有过什么变化，今天的某地以前属于什么地区，历史上的某地在今天的什么地区；哪些地区经济发达，原因何在；某种产业分布在哪里，历代有什么变化；某一时期有哪些城市和聚落，它们的规模、位置、内部的布局如何；城市之间、地区之间的交通路线和形式；人口的分布状况和前后变化，人口是怎样迁移的；各地有什么特殊的风俗习惯；某种方言分布在哪些地区；某种宗教主要在哪些地区传播；等等。这些都是历史人文地理所要回答的问题。

那么，我们为什么要学点历史地理的知识呢？这个问题是需要说明一下的。的确，历史地理是属于地理学的，对我们绝大多数人来说，目前既没有必要也不可能花很多时间来学习和研究历史地理，但是掌握一点中国历史地理的基本知识，还是很有益处的。

第一，这有助于我们了解中国这样一个统一的多民族的伟大国家的缔造和发展的过程。我们可以通过疆域的变化看到我们的祖先如何经过政治隶属上一次次的结合，互相吸引，日益接近，逐步融合，最后终于凝聚在一个疆界确定、领土完整的国家实体之内。

根据考古发掘，新石器时代的文化遗址在我国的分布很广，遍及包括台湾在内的全国各省市自治区。夏文化的研究虽然还没取得完全一致的结论，但无论是从考古发掘还是从文献记载都可以证明，商王朝已经拥有相当大的版图，包含了不同的民族。也就是说，早在三四千年以前，在中国的历史范围之内已经建立幅员很大的国家。到 2 200 多年以前的秦朝就已经形成了包括今天大半个中国范围的多民族的统一国家，以后经过汉、隋、唐、宋、元、明历代的开拓和发展，到清朝中期，也就是十九世纪初帝国主义入侵中国之前，已经形成了拥有 1 000 多万平方千米领土的多民族的伟大国家。而在帝国主义的宰割和掠夺之下，中国丧失了 100 多万平方千米的领土。

我们还可以看到，伟大的祖国的形成是汉族和各兄弟民族共同奋斗的结果。无论是中原地区的经济开发，还是边疆地区的开拓巩固，都是各族人民长期辛勤劳动、团结互助、一致反抗外来侵略所取得的。今天的汉族在历史上已经融合了大量少数民族，如戎、狄、匈奴、鲜卑、羌、越、“西南夷”、“南蛮”、契丹、女真、蒙古，等等。而在边疆地区的开发中，少数民族也作出了重大贡献，如契丹、女真和满族对东北地区，吐蕃对青藏地区，维吾尔、契丹、蒙古族对新疆地区，匈奴、鲜卑、蒙古族对北部边疆，高山族对十七世纪以前的台湾，都作出过特殊的贡献。同样，汉族人民也参加了边疆地区的开拓，一部分汉人也早已融合在少数民族之中。了解了这些情况，必将进一步激发起我们热爱祖国、热爱祖国各族人民的感情，增强我们的民族自豪感和振兴中华的坚定信心。

第二，这有助于我们认识社会发展的规律，更深刻地理解我国古代的历史和文化。一般说来，地理条件对于人类社会发展来说，只是起着加速或延缓的作用，并不是决定性的因素。但在古代生产力低下、人类利用和改造自然条件的能力很差的情况下，地理条件对社会发展所起的作用比现在要大得多。在某些特定的条件下，地理条件还可能起到决定性的作用。所以，我们要认识中国历史发展的原因，掌握其发展规律，对中国历史地理条件的了解也是不可或缺的。而对历史地理条件的了解，并非现代的地理知识所能够代替的，因为地理环境的变化，尽管不如人类社会那样迅速剧烈，但也不是固定的、停滞的。且不说人文地理条件，就是自然地理环境的变化，在某些地区、某些时期也是相当巨大的，并且直接影响了人类社会的发展。例如：历史上的黄河曾经多次改道，有时在今天津市入海，有时在今河北省或山东省入海，还有时在今江苏省北部入海。华北平原上曾经有很多湖泊，在《水经注》中还记载了不少，但以后基本上都消失了。现在的鄱阳湖在东汉时还是一片广阔的平原，当时的鄡阳县治就设在现在的湖中间，以后才逐渐沦为大湖。塔克拉玛干沙漠的南部在我国历史上曾经是发达的地区之一，拥有发达的农业，人口也比较稠密，著名的丝绸之路从这里通过。但四世纪以后，这里的城市逐渐被迫废弃，现在早已是无垠的沙漠了。今天繁华的上海市区，在汉代时大多还是汪洋大海，在这以后才逐渐形成陆地。这些变化的过程最多不过一两千年，有的只有几百年、几十年，甚至更短。这些变化有的是受到了人类活动的影响，但也有的即便在今天的生产力条件下也无法抗拒。它们对历史发展的影响，特别是对某一局部地区的影响是不容忽视的。

我们在学习中国历史、古典文学、古代哲学、经济史、文化史、科技史中遇到的一些重大问题，如中国封建社会为什么长期延续，汉族为什么成为我国的主体民族，单一的农业经济、小农经济是怎样形成的，经济重心为什么从北方转移到了南方，中国近代科学技术落后的原因，中国古代文明和哲学观念形成的原因，等等，虽然不能都归结于地理环境，但都可以从历史地理因素中找到一部分答案。

第三，可以增加一些必要的常识，便于理解学习中和现实中遇到的有关问题。正如前面已经指出的，由于历史地理涉及的范围很广，而且历史和现实的情况是互相关联的，所以我们经常会遇到需要用历史地理的知识来解答的问题。

最常见的例子是，我们在古典文学或现实生活中都会见到很多历史地名，它们的确切地点在哪里？当然不是学一点历史地理知识就都能回答了，但是学习了，至少可以避免不必要的错误。例如《水浒传》中讲梁中书当北京留守，《说岳全传》中讲赵构在南京登位，如果有人以为这就是今天的北京和南京，那就要闹大笑话了。因为现在的北京在北宋时一直在辽朝的控制之下，而现在的南京当时称为江宁府。如果我们注意了古今地名的不同，翻一下有关的工具书，就可以知道北宋的北京是指当时的大名府，即今天河北省大名县，而南京则是宋州（即应天府，又称宋城），即现在的河南省商丘市。如果我们有兴趣的话，还可以查到历史上被称为北京的地方至少有西晋时的洛阳，南朝刘宋时的京口，十六国时的统万城（今陕西靖边县北），北魏时的平城（今山西大同），唐及五代唐、晋、汉的太原府（今山西太原），金的临潢府（今内蒙古巴林左旗），明初的开封府以及明清的北京，加上大名府有十个之多。

又如：郭沫若在现代文学、史学中占有重要的地位，他的名字是大家都熟悉的，那么他为什么自名为"沫若"呢？原来沫、若是两条河流的名称，早在西汉司马相如的文章中就已提到了。沫水就是今天的大渡河，若水就是今天的雅砻江以及与雅砻江合流后的一段金沙江。郭沫若是四川乐山人，乐山就在沫水之滨，离若水也不远，这大概就是他取名的原因吧。

长城和大运河是我国古代劳动人民的两项杰作，早已闻名世界，但是不少人，包括有些书中对长城和大运河的介绍都没有弄清最基本的事实。有的人站在八达岭上赞叹 2 000 多年前建筑工程的伟大，其实这一段长城根本与秦长城无关，这是明朝筑的，秦始皇修筑的长城远在八达岭以北 100 多公里。同样，有的人说今天的京杭运河开凿于 1 400 多年前的隋朝，这也是错误的。因为隋炀帝在六世纪初开的是从洛阳到涿郡（今北京）和洛阳到余杭（今浙江杭州）的两条运河，而北京与杭州之间运河的贯通是到 1293 年的元朝才完成的。因此，我们只能说京杭大运河中某些段有 1 000 多年或 2 000 多年的历史，而就整条大运河而言，它的历史是近 700 年。

我们还可以举个例子。谭其骧教授曾经对黄河的变迁作过深入的研究，他发现黄河在西汉时经常泛滥成灾，但从东汉以后却有过近千年的安流时期。其原因在于中游变农为牧或者农牧俱废，受到破坏的天然植被得以恢复，发挥了保持水土的作用，因此流入黄河的泥沙大大减少，河床不致淤积，河水也就不再决溢泛滥。了解了这一历史经验，我们一定能更深刻地理解党中央提出的在西北地区保护森林、植树种草、农牧并举的方针的必要性和正确性。总之，增加一些历史地理的常识，对大家是很有益的。

那么，中国历史地理学所研究的中国地域范围是怎样的呢？中国历史地理要研究和阐述的地域范围包括但不限于今天的中国，它所研究的是历史时期的中国。具体地说，我们是以清朝完成统一之后、帝国主义入侵中国以前的版图，就是从十八世纪五十年代到十九世纪四十年代鸦片战争以前的中国版图作为历史上中国的范围，即东北到外兴安岭，西北到巴尔喀什湖、葱岭和帕米尔高原，其他方面大致与今国界相同。曾经在这个范围内活动的民族，都是中国历史上的民族；曾经在这个范围内建立过的政权，都是中国历史上的政权。

确定这样的标准的依据主要有以下三方面：

一、中国的历史是汉族和其他兄弟民族共同创造的。所以，历史上汉族建立的政权，如汉朝、唐朝、宋朝、明朝固然是属于中国的；其他民族建立的政权，如藏族的祖先吐蕃人建立的政权，契丹人建立的辽朝，党项人建立的西夏，女真人建立的金朝，蒙古人建立的元朝，满族人建立的清朝同样也是属于中国的。即使这些政权之间曾经是互相对立的，即使某些民族、某些政权曾经在一段时期内不归中央王朝的管辖，但这些民族以后都逐渐融合在中华民族的大家庭中了，他们活动的这些地区当然都是历史上中国的一部分。那种认为只有汉族政权管辖的地区或者只有中原王朝统治到的范围才能代表中国的看法，显然是错误的。

二、"中国"这个概念是随着历史的发展而逐步扩大的。春秋时所谓中国，只是指黄河中下游地区，此外就不算中国了，以后逐步扩大到了长江流域、珠江流域，也包括少数民族建立的政权的范围。例如匈奴等民族建立的十六国、鲜卑人建立的北魏，到唐朝就已经被认为是中国的一部分了。同样，宋、辽、金三个政权，到元朝也都被认为是中国的一部分了。这是后人客观地承认了的历史事实，纠正了当时人们的民族偏见的认识。所以我们今天讲历史上的中国，当然应该站在今天的立场上看历史，而不能用春秋时人的或者用唐朝人、宋朝人的眼光来划分中国和非中国。

三、鸦片战争以前的清朝疆域是几千年来历史的发展所自然形成的，是这一范围内的各民族经过长期的交往，包括一次次的统一和分裂而最终结合成的。这些地区在历史上先后都曾经隶属于同一个政权，或者曾保持政治、经济和文化上的密切联系。所以这是历史发展的必然结果，并不是单纯依靠清朝军事上的胜利所能取得的。相反，在清朝打败准噶尔部统一新疆以后，中亚的一些国家曾要求加入清朝，但却被清朝拒绝了。如果真的要进行军事扩张，那不是最好的机会吗？但清朝并没有再向外进军。而在这以后，中国被帝国主义掠夺走了东北、西北的大片领土，我们当然不能把这种结果用来代表历史上的中国，当然不能认为被帝国主义占去的领土就不是历史上的中国的一部分。

还应该说明一点，就是这样的划分也并不是绝对的。在相当长的时期内，在这个范围之外的某些地区曾经隶属于中国政权，例如朝鲜半岛的北部、今天越南的北部，所以在这些阶段的中国的范围就应该根据历史事实，而不能只根据清朝的版图，不能因为这些地区以后成为独立的国家了就否定历史事实。历史上有些政权的范围一部分在清版图之内，一部分在清版图之外。对这种情况我们觉得主要看它的政治中心在哪里。如果政治中心在中国之内的，还是应该作为中国政权的，它的辖境也都属于中国，反之就不作为中国政权和属于中国的范围。

历史上疆域的变化是很复杂的，这里讲的只是我们划分历史上中国范围的基本原则。具体每个时期的疆域范围不可能一一细讲，我们可以参看谭其骧教授主编的《中国历史地图集》，在本书附录《历代疆域政区概述》中亦有介绍。

第一讲

历史上的中国和
中国历代疆域

1970年代末，谭其骧先生与复旦大学历史地理研究室同事研究《中国历史地图集》的修订

本讲原为作者在 1981 年 5 月下旬召开的"中国民族关系史研究学术座谈会"上的讲话，修改后刊于《中国边疆史地研究》1991 年第 1 期，后收入《长水集续编》（人民出版社，1994 年）。本次选编略有删节。

一、历史时期的中国的范围

《中国历史地图集》的编绘工作开始于 1955 年春。开始只要求把杨守敬的《历代舆地图》予以"重编改绘",图幅的范围准备一仍杨图之旧,那时还没有接触到历史上中国的范围这个问题。杨图各时代都只画中原王朝的直辖版图,除《前汉》一册附有一幅西域图外,其余各册连王朝的羁縻地区都不画,更不要说与中原王朝同时并立的各边区民族政权的疆域了。所以杨守敬所谓《历代舆地图》,起春秋讫明代,基本上都只画清代所谓内地18 省范围以内的建置,不包括新疆、青海、西藏、吉林、黑龙江、内蒙古等边区。编绘工作开始没多久,我们就感觉到以杨图范围为我们的地图的范围这种想法是不行的。新中国的历史学者,不能再学杨守敬的样儿仅仅以中原王朝的版图作为历史上中国的范围。我们伟大的祖国是各族人民包括边区各族所共同缔造的,不能把历史上的中国同中原王朝等同起来。我们需要画出全中国即整个中国历史的地图来,不应只画秦、汉、隋、唐、宋、元、明等中原王朝。随后我们就作出决定:图名改为《中国历史地图集》,范围要包括各个历史时期的全中国。怎样确定各个时期的全中国范围,从此便成为我们不得不反复慎重考虑的一个首要问题。

我们是如何处理历史上的中国这个问题呢?我们是拿清朝完成统一以后,帝国主义侵入中国以前的清朝版图,具体说,就是从十八世纪五十年代到十九世纪四十年代鸦片战争以前这个时期的中国版图作为我们历史时期的中国的范围。所谓历史时期的中国，就以此为范围。不管是几百年也好，几千年也好，在这个范围之内活动的民族，我们都认为是中国史上的民族；在这个范围之内所建立的政权，我们都认为是中国史上的政权。简单的回答就是这样。超出了这个范围，那就不是中国的民族了，也不是中国的政权了。

二、理由与标准

为什么作出这样的决定？我们的理由是这样：

（一）不能拿古人心目中的"中国"作为中国的范围

首先，我们是现代的中国人，我们不能拿古人心目中的"中国"作为中国的范围。唐朝人心目中的中国，宋朝人心目中的中国，是不是这个范围？不是的。这是很清楚的。但是我们不是唐朝人，不是宋朝人，我们不能以唐朝人心目中的中国为中国，宋朝人心目中的中国为中国，所以我们要拿这个范围作为中国。

这还要从"中国"两个字的意义讲起。"中国"这两个字的含义，本来不是固定不变的，是随着时代的变化而变化的，随着时代的发展而发展的。且不提《诗经》等古籍中的"中国"是什么意思，简单说起来，拿"中国"两个字表示我们国家的主权所达到的范围，这个观念是鸦片战争之后才形成的。在这以前的"中国"二字，在各种场合有各种样子的用法。远的我们不讲，鸦片战争以后的初期，这个观念还没有完全固定下来。举一个例子，魏源写《圣武记》所用的"中国"，有时候是符合现在的概念的：譬如他讲到蒙古，把蒙古算中国，俄国算外国；讲到西藏，把西藏算中国，印度算外国。但有的时候，他还采用一种老观念，把18省同新疆、西藏、蒙古对立起来，只把18省叫中国。有的明清著作中，甚而至于因为作者本人跑到西南的贵州、广西少数民族地区，他作笔记就把贵州、广西这一带的少数民族地区不看作中国，把黄河流域、长江流域的内地看作中国。"中国"两个字，按照现在的用法，形成是很晚的。鸦片战争以后的初期还没有完全形成，基本上到晚清时候才形成。讲到"中国"就是表示我们国家的主权所达到的范围，这是鸦片战争后经过了几十年才逐渐形成的。

我们再回过头来讲，我们是现代人，我们不能以古人的"中国"为中国。这不是说我们学习了马列主义才这样的，而是自古以来就是这样的，后一时期就不能拿前一个时期的"中国"为中国。举几个例子：春秋时候，黄河中下游的周王朝，晋、郑、齐、鲁、宋、卫等诸侯国，他们自认为是中国，他们把秦、楚、吴、越看成夷狄，不是中国。这就是春秋时期的所谓"中国"。但是这个概念到秦汉时候就推翻了，秦汉时候人所谓"中国"，就不再是这样，他们把秦楚之地也看作中国的一部分。这就是后一个时期推翻了前一个时期的看法。到了晋室南渡，东晋人把十六国看作夷狄，看成外国。到了南北朝，南朝把北朝骂成索虏，北朝把南朝骂成岛夷，双方都以中国自居。这都是事实。但唐朝人已经不是这样了，唐朝人把他们看成南北朝，李延寿修南北史，一视同仁，双方都是中国的一部分。同样，宋朝也把辽、金、夏都看成是外国，看成夷狄。但是元朝人已经不这样了，已经把辽、金、夏跟宋朝一样看成"中国"。元朝人已经不用宋朝的看法了，难道我们还要做宋朝人？所以我们说现代人不能以古人的"中国"为中国。后一代的人把前一代的人的概念否定，不采用前一代人的概念，这是由来已久，自古而然的，没有什么奇怪。我们现在当然不应该再以东晋人自居，再以宋代人自居。总而言之，我们是现代人，不能以古人的"中国"为中国。

（二）不能拿今天中国的范围来限定历史上中国的范围

第二个问题。我们既不能以古人的"中国"为历史上的中国，也不能拿今天的中国范围来限定我们历史上的中国范围。我们应该采用整个历史时期，整个几千年来历史发展所自然形成的中国为历史上的中国。我们认为十八世纪中叶以后，1840年以前的中国范围是我们几千年来历史发展所自然形成的中国，这就是我们历史上的中国。至于现在的中国疆域，已经不是历史上自然形成的那个范围了，而是这一百多年来资本主义、帝国主义列强侵略宰割了我们的部分领土的结果，所以不能代表我们历史上的中国的疆域了。

为什么说清朝的版图是历史发展自然形成的呢？而不是说清帝国扩张侵略的结果？因为历史事实的确是这样，清朝的版图的确是历史发展自然形成的。我们跟沙俄不同，沙俄在十六世纪以前，和乌拉尔山以东的西伯利亚、中亚细亚没有什么关系，十六世纪以后向东侵略、扩张，才形成现在这么大的版图。但是清朝以前，我们中原地区跟各个边疆地区关系长期以来就很亲密了，不但经济、文化方面很密切，并且在政治上曾经几度和中原地区在一个政权统治之下。东北地区在唐朝时候已经建立了若干羁縻都督府、羁縻州。到辽、金时代版图已东至日本海，北至外兴安岭，经过元朝直到明朝的奴尔干都司，都是如此。北方也是如此，蒙古高原上的匈奴在西汉时跟汉朝打得很热闹，最后匈奴还是投降了汉朝，甚而至于到东汉初年还入居汉朝的版图之内。唐朝，从唐太宗灭了突厥颉利可汗、灭了薛延陀、灭了车鼻可汗之后，一度统治整个蒙古高原，远达西伯利亚南部，几十年之后突厥才复国。元朝的时候，蒙古高原是元朝的岭北行省。在西北方面也是如此，西汉设西域都护府，唐设安西、北庭都护府，元曾经置阿力麻里、别失八里行中书省、宣慰司，等等。虽然一般都不是连续的，但断断续续好几次，都跟中原地区在政治上属于一个政权。至于经济、文化关系，那就更紧密。

这个长期的经济、文化、政治的关系，逐渐发展下来，越来越密切。随着历史的发展，边区各族和中原汉族之间的关系越来越密切了，形成了一种相互依存的关系，光是经济文化的交流关系不够了，光是每一个边区和中原的合并也不够了，到了十七世纪、十八世纪，历史的发展使中国需要形成一个统一的政权，把中原地区和各个边区统一在一个政权之下。而清朝正是顺应了历史发展的趋势，完成了这个统一任务。

十七世纪、十八世纪清朝之所以能够在这么大的范围之内完成统一，这绝不是单纯的由于那时的清朝在军事上很强，在军事上取得一系列的胜利所能够做到的。单纯的、一时军事上的胜利和军事征服要是没有社会、经济基础来维持的话，统一是不能持久的。但是清朝在完成统一之后，巩固下来了，稳定下来了，到了十九世纪中叶以后遭遇帝国主义从东南西北各方面入侵，给他们侵占了一部分土地去了，但基本上还是维持下来了。这是为什么？主要的原因是中原需要边区，边区更需要中原，需要统一在一个政权之下，这对中原人民有利，对边区人民更有利。

我们知道，清朝的统一，实际上是先统一了满族的地区，即广义的满洲；再统一汉族的地区，即明朝的故土；再统一蒙族地区和蒙族所统治的维藏等族地区。主要是满、蒙、汉三区的统一。汉族地区指原来的明朝的地方，除汉族外也包括许多南方的少数民族。蒙族地区在内外蒙古之外，还包括青海、西藏以及南疆的维吾尔地区。这些地区本来都在厄鲁特蒙古统治之下，都在准噶尔统治之下。当时的准噶尔疆域，不仅是天山北路的准噶尔本部，还包括南路的维吾尔地区，青海、西藏、套西厄鲁特，都是在准噶尔统治之下。噶尔丹还进一步侵占了喀尔喀蒙古，即外蒙古。只有内蒙古在清朝入关之前早已纳入清朝版图。后来准噶尔又进一步要从外蒙古入侵内蒙古。这就爆发了清朝和准噶尔之间的战争。双方经过康熙、雍正、乾隆三朝70年的斗争，清朝终于取得了胜利，不仅把准噶尔本部收入版图，还把原来在准噶尔统治之下的青海、西藏、"回疆"即天山南路，也纳入了版图。所以清朝统一基本上就是统一满、汉、蒙三区。蒙区实际上包括维吾尔地区及藏区。

这三区统一完成之时是在乾隆中叶，即十八世纪五十年代。而由满、蒙、汉三族人民组成这个王朝，实际上还远在清朝入关以前。1636年皇太极即皇帝位，把国号大金改为大清，臣下所进呈的劝进表就是由满、蒙、汉三种文字写成的，充分表明这个王朝是由满、蒙、汉三种人组成的。据我来看，这是顺应历史潮流的。因为到了十六世纪、十七世纪时，汉、满、蒙等中国各民族已经迫切需要统一。这一点，我们从明朝与女真部族即后来的后金打的交道，明朝跟蒙古打的交道可以看得很清楚。

那个时候中原的明朝和东北的满洲、北方的蒙古，时而打仗，兵戎相见；时而通过和谈规定明朝岁赠女真、蒙古多少物资，并进行互市。打也好，和也好，目的无非是女真人要拿人参、貂皮来换中原地区的缎布、粮食和农具，蒙古人要拿他们的马来换中原布帛、粟豆和茶叶。岁赠互市不能满足他们的需要时，就打进来掠夺。一边进行掠夺，一边要挟举行新的和议，增加岁赠。这说明边区发展到十六世纪、十七世纪时迫切需要中原地区的农产品和手工业品。当然，中原地区也需要边区的人参、貂皮、马匹，等等。但是比较起来说，边区更需要中原的物资。所以说，通过互市，通过战争，最后需要统一。因为统一之后，只要中原能用布匹、粮食等物资满足边区的需要，就可以平安无事，统一就可以巩固下来。所以我说清朝之所以能造成大统一的局面并且巩固下来，是顺应了历史的潮流，是历史的发展自然形成的。

有人说，清朝这样大的版图完全是向外扩张的结果，这是不符合历史事实的。清朝对于蒙古用兵不能算是穷兵黩武，就像汉武帝对匈奴用兵不能算穷兵黩武一样。汉武帝对付朝鲜、东越、南越，可以责备他是侵略，对付匈奴就不能算是侵略。他不对付匈奴，匈奴要打进来。唐太宗对付突厥也不能算穷兵黩武。同样清朝对付准噶尔也是不得不然。在那时候，准噶尔气势汹汹，占领了整个新疆、青海、西藏、外蒙，矛头指向清帝国统治下的内蒙古，如果不把噶尔丹打败的话那还得了？那就可能再次出现边疆民族入主中原，即厄鲁特入主中原，再来一次改朝换代。要改朝换代可不是容易的。从当时情况看起来清朝还是比准噶尔进步点，让清朝统治中原地区比让准噶尔统治中原还是要有利一点吧。

所以说清朝打败准噶尔，不能说他是穷兵黩武。这是你死我活的斗争。清朝把准噶尔统治的地区——收入版图，这是为了彻底打垮准噶尔而必须要采取的措施，不是存心要去征服这些地方。清朝那时候并不是扩张主义者。我们知道，清朝打败准噶尔之后，阿富汗、浩罕、巴达克山等中亚的一些小国，曾经一度要求加入清朝，但清朝拒绝了，仅仅把这些国家列为藩属。以当时清朝的兵势、兵威所加，要进一步向中亚扩展是完全有可能的，但清朝并没有这样做。可见清朝之所以有这样的版图，绝不能说他是扩张主义者，这是顺应历史潮流。

所以说清朝在十八世纪时形成的这个版图是中国历史发展的结果，拿这个版图来作为历史上中国的范围应该是恰当的。

有人主张拿今天的国土作为历史上中国的范围，我们认为那是不恰当、不应该的。要是那样的话，岂不等于承认沙俄通过《瑷珲条约》《北京条约》割去的乌苏里江以东、黑龙江以北的地方，本来就不是我们的地方吗？事实上在清朝以前，乌苏里江以东、黑龙江以北已有几百年是在中原王朝直接统治之下的。

再如大漠以北的蒙古高原，现在属于蒙古国。这个国家是不是历史自然发展形成的呢？不是。1911 年、1921 年两次蒙古独立，都是后面有第三者插手的，要是没有第三者插手的话，它不会脱离中国。历史发展的自然趋势是蒙古地区不论漠南漠北都应该和中原地区联系在一起的。到了二十世纪，到了 1911 年、1921 年，由于第三者的插手，结果分裂出去了。这不是自然发展的结果，这是帝国主义宰割中国的结果。所以我们不能说历史上的中国只包括漠南的内蒙古而不包括漠北的外蒙古，尽管我们现在是承认蒙古国的。

历史上所有的北方民族，匈奴也好，鲜卑也好，柔然也好，突厥也好，回纥也好，全都是同时分布在漠南和漠北的。要是我们以今国界为依据处理历史上的民族，那该怎么办？同一个政权统治之下的一个民族，漠北的不算中国，漠南的才算中国，这就没法办了。但我们要是采用 1840 年以前的清朝版图为历史上中国范围就好办。出现在漠南漠北的蒙古以及历史上所有的民族，都是中国的少数民族，不能因为今天在蒙古国之内，就不算历史上中国的民族。

有一点要补充一下，就 1840 年以前有些跨国界的政权或民族或部族怎么办？这个问题最明显的事例就是高丽。我们现在是这样办的：我们认为以鸭绿江、图们江为界的中朝国界，这是历史自然形成发展的结果，没有什么帝国主义插手。历史上的高丽最早全在鸭绿江以北，有相当长一个时期是在鸭绿江、图们江南北的，后来又发展为全在鸭绿江以南。当它在鸭绿江以北的时候，我们是把它作为中国境内一个少数民族所建立的国家的，这就是始建于西汉末年，到东汉时强盛起来的高句丽，等于我们看待匈奴、突厥、南诏、大理、渤海一样。当它建都鸭绿江北岸今天的集安县（今吉林集安）境内，疆域跨有鸭绿江两岸时，我们把它的全境都作为当时中国的疆域处理。但是等到五世纪时它把首都搬到了平壤以后，就不能再把它看作中国境内的少数民族政权了，就得把它作为邻国处理。不仅它的鸭绿江以南的领土，就是它的鸭绿江以北辽水以东的领土，也得作为邻国的领土。

（三）不需要与中原王朝扯上关系才能算中国

我们处理历史上的中国的标准就这一条，并没有第二条。当初我们讨论的时候，正如昨天小组会上好几位同志的意见一样，有些同志总觉得只有这么一条不够，总想找到第二条、第三条，想要加一两条跟中原王朝的关系，总觉得应该跟中原王朝有一点什么关系，如果没有关系，怎么能说是历史上的中国？什么关系呢？最好设过郡县。但是有的边区从来没设过郡县，那么羁縻州县也算郡县。这也是过去学术界不实事求是之风造成的。那时历史学界讳言"羁縻州"，"羁縻"两个字不许提，硬要把"羁縻"都督府、"羁縻"州的"羁縻"两个字去掉，变成某某州，要把它看成正式的地方行政区划一样。我们知道，府、州的长官是流官，是中央政府可以随时调动的。府、州秉承中央政府的政令进行统治，向中央缴赋税，服徭役。但羁縻府、州只是给当地少数民族首领一个都督或刺史的名义，实际上是当地基本上自主的统治者，他的地位是世袭的。王朝动不了他，他只是归附而已，你要动他，他就会举兵叛乱。羁縻府州和正式府州完全是两回事。因为正式的找不出来，所以硬要把羁縻府州算正式府州。这在实际上是违反历史事实的。

有些地区连羁縻府州也没有设置过，这些同志就去找称臣纳贡的关系，只要称过臣、纳过贡，就算是归入中原王朝的版图了。或者是曾经接受过中原王朝封赠的爵位，中原王朝曾经封过这一部族的首领什么王，什么侯，或者是曾经授予一点什么官衔，那就把它说成是中原王朝的一部分，纳入中国的版图了。搞来搞去无非就是要跟中原王朝拉上一点关系，好像只有跟中原王朝扯上关系以后才能算中国，否则就不能算中国。这是讲不通的。我们知道，朝鲜、越南是历代向中原王朝称臣纳贡，接受中原王朝的封爵的，但我们能把朝鲜、越南算作中国的一部分吗？不行。它们跟明朝和清朝的关系只是小国与大国的关系、藩属国和宗主国的关系，它们不是明朝的地方、清朝的地方。尤其明显的是日本有一颗被奉为国宝的印，叫作"汉倭奴国王"印，按照这些同志的说法，日本已接受了中国给他的这颗印，岂不是日本也要算中国的了吗？可见把有没有封爵纳贡这种关系看作在不在历史上的中国范围以内这种说法，是绝对讲不通的。

尤其突出的是，一定要把跟中原王朝拉上一点关系才算是中国的一部分，那么处理台湾问题就难了。台湾在明朝以前，既没有设过羁縻府州，也没有设过羁縻卫所，岛上的部落首领没有向大陆王朝进过贡、称过臣，中原王朝更没有在台湾岛上设官置守。过去我们历史学界也受了"左"的影响，把"台湾自古以来是中国的一部分"这句话曲解了。台湾自古以来是中国的一部分，这是一点没有错的，但是你不能把这句话解释为台湾自古以来是中原王朝的一部分，这是完全违反历史事实，明以前历代中原王朝都管不到台湾。有人要把台湾纳入中国从三国时算起，理由是三国时候孙权曾经派军队到过台湾，但历史事实是"军士万人征夷州（即台湾），军行经岁，士众疾疫死者十有八九"，只俘虏了几千人回来，"得不偿失"。我们根据这条史料，就说台湾从三国时候起就是大陆王朝的领土，不是笑话吗？派了一支军队去，俘虏了几千人回来，这块土地就是孙吴的了？孙吴之后，两晋、南朝、隋、唐、五代、两宋都继承了所有权？有人也感到这样实在说不过去，于是又提出了所谓台澎一体论，这也是绝对讲不通的。我们知道，南宋时澎湖在福建泉州同安县辖境之内，元朝在岛上设立了巡检司，这是大陆王朝在澎湖岛上设立政权之始，这是靠得住的。有些同志主张"台澎一体"论，说是既然在澎湖设立了巡检司，可见元朝已管到了台湾。这怎么说得通？在那么小的澎湖列岛上设了巡检司，就会管到那么大的台湾？宋、元、明、清时，一个县可以设立几个巡检司，这等于现在的公安分局或者是派出所。设在澎湖岛上的巡检司，它就能管辖整个台湾了？有什么根据呢？相反，我们有好多证据证明是管不到的。

因此，你假如说一定要与中原王朝发生联系才算中国的一部分，那么明朝以前台湾就不是中国的一部分，这行吗？不行。台湾当然是中国的，自古以来是中国的。为什么自古以来是中国的？因为历史演变的结果，到了清朝台湾是清帝国疆域的一部分。所以台湾岛上的土著民族——高山族是我们中华民族的一个组成部分，是我们中国的一个少数民族。对台湾我们应该这样理解：在明朝以前，台湾岛是由我们中华民族的成员之一高山族居住着的，他们自己管理自己，中原王朝管不到。到了明朝后期，才有大陆上的汉人跑到台湾岛的西海岸建立了汉人的政权，这就是颜思齐、郑芝龙一伙人。后来荷兰侵略者把汉人政权赶走了，再后来郑成功又从荷兰侵略者手里收复了。但是，我们知道，郑成功于1661年收复台湾，那时大陆上已经是清朝了，而郑成功则奉明朝正朔，用永历年号，清朝还管不到台湾。一直到1683年（康熙二十二年），清朝平定台湾，台湾才开始同大陆属于一个政权，所以一定要说某一地区同中原王朝属于同一政权，中原王朝管到了才算是中国的话，那么，台湾就只能从1683年算起，1683年前不算中国，这行吗？台湾自古以来是中国的，为什么是中国的？因为高山族是中国的一个少数民族，台湾自古以来是高山族的地方，不是日本的地方，也不是菲律宾的地方，更不是美国的地方、苏联的地方，台湾自古以来就是中国的地方。但不是属于中原王朝，是属于高山族的，到1683年以后中原王朝才管到，这样我们觉得就可以讲通了。

一定要找出边疆地区同中原王朝的关系来，好像同中原王朝没有关系就不能算中国的一部分，实际上，很对不起，还是大汉族主义。这个思想一定要坚决打破。我们自己思想中如果认为一定跟汉族王朝有关系才算中国，那就不好办了。

国外有人说，中国的西界到甘肃为止，新疆从来不是中国的。这个论点大家都知道是胡说。但是，为什么是胡说呢？很多人就会这样讲了：因为新疆在汉朝就统治到了，唐朝也统治到了。汉朝设过西域都护府，唐朝设过安西都护府、北庭都护府。但是我们的历史很长，西汉对西域统治多少时间？也不过50年吧。东汉的统治更差。唐朝比较长一点，也不过七世纪到八世纪100多年吧。我们有几千年的历史，除了汉唐一二百年统治了新疆之外，其他的时代怎么样？有些人只愿意谈汉唐，不愿意谈其他时代，因为一想到除汉朝、唐朝、清朝之外，中原王朝的确管不到新疆。那怎么办呢？好像理亏似的，于是有的同志就去找其他的关系。说是虽然不能直接管到，但在宋朝、明朝新疆的地方政权向中原王朝进过贡。朝鲜、越南都不算中国的一部分，为什么新疆地区的政权向中原王朝进过贡，就算是中国的一部分呢？这是讲不通的。宋朝和明朝，新疆地区政权同中原王朝的关系实在是很可怜的，西州回鹘、于阗、黑汗王朝跟宋朝怎么说得上有什么臣属、隶属关系？怎么能说是向宋朝称臣纳贡呢？不过是来往一两次而已，不用说不在宋朝的版图内，连藩属也谈不上。到明朝更可怜了，明朝中叶以后，嘉峪关打不开了，嘉峪关之外都是一些与明朝没有什么关系的政权。所以一定要与中原王朝有关系才算中国的一部分的话，那么新疆在宋朝、明朝根本就不是中国的一部分。不能这样讲，不能说一定要与中原王朝有关系才算中国的一部分。

我们一定要分清楚汉族是汉族，中国是中国，中原王朝是中原王朝，这是不同的概念。在 1840 年以前，中国版图之内的所有民族，在历史时期是中国的一部分。就是这么一条，没有其他标准。新疆在宋朝的时候，是西州回鹘、于阗、黑汗等等。在明朝的时候，在察合台后王封建割据之下，分成好多政权，这是不是就不是中国了？是中国，不过它与中原王朝分裂了。

分裂与统一，在中国历史上是经常出现的，每一次由分而合，一般说来是扩大一次。中国历史上第一次统一是在秦汉时期，秦统一时北至秦长城，西边只到黄河，根本没有挨上青藏高原。汉朝的统一，西边到了玉门关，到了青藏高原的湟水流域，比秦有所扩大。隋唐的统一又扩大一步，但是都赶不上清朝的统一。一次一次统一，一次一次的扩大，到清朝的统一，版图最大。而这个范围并不反映清朝用兵的结果，而是几千年来历史发展的结果，是几千年来中原地区与边疆地区各民族之间经济、政治各方面密切关系所自然形成的。

（四）中国是各族人民共同缔造的，少数民族贡献很大

不过，我们说，经济文化的密切关系，还需要政治统一来加以巩固的。所以讲到这点，我们不得不特别强调一下，我们中国是各族人民共同缔造的这一句话并不是泛泛而谈的，少数民族对我们的贡献确实是很大的。除了经济文化方面我们暂且不谈之外，就是我们形成这么大的一个中国，少数民族特别是蒙古族、满族对我们的贡献太大了。我们设想一下，在十二世纪我们这个中国分成七八块，长江流域、珠江流域是南宋，东北和黄河流域是金，宁夏、甘肃的河西和鄂尔多斯这一带是西夏，云南是大理，新疆是西辽，西藏是吐蕃，分裂成许多部落的蒙古高原上是

蒙古各部、突厥各部，整个中国分成七八块，每一块中间还不统一。由于从成吉思汗到忽必烈祖孙三代的经营，才出现了一个大统一的局面，这个大统一的局面多么珍贵啊！

　　譬如云南，虽然汉晋时代是中原王朝统治所及，但是南朝后期就脱离了中原王朝。到了隋唐时候，是中原王朝的羁縻地区，不是直辖地区。这个羁縻局面也不能维持很久，到了八世纪中叶以后，南诏依附吐蕃反唐，根本就脱离了唐王朝。南诏之后是大理。总的来说，从六世纪脱离中原王朝，经过了差不多700年，到十三世纪才由元朝征服大理，云南地区又成为中原王朝统治所及。又如新疆地区，从八世纪后期起就脱离了唐王朝，唐朝人被吐蕃又赶出来了，后来吐蕃人也站不住了，回鹘人进入新疆建立了几个政权。总而言之，经过了400多年，才由蒙古族征服西辽，使新疆地区和中原地区又同属于一个政权。元朝的统治使中国各地区之间长期分裂又合在一起。没有蒙古的话，怎么能形成这样大的统一？这样分裂局面继续下去的话，那就不可想象。

　　同样，在明朝时候，中国又进入一个分裂时代。明朝对东北辽东边墙以外，对青藏高原的统治是很薄弱的，只是一种羁縻关系而已，真正的统治是谈不上的。我们要说老实话，现在把明朝对西藏关系来比之于元朝对西藏的关系，清朝对西藏的关系，这是不行的，是远远赶不上的。明朝对东北边墙以外女真各部的关系也不能和元朝、清朝相提并论。长城以外的鞑靼、瓦剌，长期处于敌对状态。所以明朝的时候中国又分成好几块了。没有清朝起来，这个分裂局面不知又要延续到什么时候。明朝对新疆的关系更谈不上，根本管不上，连新疆发生什么变化都不晓得。要是没有清朝从努尔哈赤、皇太极，经过顺治、康熙、雍正、乾隆这六代二百多年的经营，就不会出现十八世纪的大统一局面。所以我们说中国是各民族人民共同缔造的。我们今天还能够继承下来这么大的一个中国（虽然被帝国主义宰割了一部分，侵占去了好多地方），包括这么多的少数民族在内，不能不归功于清朝。所以我们绝不能把中国只看成汉族的中国。中国是各族人民共同的中国，很多少数民族对我们中国历史发挥了很大的作用。

没有元朝，没有清朝，今天的中国是什么样子？我们怎么能把中国只看成汉族一家的？王朝跟中国不能等同起来，应该分开，整个历史时期只有清朝等于全中国，清朝以外没有别的中国政权。清朝以前任何历史时期，中国都包括两个以上的政权，我们绝不能说这个政权是中国的，那个政权不是中国的，不能这样分，要分也分不清。

历史上同时存在两个以上的中国政权时，那就得承认事实上当时几个国家并峙，谁也管不到谁，不能硬说中原王朝管到了边区民族政权。有些同志要把吐蕃说成是唐朝的一部分。这是违反历史事实的。唐和吐蕃敌对战争时多，和亲通好时少。就是在和亲通好时，唐朝也完全管不了吐蕃。汉朝和匈奴，唐朝和突厥、回纥的关系，基本上也是如此。我们只能认为吐蕃、匈奴、突厥、回纥是历史上中国的一部分，但不能说它们是汉唐王朝的一部分。

历史上的中国政权有时管到了历史上中国范围以外的地方，我们也得承认这些地方虽然不在历史上的中国范围之内，但确在几个中国王朝版图之内。例如，汉晋间曾在朝鲜西北部设置过乐浪、带方等郡，汉唐间曾在越南北部设置过交趾、九真、日南等郡，这些设郡县的地方，当然是汉、晋、唐等王朝疆域的一部

分。所以朝鲜、越南虽然不在历史上的中国范围之内，但历史上
的乐浪、交趾等郡，则为汉、唐等王朝的领土，那是无可讳言
的。以郭老（郭沫若）名义出版的《中国史稿》第一版（后来的
版本改动过没有，我不知道），把汉朝同交趾、九真、日南的关
系说成是对外关系，我看是很难讲得通的。这三郡明明在汉王朝
的统治之下、版图之内，汉朝其他地区对这三郡的关系只能说是
内地或中原对边区的关系，怎么能说成是对外关系呢？这是违反
历史事实的。我们对内提倡民族团结，对外提倡尊重邻国，特别
是比较弱小的邻国，这是对的。但不应该，也不需要为了要尊重
邻国，就抹杀或歪曲历史事实。交趾、九真、日南等郡确在汉唐
王朝疆域之内，不能因为在今天是越南的国土，便硬说汉唐跟这
几郡的关系是"对外"。五代以后越南脱离中国独立建国，那我
们就该尊重其独立，不能因为它曾经向宋、元、明、清等朝称过
臣、纳过贡，而不把它作为一个独立的邻国看待。

在我们的图上，我们没有把秦朝的象郡按我国的传统说法划
在越南境内。有些同志认为我们在画秦图时是在与越南友好的时
候，所以就不敢把象郡画在越南。我们是把象郡画在广西、贵州
一带的。他们说，我们现在要修订这套图，应该可以把象郡画到
越南去了。实际把历史上的郡县画在哪儿，这是不能以对某个邻
国友好与不友好来决定的。我们当初没有把象郡画到越南去，是
根据史料认真地作了分析，觉得还是不把象郡画到越南去更妥当
一些。我们也知道把象郡放到越南去也有一定的史料根据。《汉
书·地理志》《水经注》都说秦朝的象郡在越南。但是我们没有
采用这种说法而主张象郡是在广西、贵州，我们觉得这种主张的
根据更坚强一些。因为《汉书·地理志》赶不上《汉书·本纪》

可靠，而《汉书·本纪》的材料证明象郡应该在广西。《水经注》的材料虽然可贵，但《山海经》的材料比《水经注》更早一点。《山海经》的材料说明象郡应该在贵州。因此，我们是老老实实根据历史资料进行认真的分析、研究以后才下结论的。我们绝不能今天与这个国家友好了，就这样画，不友好了，就那样画。

有的同志说如果我们把历史边疆各少数民族所建立的政权看成是历史上的中国，那是不是就没有民族英雄，就没有汉奸、卖国贼了。是不是宋辽之间、宋金之间的战争都是内战了？

这显然也是不对的。

我们讲历史上的中国是应该站在今天中国的立场上的，但讲历史上中国境内国与国之间的斗争，宋朝就是宋朝，金朝就是金朝，宋金之间的斗争当然还是国与国之间的斗争，那么，当然应该有民族英雄，有卖国贼，岳飞当然是民族英雄，秦桧当然是卖国贼，这怎么推翻得了呢？任何人都应该忠于自己的祖国，怎么可以说把宋朝出卖给金朝而不是卖国贼？宋朝方面有汉族的民族英雄，金朝方面当然也会有女真族的民族英雄。我看完颜阿骨打起兵抗辽，就应该是女真族的民族英雄。所以岳飞还是应该颂扬的，秦桧还是应该谴责的。不过今天汉人与满人都已经是一家人了，写历史的时候虽然应该按历史事实写，但在今天已没有必要把这段历史大事宣扬，不需要宣扬并不等于否定，不等于否定民族英雄。我们要宣扬爱国主义的话，应该多宣扬近一百几十年来在抗英、抗法、抗俄、抗日斗争中间的民族英雄，岂不是更好吗？何必过分宣扬历史上的？同样，我们肯定元朝、清朝对中国历史作出了伟大的贡献，但是不等于说要否定文天祥、陆秀夫，不承认他们是民族英雄、爱国主义者，也不等于说洪承畴、吴三桂不是卖国贼，因为历史是发展的，我们不能拿后来的关系看当时的关系。假如认为后来已成为一家，当时何必抵抗呢？那么从秦汉以后秦、楚也都是一家，在屈原的时代，岂不是他也无需站在楚国的立场上，抵抗秦朝的侵略了？假如说后来已成为一家，当时就可以不抵抗的话，那么将来世界总有一天要进入共产主义的，国家总是要消灭的，那么将来讲起历史来岂不就得认为历史时期被侵略者、反抗侵略都是无聊的？要这样讲起来，那我们的抗日战争岂不也是多余的？

所以历史发展到今天，我们全国各个民族是在一个大家庭里，我们应该团结起来，共同抗击外来的侵略，共同建设社会主义祖国，为了社会主义祖国的四个现代化而奋斗。今天我们写中国史，当然应该把各族人民的历史都当成中国历史的一部分，因为这个中国是我们各族人民共同缔造的，是五十六个民族共同的，而不是汉族一家的中国。我们今天的命运是相同的，兴旺就是大家的兴旺，衰落就是大家的衰落，我们应该团结起来共同斗争。

第二讲
中国历代政区制度
演变概述

1940年代，谭其骧
先生任教浙江大学
时的证件照

本讲由四部分组成：第一至第三部分原载《文史知识》1987年第8期；第四部分摘自《历代行政区划略说》，原载《中国古代文化史讲座》（中央广播电视大学出版社，1984年）。收入《长水集续编》时合并为一，题为《中国历代政区概述》。本次选编改今题。又据谭其骧先生主编《简明中国历史地图集》编选《历代疆域政区概述》，作为附录置于书末，可作为历代政区制度具体内容查阅。

扫描二维码，收听谭其骧先生讲课录音

关于本文的题目，有五点需要声明一下：

1."中国"只指旧籍中的"中国"，即专指秦、汉、晋、隋、唐、宋、元、明、清等中原王朝，不包括边区政权如匈奴、鲜卑、突厥、回纥、吐蕃、南诏、大理、渤海等。

2."历代"只指秦以后的，不讲秦以前的。

3."政区"只讲县以上的，不讲县以下的。

4."政区"不限于地方行政区划，兼及一些非行政区域而为后来行政区划渊源所自的中央或上级行政区的派遣机构辖境。

5."政区"只限于历代通行于内地的、用以统治编户的普通政区，不包括设于边区的，或用以统治非编户的特殊政区如羁縻州、镇戍、卫所等。

一、两千多年来政区的演变

中国自秦始皇兼并六国，开始建成中央集权的一统国家直到今天，两千两百年来，县作为地方行政区划的基层单位始终未变。县以上则经历过极为频繁复杂的变革，概括起来，大致可分为如下几个阶段：

1. 秦汉时的郡县二级制。秦从初并天下时的三十六郡增加到末年的四十多个郡，分管大约千把个县。西汉自武帝以后和东汉一代，都是以一百零几个郡级单位（郡、国即王国，东汉又增加一种属国都尉），分管一千几百个县级单位（县、侯国、邑、道）。

034 / 第二讲　中国历代政区制度演变概述

汉武帝先后于公元前 106 年、公元前 89 年创建十三刺史部和司隶校尉部，由刺史和司隶校尉分部巡察郡国吏治。成哀之际（前 8—前 5），曾提升刺史为州牧，使州成为郡国的上级，但两年半后即恢复旧制。哀帝死，王莽秉政，又改刺史为州牧，四十二年后东汉光武帝始复改州牧为刺史。但东汉刺史不同于西汉。西汉刺史平时"巡行所部郡国"，"居无常治"，岁尽"诣京都奏事"。有所举劾，得由政府另行派员案验，然后黜退。东汉刺史则常驻在其州部内的固定治所，不再诣京奏事；且其权力亦不再限于举劾，并能对所部郡国官吏径行黜免。到了灵帝末年，为了镇压黄巾起义，又改部分刺史为州牧。不久，州牧或刺史部掌握了兵权，州终于成为统辖几个郡国的大行政区。

2. 魏晋南北朝时的州、郡、县三级制。三国魏、蜀、吴三方共有十七州，西晋统一之初共有十九州，末年增至二十一州，领一百七十多郡。经东晋、十六国至南北朝前期，双方合计共有五六十州。南朝自齐梁后，北朝自太和后，州郡建置日益冗滥。往往以一县之地置郡置州，或郡无属县，州无属郡；甚至有些州郡徒有空名，既无土地，亦无户口。梁、东魏、西魏和陈、北齐、周时代，三方合计共有三百多州、六百多郡。魏晋时平均一州领八九个郡，一郡领七八个县，三级制确有其级次相临的作用。演变至平均一州才管二三个郡，一郡才管二三个县，一州所辖不过五六县，三级制已失去意义。故在北朝后期，已只有州刺史和县令到职，郡太守通常并不莅任。隋文帝代周后的第三年（583），便正式裁撤了郡一级，改为以州统县二级制。

3. 隋、唐开元前的州、县二级制。

4. 唐开元至五代时的道、州、县三级制。隋唐五代凡三百八十年，除隋大业时有十一年（607—618），唐天宝、至德时有十六年（742—758）将州改称为郡外，地方行政区划都是以州统县。全国共有二三百个州，一千四五百个县。但实行单纯二级制的时间只有隋文帝和唐前期共约一百四十年。隋炀帝在改州为郡的同时，效法汉武帝置司隶别驾二人，分案二都畿内；刺史十四人，巡察畿外诸部，每年二月巡郡县，十月入奏。因隋祚于十一年后即覆灭，《隋书》记载太简，这种制度的具体情况已不可考。唐于贞观元年（627）将全国划分为十道，但这种道只是一种地理区划，并不是行政区划。有时虽也由朝廷派遣使者分道执行某种任务，但都是临时措施，事竣即罢。直到开元二十一年（733），将十道分成十五道，才定制每道设一采访处置使，监察吏治，常设不撤。不久，采访处置使的权力逐渐有所扩大，有些道并由掌握兵权的节度使兼领其职，发展到安史之乱期间，全国遍设节度使、防御使等方镇，758年遂罢采访处置使，改由方镇主帅兼任观察处置使；从此，军政上的一镇，便同时都是民政上管辖几个州的一道，确立了道（即镇）、州（包括府）、县三级制。全国的道数经常有变动，一般在四五十个之间。每道领州少或二三，多达十余。这种三级制经历二百余年，至北宋初年，才由于方镇兵权的被夺、中央集权的加强而被废止："罢天下节镇所领支郡"（方镇主帅自领一州，其余诸州称支郡），"令诸州皆直隶朝廷"。

5. 两宋（包括金）的路、州、县三级制。977年宋太宗废止方镇领州之制时，全国共有三百六七十个州级单位（府、州、军、监）、县（县、军、监），若采用单纯的二级制，真的要由朝廷直接统辖这么多单位，那是难以办到的。因而不久又令原来专司督征运送地方财赋的各路转运使，兼理军民庶政，这样便形成了路、州（府、州、军、监）、县（县、军、监）三级制。北宋先后分全国为十五、十八、二十三、二十四路，南宋分境内为十六或十七路，金分境内为十七、十九、二十路。宋金的路并不等于魏晋南北朝的州或唐安史乱后的道。一路皆同时设置分掌财政、民政、司法、监察、军事、征榷等政的三个或三个以上的"监司"，并非一路诸政掌于一人之手。不同监司的路的划分亦不尽相同：如北宋陕西转运使司分永兴军、秦凤二路，而安抚使司分永兴军、鄜延、环庆、秦凤、泾原、熙河六路；金制辽东分上京、咸平、东京三总管府路，而转运司只为辽东一路，按察司只为上京东京一路。再者，州的政务还有许多是不在监司监领之下的，都可以直达朝廷。所以宋金三级制的实质可以说只有二级半。

6. 元以来以省领道、路、府、州、县等的三级或多级制。这个时期长达七百多年，又可分为四期：

（1）元代始以前代的中央临时派遣机构行中书省定为常设的地方最高一级行政区划。初期区划极不稳定，中期稳定为除中书省直辖区（腹里）外，共设十一行中书省。省下有路、府、州、县四级。前代较大府、州多升为路，县升为州。四级或递相统辖，或越级统辖。州或不领县。所以这时候的地方政区统隶关系，二、三、四、五级都有，而以省统路或府，路府统州或县三级最为普遍。又往往分一省为二三大区，将距省会较远的区划为一道，设宣慰司作为行省的派出机构临治其地。另有设肃政廉访使的道，则为御史台的派出机构，司一道的吏治监察。宣慰司道至元末多改为"分省"，或进一步升为行省。

（2）明洪武九年（1376）废除行省制，在原来一个省区内分设布政使司、按察使司、都指挥司三司，分掌民政、司法监察、军务三政。这与宋代的路分设转运使、提点刑狱、安抚使三司极为相似，而权任有过之，仍然和此前的行省一样，是地方区划中的最高一级。原来的一省至是改称为布政使司，但习俗相沿，仍被称为省，连正式公文亦经常采用。洪武十三年（1380）中央废除中书省，中书省的直辖区改称"直隶"。宣德二年（1427）以后，全国共划分为两京（即南北二直隶）十三布政使司，俗称两京十三省，或十五省。废除路一级，府、州、县的统隶关系也有多种方式，省县之间或隔一级，或隔二级。每省又分设若干分守道作为布政使司、分巡道作为按察使司的派出机构。

自宣德以后，或因边防有警，或因地方不靖，又陆续在全国各地派出备有中央政府一二品大员职衔的"总督""巡抚"，集所督抚地区内的军务、察吏、治民大权于一身，遂成为最高级的封疆大吏。督抚的辖区往往不同于布政使司，并且经常变动。所以明代后期的一级地方行政区划，事实上已不是两京十三布政使司，而是三十个左右的总督、巡抚辖区。

（3）清初逐步将督、抚辖区调整成与布政使司一致，终于在康熙初年将十五省分为十八省，正式以督抚为一省之长。有些省单置总督或巡抚，有些省兼置督、抚，则巡抚近于无权闲职。十八省全在明朝故土范围内，清代加入版图的边区的一部分至光绪时亦建省，末年共有二十二省。清代凡隶属于府的州不再领县，故省以下只有府（府、直隶州、直辖厅）、县（县、散州、散厅）二级。每省仍分设若干道。

（4）辛亥革命前后二三年内废除了府一级，州厅皆改为县，

重划道区。于是地方行政成为省、道、县三级制。国民党统治初
年废除了道一级，意图行省、县二级制，但在三十年代"剿共"
时期，又在江西省首先分区设行政督察专员，未几，各省皆起而
仿效。新中国成立后继承了这种区划，初称专区，旋改称地区。
这种区划在实际行政上是介于省县之间的一级，但在法制上不是
一级地方政府，只是省政府的派出机构。

二、演变的规律

综合考察一下两千年来的政区演变经过，可以发现如下三条规律：

1. 同一政区，通例都是越划越多，越划越小；到一定程度，它的级别就会降低。例如：州在两汉只有十三四个，魏晋时加到二十个左右，南北朝猛增到三百多个，隋初的废郡以州统县，等于是将州降为郡级，到元明清时又把一部分州降为县级。省在元代只有十一二个，明代加到十五个，清代加到十八、二十二个，现在的省级政区（省、自治区、直辖市）是三十个。只有县最稳定，秦代千把个，汉以后长期都是一千几百个，约四十年前才突破两千大关，现在也不过两千一二百个（1985 年底是两千二百零四个，包括县级的其他单位市、旗、特区）。

越划越多越小的主要原因当然是由于各地区逐步得到开发；但也有其他政治上、军事上、经济上的种种原因，各时代各地区都得作具体分析。历代政府有时觉得政区太多不便于统治，曾几次大事省并；但往往不久被省并的又得到恢复。例如隋朝将初年三百多个州并为大业时的一百九十郡（州的改称），此后逐渐增置，唐宋两代长期徘徊于三百州左右。新中国在五十年代末曾并省了许多县，现在大多数已被恢复。

2. 秦和西汉初期疆域比较小，其时所采用的单纯二级政区制，自汉武帝扩展疆域以后，已不宜于继续采用。但多级制亦不利于政令民情的上下传达，所以两千年来最常用的是三级制。有时用实三级，有时用虚三级。这里所谓虚三级，是指第一级或第二级并不全面掌握地方权力，或一级权力分属于几个机构的三级制而言。粗略统计一下：汉武帝以后的两汉三百年是虚三级；魏晋南北朝四百年是实三级；隋至唐初期一百四五十年是二级制；开元以后先是虚三级，二十多年后即转为实三级；历两百余年至宋初始改为二级。但不旋踵即转入虚三级，历三百年至元代始变为多级制。元明清六百多年显然都是多级制，大多数地区的实级一般都是省、府（路、州）、县三级。辛亥革命后七十多年北洋军阀、国民党、新中国三个阶段，分别采用了不同的虚三级制。

3. 历代最高一级行政区往往由吏治监察区或军务督理区转变而来，最高行政长官往往由派遣在外的中央官转变而来。显著的事例如：

（1）两汉监察区"州"到东汉末年由于州牧、刺史带了兵而转变为六朝的一级行政区。

（2）六朝的都督几个州军事之职，到唐朝形成了以一个都督府管几个州的军事之制；都督又由于加节而改称节度使，权任日重，终于兼任采访使、观察使之职而使辖区成为州以上的一级行政区"道（镇）"。

（3）行省起源于六朝隋唐的行台尚书省。那时中央政府叫"省"，由中央大员率领部分政府成员外出执行国家任务，就叫行台尚书省或某处行台省。事已即罢。金末多事，外有强敌入侵，内有农民起义，因而各处普遍设立了行尚书省。蒙古在与金朝的接触中把这种制度学了过去，初时叫行尚书省，后来随着中央政权机构改为中书省，也就把行尚书省改称行中书省，简称行省。原来也只是一种临时性的中央派出机构。但元初对中原用兵时间长达七八十年之久，军事不停，军管制即无法撤除。时间一久，到了平宋前后，行省便变成了中国史上辖境最大的一级行政区划。

（4）明初把地方上的政权交给了都、布、按三司；但由于三权分立，一旦边防或地方有事，难以应付，所以不久便陆续派出了带有中央部院大臣职衔的重臣到各处去总督军务或巡抚地方。其初犹时设旋罢，后来就置而不废，成为定制。但明中叶以后督抚虽已在地方上掌握最高权力，名义上却始终算中央官（《会典》编入都察院），正式一级政区始终是两京十三布政使司。入清又经过二三十年的调整，才终于使督、抚成为正式的最高地方官，其辖区也就成为当时的一级行政区划——十八省。

政区的这些演变规律，一方面正好说明了中国自秦汉以来长期在中央集权制统治之下，所以中央的使者能以监督的名义侵夺地方官的权力，终于使中央使者成为最高地方长官，原来的地方长官降而成为他的下级或僚属。但另一方面，由这种方式形成的一级政区辖境和权力过大，所以一到乱世，这种政区的首长很容易成为破坏统一的割据者，犹如东汉末年的州牧、刺史，唐安史乱后的节度使和民国的督军、省主席等。

三、近今的巨变

上面两段简略地把中国两千多年来以县为基层单位的政区分划变迁经过大致都讲到了，但不等于说已讲完。我们必须充分注意到近几十年来，中国的政区制度正在发生巨变。

从秦到民国初期，历代各级政区基本上都是先将一个地区划定为一个政区，然后在这个地区内选择一个城邑或聚落作为政区的治所。这个邑聚成为一个政区的治所后一般又能得到一定程度的经济发展。这正好反映了两千多年来中国都处于以农业生产为主的社会经济发展阶段，因此自汉至唐的大城市，没有一个不是州郡治所。宋以后虽然兴起了一些非州郡治所的繁荣城镇，但直到民国初期，城市经济的发展还未能导致改变行政区划制度。从二十世纪二十年代起，国民党政府先后把若干城市从省和县划出，建立为市；从省划出的直属于中央，从县划出的直属于省。新中国成立以来，又将市制予以扩展。一方面不仅在工商业发达的城市建市，并在大型工矿区、著名旅游区建市；一方面又将市附近的一些县划归市管。1985 年底全国已有各级市（直辖、地级、县级）三百多个，划归市管的县六百多。最近几年又将若干非直辖市的经济计划改成不经过省而直接由国务院领导，称为计划单列市。这些改革无疑具有划时代的重大意义。目前新的市制正在随同中国四个现代化的步伐迅速推进，可能不要很久，产业性的市及市辖区，将取代两千多年来地区性的政区，成为中国主要的政区制度。

四、几个应予注意的问题

除了上述这些简括的说明之外，我们在接触到历代行政区划和历史地名时，还应注意以下几点：

1. 在上面所说的3、4两阶段中，绝大多数时间都是以州统县，但也有短时间的例外，那就是有两次改州为郡：一是隋炀帝大业三年（607）改州为郡，到唐高祖武德元年（618）又改为州，只有11年；一是唐玄宗天宝元年（742）改州为郡，到肃宗乾元元年（758）又改郡为州，只有16年；两次合计也只有27年。《隋书》和两《唐书》的《地理志》把两次改制都记了下来。不过《隋书·地理志》根据大业三年后的制度称郡不称州，只在京兆郡下交代了原称雍州，大业三年改为京兆郡，其他各郡下都没有明白交代，读者就不免会误认为隋朝一代就叫某某郡，或搞不清哪一年才叫某某郡。《旧唐书·地理志》在各州下面都写上"隋某某郡，武德元年改为某州，天宝元年又改为某某郡，乾元元年变成某州"，读者看起来很明白。但《新唐书·地理志》为了要节省文字，各州都只用"某州某某郡"或"某州某郡"这四五个字，只在同州冯翊郡条下说明这四五个字的具体意义是这个州在隋朝和天宝元年至乾元元年这16年间叫冯翊郡，除此之外，唐朝一代都叫同州。一般读者翻阅《新唐书·地理志》却未必看到这一条，又没有对比着《旧唐书》看，因而有人便误以为唐朝一个政区使用两个名称，如同州同时又称冯翊郡，这都是错误的。其实，唐朝的一州就是一郡，不过唐朝一代290年间，274年都叫州，另有16年叫郡。《新唐书》所谓某州某某郡，前面某州是指一代的常称，后面某某郡指的只是天宝到乾元这 16 年间的变称而已。

2. 唐朝还有 16 年改州为郡，第 5 阶段中两宋三百多年则始终只有州，从没有叫过郡。可是在《元丰九域志》《宋史·地理志》等书中，每一个州名之下也都列有一个郡名，那又是怎么一回事呢？原来宋朝每一个州有一个郡名，就像旧时代每个人都既有个名，又有一个字一样。州名是这个州的正名，郡名是这个州的别名，等于是人的字。宋朝的郡名绝大多数都沿袭唐朝的旧名，改用新郡名的很少。一些新置的州，朝廷往往还要赐一个郡名，但也有一些新置州没有郡名。

3. 除一般州外，唐宋还把一些有特殊地位的州改称为府。玄宗开元年间开始把京都所在的三个州改称为府：首都长安所在的雍州改称京兆府，东都洛阳所在的洛州改称河南府，北都晋阳所在的并州改称太原府。安史之乱以后，又陆续把几个皇帝驻跸过的州升为府，至唐末共有十来个府。北宋又把一些重要的州升为府，末年已有三十几个府。到了南宋和金对峙时期，双方又都新增加了一些府，所以共有五十多个府，约占当时州级政区总数的七分之一强。

4. 旧时代文人对地名往往喜欢用古名、别名，对行政区划和地方官也喜欢用古称，不仅常见于诗文书札，也用之于署籍贯、题书名。地名用古名，如称南京为金陵，称扬州为广陵，其实金陵是先秦时的名称，广陵是唐以前的名称，宋元以来，这些名称早已不用了。地名用别名，如称泉州为温陵，称无锡为梁溪，其实泉州、无锡自古以来从未叫过温陵、梁溪，都不过是文人为了要风雅而取的别名。政区和地方官用古称，如宋以后根本

没有郡，但宋、元、明人笔下经常出现郡和太守，实际上所谓郡
就是指当时的一州或一府，所谓太守指的就是当时的知州或知
府。因为当时的一州一府之地，大致相当于两汉六朝的一郡，而
知府、知州也大致相当于古代的郡太守。又如明清人称道员为观
察，称知县为县令，实际上观察、县令都是唐代的旧称，宋以后
早已不用了。明朝最喜欢用地名的别称署籍贯，如李卓吾是泉州
晋江人，但他在他的著作上都署称温陵李贽。宋元地方志通例不
用正式的府州县名，而用郡名或别名：如嘉泰《会稽志》，实际
上是绍兴府志，会稽是别名；如绍熙《云间志》，实际上是华亭
（今上海市松江区）县志，云间是别名。这种陋习到清朝已改掉
了一大半，但还有一部分自命风雅之士不肯改。至于诗文书札里
采用古名别称，那就即便是通人学者也在所难免。所以现在我们
看古书和旧时代的文字，千万不能看到一个地名或政区名、地方
官名，就认为当时实际存在这种名称或制度。

5. 同样的政区和地方官名，在不同的历史时期，含义或相
去甚远，或迥然不同。如上面已经提到的，汉代一个州往往辖有
今二三省之地，而元明清许多州一般只今一县之地；又如唐代的
苏州辖有今江苏的苏州市（包括属县）、上海市（除崇明）和浙
江的嘉兴市（包括属县），比今天的苏州要大好几倍：这是同一
政区名大小的不同。如六朝的扬州治所是今天的南京市，隋以后
才移到了今天的扬州市；又如汉朝的轮台在今新疆的南疆轮台
县，而唐诗中经常出现的轮台却指的是唐朝的轮台，在今北疆乌
鲁木齐附近：这是同一地名地理位置的不同。明代的布政使是一
省的行政首长，到清代一省的首长是总督或巡抚，布政司变成了
督抚的僚属，这是同一地方官名职权的不同。唐朝的节度使掌握

好几个州的军政大权，到宋朝仍有所谓节度使，却变成了一种武官的虚衔、荣誉职称，与当地不发生任何关系。有人根据南宋曾授予岳飞"清远军节度使"这个头衔，而清远军是广西融州的军额，就认为岳飞在广西苗区做过地方官，这是不懂得历代地方官制闹出来的笑话。其实《宋史》明说岳飞当时领军屯驻鄂州（今湖北武汉市武昌区），他的官职是湖北路荆襄制置使，怎么可能又跑到广西苗区去做地方官呢？

　　总之，由于历代行政区划的名称、治所、辖境都在不断变化，所以我们每看到一个历史地名，都必须要弄清楚这个地点在这个特定的历史时期属于哪一级政区，它的治所在哪里，它的辖境有多大，否则就难免要出差错，闹笑话。怎样才能做到这一步呢？一方面应该对历代的政区制度有一个基本的理解，另一方面就得勤于查这方面的工具书。这两方面的功夫是缺一不可的。

第三讲

中国历史上的
七大首都

1950年秋, 谭其骧
先生任教复旦大学
时的证件照

本讲原为《中国历史上的七大首都》（原载《历史教学问题》1982 年第 1、3 期）和《〈中国七大古都〉序》（原载《中国历史地理论丛》1989 年第 2 辑）合并改写，收入《长水集续编》。但《中国历史上的七大首都》仅完成上、中，故文中尚缺对杭州、南京、北京建都条件的具体分析。

一、七大首都述略

在中国几千年的历史上，曾经做过一统政权或较大的地区性政权的都城的城市很多。清初著名学者顾炎武著《历代宅京记》，其卷一、卷二总序引举自伏羲至元代历代首都、陪都凡 46 处，卷三至卷二十列为专篇者凡关中、洛阳、成都、邺、建康、云中、晋阳、大名、开封、宋州、临安、临潢、幽州、辽阳、大定、会宁、开平十七处。这个名单一方面不限于首都，也包括了陪都，不单是信史时代，也包括了传说时代；另一方面则仅局限于三皇五帝、夏、商、周、秦、汉、三国、两晋、南北朝、隋、唐、五代、两宋、辽、金、元一系列正统王朝的都城，而于先秦列国、五胡十六国、五代时期的十国等中原分裂时代大小政权，自匈奴、鲜卑以来至后金、准噶尔等各边区民族政权的都城，多付阙如。所以既没有包括清以前国史上全部古都，也未能提到这些古都的等差，哪几个称得上大古都。

到了二十世纪二十年代，学术界才有些论著将西安、洛阳、北京、南京、开封并列为"五大古都"；三十年代，又将杭州加入，列为"六大古都"。此后六大古都即成为普遍流行的、大多数学者认可的提法，一直沿袭到八十年代，如 1983 年中国青年出版社还出版了《中国六大古都》一书。

我为什么要加上一个邺，说成七大首都呢？这是因为邺（包括商代的殷）在历史上的重要性至少不下于杭州。尤其是在公元六世纪以前，它的地位是可以和长安、洛阳相颉颃的。我们讲历史不能只讲六世纪以后，所以不能不提它。通常之所以不提邺，除了因为它作为首都距今已有 1 400 年之久外，还有一个原因是因为其他六大首都至今还是著名的大城市，唯有邺早已成了一片废墟。但既然是讲历史，就不应该由于今天已经不存在这个城市，就不提它在历史上曾经几度作为统治华北广大地区的首都。所以我认为讲中国历史上的首都，不能再沿袭通常所谓六大首都的说法，应该改提七大首都。

1988 年 8 月在安阳市召开的中国古都学会年会上，通过了将半个世纪以来通行的六大古都的提法改为七大古都。只是也像丰、镐、咸阳、汉唐长安总提为今地名西安一样，殷、邺也应改提今地名安阳。在此我愿意就七大古都的历史地位及其演变，作一概括的介绍。

都城是一个政权的政治中心，所以每一个古都应否列为"大古都"之一，主要得看以此城为都的政权疆域有多大，历时有多久。以此为标准，衡量历代古都，则无疑此七大古都所统治的地域最广大，历年最悠久。这七个古都在历史上的重要性又有差别，西安、北京、洛阳曾经连续几个王朝长期作为统一政权的首都，应列第一等。南京、开封作为统一政权首都的时间较短，属于第二等。安阳、杭州则仅作过较大的地区性政权的首都，属于第三等。当然前面两类城市也都或长或短作过大小地区政权的首都。

（一）西安

西周的丰、镐，秦的咸阳，自西汉至北朝的长安和隋唐的长安，四者城址虽然不同（丰、镐又是两个相去 20 里的城址），以现今行政区划而言，分属于陕西户县（今西安市鄠邑区）、长安县（今西安市长安区）、西安市、咸阳市四个市县；但彼此相去远不过三五十里，在建都史上应视为一个城址稍有移动的古都，可总名为西安。

西安分四期：

1. **丰镐期** 公元前十一世纪，周文王灭崇后自岐迁丰，故址在今陕西户县（今西安市鄠邑区）秦渡镇北沣水西岸。武王灭商后在距丰京约 20 里的沣河东岸建了镐京，故址在今长安县（今西安市长安区）斗门镇附近。自公元前 1027 年武王伐纣灭商，至前 771 年犬戎破镐京、杀幽王，历时凡 257 年，丰、镐是当时天下诸侯共主周天子的首都，也是全国性的政治、文化中心。

2. **咸阳期** 公元前 350 年，秦孝公自栎阳迁都咸阳。咸阳故址在今咸阳市东 20 余里，南去丰、镐故址不过 50 里。历 130 年而秦尽灭六国，秦王政称始皇帝。随着秦国的日益强大和最终统一全国，咸阳也逐步扩展。秦始皇在渭水南岸修建了阿房等宫室以后，咸阳就成为一个横跨渭水南北的大城市。从公元前 221 年至前 206 年凡 15 年，咸阳是中国第一个一统帝国的首都。前 206 年秦亡，咸阳宫殿被项羽焚毁，咸阳城从此埋废。

3. **汉、晋、北朝长安期** 公元前 202 年，汉高祖决定建都关中，因咸阳已毁，暂居秦旧都栎阳，开始在渭河南岸营建长乐、未央两座宫殿。同年长乐宫建成，随即迁都于此，以当地乡村名长安作为这个新城市的名称。前 198 年，未央宫建成。其时只有宫城，还没有都城。作为都城的长安城是前 194 年至前 190 年惠帝时代才建成的。汉长安城的遗址在今西安市西北十余里，周围约 26 公里，北去秦咸阳城十余里，西南去丰、镐三十余里。公元 9 年，王莽夺取汉政权，定国号为"新"，改长安为常安，仍作首都。公元 23 年，王莽覆灭，接着更始帝刘玄、赤眉帝刘盆子又相继在此建都，直到 25 年东汉光武帝定都洛阳。自汉高祖刘邦定都长安至此，历时 225 年，才中断了它的首都地位。

在两汉之交的战乱中，长安受到很大的破坏，但在东汉时还有些宫殿存在，而且作过几次修缮。190 年，董卓挟汉献帝自洛阳迁都长安。两年后董卓被王允所杀，部下又攻陷长安杀王允。未几，董卓部将又展开混战，长安沦为战场。195 年献帝出长安东走，长安城已被破坏殆尽。196 年献帝至洛阳，旋被曹操劫持，迁都于许。

西晋末年，首都洛阳被十六国之一汉刘聪部将刘曜攻占。313 年，愍帝在长安即位，同年刘曜又攻围长安，愍帝出降，西晋亡。此后十六国中的前赵自 319—329 年，前秦自 351—385 年，后秦自 386—417 年，北朝的西魏自 535—556 年，北周自 557—581 年以及隋文帝的最初两年，先后以长安为首都的共有 127 年。但这些政权有的存在时间很短促，如前赵仅 12 年；有的仅占据关中部分地区，如前赵、后秦；加以战乱不息，长安城始终未能恢复昔日的繁盛。

4. 隋唐长安期　582 年，隋文帝在汉长安城东南龙首原南侧修建新城，583 年迁都新城，称为大兴城，但习惯上仍称这个新都为长安。605 年隋炀帝建洛阳为东京，此后长安与洛阳两都并建，而以居洛阳为常。618 年唐高祖代隋，仍以长安为首都。此后唐朝曾在隋大兴城的基础上进行了多次整修。据实测，唐长安城周长约 35 公里，面积约为今西安旧城区的七倍；故址基本即在今西安市区。657 年，唐高宗移居洛阳，称为东都，恢复了隋炀帝时代的东西两都并建制，皇帝和百官经常往返于二京间。684 年，武则天定都洛阳，长安成了陪都。706 年，中宗返都长安。玄宗前期曾五次移居洛阳，738 年以后才定居长安。长安作为繁荣强盛的隋唐大帝国的首都长达 280 年之久。直到 904 年，朱温逼迫昭宗迁都洛阳，拆毁长安宫室百司和居民房屋，驱使居民东迁，从此长安便再也没有恢复首都的地位了。仅五代时后唐曾以长安为陪都西京。四个时期合计共十三朝（新莽作一朝，更始、赤眉不计）900 多年，其中西周、秦、西汉、隋、唐都是一统王朝，长达 700 余年。

（二）北京

北京在西周、春秋、战国时地名蓟，是燕国的都城。自秦汉至隋唐，一直是广阳、燕、涿、范阳等郡国和幽州的治所，故址在今北京市广安门附近。但由于地处中原王朝的边境，所以不可能成为大政权的首都，仅十六国时前燕曾都于此 8 年，唐安史之乱时史思明在此称大燕皇帝，以蓟城为燕京。燕京之名始此。

十世纪初，东北的契丹人建立了辽政权。936 年，后晋的石敬瑭将幽云十六州割让给辽。938 年，辽改幽州为南京幽都（后改析津）府，建为陪都，又称燕京。金初亦称燕京，至海陵王时为了加强对中原的统治，于 1153 年把首都从女真族的根据地上京会宁府（今黑龙江哈尔滨市阿城区）迁至燕京，改称中都大兴府。这个中都城是在唐幽州、辽南京城的基础上扩建而成的，城周 37 里有余，一部分在今北京外城西部，一部分在城外。海陵王又在中都城外加筑了一个外城，周 75 里。中都城做了北半个中国的首都凡 61 年。1214 年，为了躲避蒙古兵的威胁，金宣宗迁都开封。次年蒙古兵攻入中都，宫殿焚毁，城市残破。

金元之际仍称燕京。1260 年忽必烈称大汗于开平府（今内蒙古正蓝旗东），旋即分立政府机构于此。1264 年复号中都。1267 年始于中都旧城东北另建新城，自开平迁都于此。1272 年改号大都。新城于 1283 年建成，城周 57 里余，南墙在今北京东西长安街南侧，北墙在今北京城北 5 里，东西墙同今城。1276 年元灭南宋，大都从此成为全国的首都，历时 92 年。

1368 年，明军攻占大都，改为北平府。明初洪武、建文年间定都应天府（今江苏南京），等到 1402 年燕王朱棣夺得帝位，次年改北平府为顺天府，建为北京，北京之名始此。但首都仍在京师应天府，北京是陪都，皇帝驻跸时只称行在。1421 年才改京师为南京，降为陪都；北京为京师，正式成为首都。1644 年以后的清朝也以此为首都，正式名称仍然是京师顺天府。但明清两代民间习惯上都不称京师，一直沿袭 1421 年以前的旧称，称为北京。1912 年以后的民国北洋军阀政府也建都于此，北京成为正式名称，直到 1928 年北洋政府垮台，才结束了它作为旧中国首都的历史，又改称北平。

北京历代城址也稍有移动，都在今北京市市区内。明、清、民国的北京城有内外二城，1376 年将元大都城北墙移南 5 里，1419 年又将南墙移南 2 里，这就是外城；1553 年至 1564 年又在南三门外加筑了外城，这就是直到解放后前几年才拆除的北京城墙。

从金朝开始，历元、明、清至民国皆建都于此，长达 660 年，其中元以后 600 年都是统一王朝的首都，再加上新中国成立以来40年也定都于此，总计建都史已达700年，作为首都已达640年①。所以中国史上最重要的首都，前期是长安，后期是北京，二者应并列为两个最大的古都。

（三）洛阳

西周的雒邑、东周的成周和汉魏的洛阳、隋唐洛阳，城址也稍有移动，相去不过20里，可总称为洛阳古都。

西周成王时，周公始建雒邑。共有二城：西面一个在今洛阳市王城公园一带，称为王城；东面一个在今洛阳市东郊白马寺东，称为成周，是西周资以镇抚东土的陪都。公元前770年，平王避犬戎之患东迁，定都于王城，前516年敬王迁于成周，其后叔王又还都王城，直到前256年秦灭周。战国时，成周改称雒阳，因其在雒水之阳。不过东周五百余年的周王，已是有名无实的天子。雒邑在政治上的作用远不如那些大国的国都，可是由于地位适中，交通便利，战国时的雒阳是一个商业很发达的重要城市。

汉高祖初即帝位时，曾定都于雒阳三四个月。王莽曾以长安为西都，雒阳为东都，并准备迁都雒阳，但未及实行。更始帝刘玄也曾建都于此。

公元25年，东汉光武帝定都雒阳，此后的165年，雒阳都是全国首都。190年，董卓逼献帝迁都长安，对雒阳进行了毁灭性的破坏，并强行迁走周围二百里内的居民。雒阳荒废了30年，

---

① 编者按：本文写作于1989年中华人民共和国成立40周年前夕。到2022年，中华人民共和国成立已73年，北京作为首都的时间已达673年。

至221年魏文帝曹丕才重新建都于此，并改雒为洛。265年，晋武帝代魏，都洛不改。311年，刘曜攻占洛阳，晋怀帝被俘，洛阳作为首都的历史再次中断。魏晋两代都洛阳共90年。

493年，北魏孝文帝从平城迁都洛阳，洛阳再次成为北朝全盛时期的首都，历时41年，至534年北魏分裂为东、西魏为止。

605年至606年，隋炀帝在汉洛阳城西十八里营建了新的洛阳城。此后东都洛阳和西京长安二都并建，洛阳是实际上的首都。唐初罢东都，高宗复建。高宗、玄宗经常移跸东都，这一阶段共有二十余年。武则天在位21年，又正式以洛阳为首都，号神都。洛阳城周约70里，跨洛水南北、瀍水东西，比长安城还要大一些。至八世纪中叶安史之乱，唐用回纥兵两次收复洛阳，破坏得很剧烈，885年又遭受秦宗权部的大烧大掠，竟至城中"寂无鸡犬"。904年朱温（全忠）逼昭宗迁洛阳，但那时的实际政治中心已在朱温驻所汴州（今河南开封），洛阳只做了三年名义上的首都，唐朝便为朱梁所代。

五代前期，洛阳又曾做过后梁、后唐、后晋三朝的首都共计19年。938年后晋定都开封，从此洛阳便结束了它作为首都的地位。但它的陪都地位仍一直保持到北宋末年。金末迁都开封后，又曾以洛阳为陪都。

总计自东周至五代，定都洛阳的共有周、汉、魏、晋、北魏、隋、唐、武周、后梁、后唐、后晋十一朝，长达880多年。但东周、曹魏、北魏、五代都不是一统政权，作为一统政权的汉、晋、隋、唐的首都约250多年。

洛阳这个古都在历史上的地位虽不及西安、北京，但自西周至隋唐，长安、洛阳往往二都并建，同时作为帝王的东西二宅，故有时虽非首都，实际重要性却不下于首都。因此，将它与西安、北京并列为第一等古都，较之将它厕于南京、开封之列更为合理。

（四）南京

南京就是六朝时的建业、建康。东汉末割据江东的孙权于211年自京口（今江苏镇江）徙治秣陵县，次年改名建业，从此除221年至229年、265年至267年两次徙都武昌（今湖北鄂州市鄂城区），建业都是孙吴政权的都城，直到280年为西晋所灭。西晋避愍帝司马邺讳，改名建康。

316年西晋覆灭。317年，镇守建康的琅邪王司马睿称晋王，明年称帝，史称东晋，建康成为东晋的首都。东晋后南朝的宋、齐、梁、陈四代，除梁元帝时都江陵二年外，也都在建康建都。计自孙权起至589年隋灭陈，建业、建康成为长江、珠江流域的首都共330年。

建业、建康是由好几个城组成的，除宫省所在的台城外，又有都城、石头城、东府城、西州城等，故址基本都在今南京市范围内。

隋灭陈，将建康宫室城池彻底平毁。此后三个半世纪，长江下游的政治中心遂东移扬州、润州（今江苏镇江），建康旧址有时是一个不重要的州治，有时甚至只是一个县治。直到五代杨吴政权时，才在这里建金陵府。杨吴政权的都城在江都府（今江苏扬州），926年又以金陵府为西都。次年，改金陵府为江宁府，镇守在此的徐温篡夺了杨吴政权，是为南唐，这里才再次成为长江下游的统治中心，直到975年宋灭南唐（中间曾迁都南昌几个月）。南唐的江宁城西墙、南墙即今南京城，东至今大中桥，北至今北门桥。

此后又历三个多世纪，元末朱元璋于 1356 年攻克集庆路，改为应天府，成为他所建吴国的首府。朱元璋即以此为根据地，经略四方，1368 年称帝，建立明朝。攻克元大都后，应天府成为全国的首都。起初朱元璋欲定都开封，故称应天为南京，开封为北京。1378 年，开封罢称北京，南京遂改称京师，正式定为首都。1421 年永乐帝朱棣迁都北京，改北京为京师，京师为南京。此后终明一代都以南京为陪都，设有六部、九卿、都察院、六科给事中等一套中央官。1644 年北京陷落后，福王即位于南京，这是第一个南明政权，一年后即被清兵攻破。清改应天府为江宁府，废除南京称号，但民间仍沿称南京不改。

明代的南京城始建于 1366 年，建成于 1386 年，历时 21 年之久。城周号称 96 里，实测为 67.3 里。1390 年又下令建造外郭城，周长号称 180 里，实际为 120 里，大部都是利用天然土坡筑成，用砖筑部分约 40 里。外城已于早年被毁，都城则一直保留到现在。

1853 年，太平天国攻占江宁府，旋改称天京，定为首都，到 1864 年被清军攻陷，共持续了 12 年。1912 年初中华民国临时政府在此建都，三个月后迁都北京。1927 年至 1949 年国民党政府定都于此，中间为避日本侵略军，西移武汉、重庆 8 年。

南京建都的历史共 440 多年，但作为全国性政权首都的时间只有明初 53 年和民国的十多年。

（五）开封

公元前 364 年魏惠王自安邑迁都大梁，公元前 225 年秦攻魏，决黄河灌大梁，城坏，魏降。大梁故址在今河南开封西北。秦汉置浚仪县，北朝置梁州，旋改汴州。唐安史乱后，汴州为宣武军节度使治所。唐末朱温以宣武节度使起家，兼并两河、关中诸镇，907年篡唐称帝，是为五代的第一朝代后梁。同年改汴州为东都开封府，定为首都。909年迁都洛阳，913年迁还开封。后唐以923年灭梁，旋即迁洛。后晋以936年灭唐，次年移驻汴州，938年后以汴州为东京开封府，定为首都。从此历后晋、后汉、后周至北宋不改。五代、北宋作为首都的开封因原为汴州，故或称汴京；又因古为大梁，故又称汴梁。但正式名称始终是东京开封府，前几年有一种流传很广的历史年表把汴梁当作那时的正式名称，那是错的。

宋开封府有二城，里城即唐汴州城，周20里有余；外城为周世宗所筑，宋代屡有增展，周48里有余。1126年金兵破开封，北宋覆灭。金初以开封为陪都之一，称汴京，1153年改称南京。1214年为了躲避蒙古军的压力，从中都（今北京）迁都南京。1233年金帝出走，南京陷落，次年金亡，开封作为首都的历史从此结束。

1368年明太祖既定中原，诏以开封为北京，有意把首都迁到这里，后以漕运不通，打消了此意，1378年取消北京称号。宋、金开封城在元初被拆毁，明初重筑，在宋、金里城旧址上向西移动了里许，即今开封市旧城。

开封建都时间共有221年（不计战国魏），其中作为一统王朝北宋的首都有167年。不过北宋时北有辽，西有夏，西南有大理，各占有一部分汉唐旧地，这个王朝的首都的地位当然远不及汉唐首都长安、洛阳以及元、明、清首都北京那么重要。开封建

都的历史短于南京，作为一统王朝首都的历史又长于南京，二者
在历代建都史上的地位可列为第二等。

（六）安阳

夏代和商代盘庚以前，都城经常迁移。文献记载中禹初都安
邑（今山西夏县），终夏一代曾迁都阳城（今河南登封）、阳翟
（今河南禹州）、斟鄩（今河南巩义）等八次。考古发现的河南登
封王城岗、偃师二里头遗址，都有是夏都的可能。商族自契至汤
八易其居，自成汤灭夏至盘庚，迁都五次。可见其时还没有一个
长期稳定的都城。自盘庚迁殷以后至周武王伐纣灭商，殷作为商
都凡 273 年（后期约 50 年帝乙、帝辛常居离宫朝歌，今河南淇
县），故周人称商为殷，这是中国历史上最早一个长期稳定的都
城。商亡而殷夷为墟，后也称其遗址为殷墟，在今河南安阳市西
北小屯村及其周围。

殷墟东北 40 里有六朝时的邺都遗址，今属河北临漳县界。
邺城相传建于公元前七世纪春秋齐桓公时，前五世纪战国初魏文
侯曾在此建都。两汉时为魏郡治，东汉末移冀州来治。190 年袁
绍领冀州牧，不久又兼并了并、青、幽三州，邺城遂成为黄河流
域大部分地区的统治中心。204 年曹操破袁氏，继承了袁绍的旧
业而进一步统一了黄河流域。曹操自领冀州牧，继而自署为丞
相，封魏公，晋魏王。此后黄河流域名义上虽然还是汉朝，都城
在许（今河南许昌），实际上的政治中心则在丞相府、魏都所在
的邺。"洛阳纸贵"的左思《三都赋》所写，即蜀都成都、吴都
建业和魏都邺。220 年曹丕篡汉，次年都洛阳，邺才降为陪都
之一。

十六国时从 335 年起至 370 年，北朝从 534 年起至 577 年，后赵、冉闵、前燕及东魏、北齐相继都邺，合计共 78 年。北周灭北齐，以邺为相州、魏郡治所。580 年，相州总管尉迟迥起兵讨杨坚失败，坚焚毁邺城，徙其民人及相州、魏郡、邺县于南 45 里的安阳城，改置芝灵县于故址。590 年复名邺县，至北宋时省入临漳。这个千年名都，为杨坚所毁，至此竟然连作为一个县治的地位也维持不住了。邺的故址今已成为一片废墟，而城垣遗迹犹可辨认。有南北相连二城：北城曹操因旧城增筑，东西 7 里，南北 5 里，北临漳水。后世漳水南移，故址遂隔在北岸。南城筑于东魏初年，东西 6 里，南北 8 里余，在今漳河南岸。

邺都被毁后三百四十余年，五代的唐、晋、汉三代又有所谓邺都，是当时的陪都之一。这个邺都已不是魏晋南北朝的旧邺都，而是在今河北大名县东的唐魏州、宋大名府城。大名虽在古代邺城之东约百五十里，其所以被称为邺都，当是由于它实际上是代替了邺城成为河北平原南部的政治经济中心。

殷和邺都是安阳的前身，安阳继承殷和邺成为河北平原南部太行山东麓的都邑。所以追溯安阳的历史，应该肯定它是公元前十四世纪至前六世纪中国史前期重要古都所在地之一。但殷都时的商朝，邺都时的曹魏、后赵、前燕、东魏、北齐的疆域都只局限于中原，所以安阳在七大古都中的地位应列在西安、北京、洛阳、南京、开封之后，居第六，列第三等。

（七）杭州

从五代到宋初（907—978），杭州是割据今浙江、上海和江苏苏州地区的吴越国的首府，称西府。吴越政权地域虽然狭小，但由于境内长期不遭兵祸，农业经济发展，杭州的繁荣超过了苏、扬等州，在北宋时已被称为东南第一都会。北宋覆灭后的1129年，宋高宗逃到杭州，便立意在此久居，当即升杭州为临安府，定为行在所。其时因金兵进逼，不能安居，又在江南浙东各处逃避了多年，至1138年回到临安，宋金和议成，才安定下来。此后一百三十八年，直到1276年元兵攻陷临安，都是南宋事实上的首都，但当时的正式文件始终称为行在，表示不忘恢复，这是很可笑的。

南宋的临安城，经元末张士诚的改筑，南墙缩进2里，东墙拓展3里，就成为明清以来的杭州城。但南宋时临安城外有很大的市，西湖都包括在内，人烟稠密，工商繁盛，所以马可·波罗在宋亡之后25年来到杭州，还认为它是世界上最富丽繁盛的城市。

杭州只做过一个割据东南十三州的吴越国的首府，一个偷安半壁江山的南宋的"行在所"，所以尽管城市很繁荣，就作为政治中心的古都而言，应与安阳并列于第三等而次于安阳。

二、首都变迁的原因

（一）中原期与东移近海期

总述上述七大首都的兴替过程，可以看到，中国的建都史大致可分为前后两期。从殷周直到北宋这二千四百年是为前期，其时一统政权和统治北半个中国的大地区性政权的首都殷（邺）、长安、洛阳、开封，都在中原地区（北纬35°左右1度许，东经108°—114°）；江南的南京只做过统治南半个中国的地区性政权的都城，而位于华北平原北端的北京，则根本还够不上做较大政权的都城。所以这前期又可以叫做中原期。自十二世纪初叶赵宋南渡以后至今八百多年是为后期，一统政权和大地区性政权的首都都离开了中原：或向南移到了江南，杭州做了一百五十年的南宋都城，南京做了五十年的明朝初期首都，又做了此后二百二十年的陪都，直到近代还做过太平天国和民国的首都；或向北移到了北京，先还只是北半个中国金朝的首都，随后又发展成为元、明、清三代的大一统王朝的首都，直到近代还做过民国的首都，今天仍然是我们中华人民共和国的首都。杭州、南京、北京都在前期四大首都之东，距海不远，所以这后期又可以叫做东移近海期。

为什么前期的大政权要选择中原内地的长安、洛阳、邺、开封为首都，后期的大政权要选择东部近海的杭州、南京、北京为首都？又为什么前期和后期在各个时代要选择不同的城市为首都？这需要我们对历史上择都的条件和首都在历史上所发生的作用作一番分析。

（二）七大古都的历史地位

历代统治者主要是根据经济、军事、地理位置这三方面的条件来考虑，决定建立他们的统治中心——首都的。经济条件要求都城附近是一片富饶的地区，足以在较大程度上解决统治集团的物质需要，无需或只需少量仰给于远处。军事条件要求都城所在地区既便于制内，即镇压国境以内的叛乱，又利于御外，即抗拒境外敌人的入侵。地理位置要求都城大致位于王朝全境的中心地区，距离全国各地都不太远，道里略均，便于都城与各地区之间的联系，包括政令的传达、物资的运输和人员的来往。设若地理位置并不居中，但具有便利而通畅的交通路线通向四方，特别是重要的经济中心和军事要地，则不居中也就等于居中。所以地理位置这个条件也可以说成是交通运输条件。当然历史上任何时候都并不存在完全符合理想、三方面条件都十分优越的首都，所以每一个王朝的宅都，只能是根据当时的主要矛盾，选择比较而言最有利的地点。首都的选定一般都反映了该时期总的形势，反过来，首都的位置也对此后历史的发展产生一定的影响。

明白了这个道理，那就不难理解历代首都的迁移，是历史发展的必然结果。

先谈一谈从中原内地移向东部近海这个历史上前后期的大变动问题。这很简单。自殷周至隋唐，黄河中下游两岸是全国经济最发达的地区，又接近于王朝版图的地理中心，一个政权若能牢固掌握这一片地区，就尤足以控制全国，这就是这一段长达2 400年之久的时期的首都离不开中原地区的原因。由于首都在中原，所以当时开凿的运河也都指向中原。五代北宋 200 年间，经济重心虽已南移江淮，但中原还是可以通过水运通向四方，所以首都仍然能够留在这个水运系统的枢纽地——开封。北宋覆亡以后，出现了南北分裂的局面，于是中原水运又因停止使用而归于淤废，从此以后，无论从经济、军事、交通哪一方面说，中原都处于不利的地位，这就是 800 年来首都再也不可能迁回到中原之故。

再让我们逐一阐述一下七大首都何以先后被选为首都。

中原四大首都中长安的条件最优，所以它作为首都的时间最长，以此为首都的周、秦、西汉、隋、唐也是历史上最兴旺的王朝。长安的条件优在哪里呢？汉高祖即位时都雒阳，听了娄敬、张良的话才西都关中，这两人的话很说明问题。

娄敬说："秦地被山带河，四塞以为固，卒然有急，百万之众可具也。因秦之故，资甚美膏腴之地，此所谓天府者也。陛下入关而都之，山东虽乱，秦之故地可全而有也。夫与人斗，不搤其亢，拊其背，未能全其胜也。今陛下入关而都，案秦之故地，此亦搤天下之亢而拊其背也。"

张良说："关中左崤函，右陇蜀，沃野千里，南有巴蜀之饶，北有胡苑之利，阻三面而守，独以一面东制诸侯。诸侯安定，河渭漕挽天下，西给京师；诸侯有变，顺流而下，足以委输，此所谓金城千里，天府之国也。"

秦地，指崤山、函谷关以西战国秦国故地。关中，有广狭二义，广义等于秦地，狭义专指关中盆地，即八百里秦川。秦地对山东六国故地而言地居上游，关中盆地四面有山河（东崤、函、黄河，西陇山，南秦岭，北渭北山地）之固，所以建都关中，凭山河之固则退可以守，据上游之胜则进可以攻，对叛乱势力能"搤其亢"而"拊其背"，在军事上地位十分优越，是之谓"金城"。关中盆地"沃野千里"，是一片"甚美膏腴之地"，又可以取给于南方的巴蜀和北方的胡苑（胡人的牧区）以补不足。若山东诸侯有变，关中的物资足以供应顺流而下的王师，在经济上也有所恃而无恐，是之谓"天府"。关中在当时是这样一个金城天府之国，所以汉高祖便作出了在它的中心地带丰镐、秦咸阳的附近建立作为王朝首都的长安城的决定。

历史证明这一决定是完全正确的。娄敬、张良抓住了当时初建的汉王朝内部最突出的问题，即中央与山东诸侯之间、统一与分裂势力之间的矛盾问题，他们之所以主张建都关中，主要着眼于都关中足以东制诸侯。此后自高祖至文、景，果然先后顺利地镇压住了多次异姓、同姓诸侯的叛乱，巩固了统一。他们还没有能够预计到日后形势的发展。武帝以后，汉与匈奴之间的矛盾代替了王朝中央与诸侯之间的矛盾，成为当时的主要矛盾，汉朝经过武、昭、宣三代的经营，终于取得了匈奴降服、置西域数十国于都护统辖之下的伟大胜利，这和建都长安便于经营西北这一因素也是分不开的。所以建都长安，确是既有利于制内，又有利于御外。

隋唐时形势略与西汉相似，关中仍然以沃野著称，对内需要能制服山东和东南潜在的割据势力，对外需要能抵御西北方的强大边疆民族政权突厥与吐蕃的入侵，因而也和西汉一样定都于长安。

但是，长安作为首都也有不利的一面。它的地理位置比较偏西，距离当时人口最稠密、经济最发达的黄河下游两岸远了一些，距离中唐以后财赋所出的江淮地区那就更远。关中尽管富饶，毕竟"土地狭"，不足以满足京师和西北边防所需大量饷给。西汉时问题虽已很显著，还不很严重，因为关中的不足主要仰给于山东，山东距关中还不算太远。到了隋唐，特别是中唐以后，两河藩镇割据，京师所需百物绝大部分都取之于数千里外的江淮地区，节级转运，劳费惊人，民间至传言"斗钱运斗米"，这一矛盾就越来越尖锐。勉强维持到唐末，终于通过朱全忠强迫昭宗迁都，结束了长安作为首都的历史。五代以后，黄河流域益形衰落，江南的经济地位和河朔的军事地位逐步上升，中原王朝内部便不再是东西对峙的问题，变成了南北争胜之局；主要的外患也不再来自西北，改为来自东北的契丹、女真和蒙古，从而长安又丧失了它在军事上的制内御外作用，所以首都一经撤离，就再也不可能搬回来了。

洛阳在军事、经济两方面条件都比长安差。伊洛之间虽然也有一片平原，可是远不及关中平原的肥沃广袤；四周也有关河之固——东据成皋，西阻崤、渑，背倚大河，面向伊、洛，但诚如张良所说："虽有此固，其中小，不过数百里，田地薄，四面受敌，此非用武之国也。"东汉都雒阳，所幸光武完成统一后王朝内部并不存在割据势力，故都洛百数十年得平安无事。但至末年董卓擅行废立，关东州郡起兵讨卓，以当时董卓之强，也就不得不离开这个"四面受敌"之地，西迁长安。

东汉一代无论对内对外，武功都远不及西汉。特别是对西北边境，大有鞭长莫及之势。西域三绝三通，合计设有都护、长史的时间不过二十余年。安帝后历次羌乱，兵连师老，费用至数百亿，并、凉为之虚耗，三辅亦遭残破。当然，东汉国力之不竞是由多种原因造成的，但首都建在远离边境的雒阳，以致对经营边境有所忽略，不能不是原因之一。

洛阳的优点主要在于它位居古代的"天下之中"。远在西周初年，周公所以要在这里营建成周雒邑，作为镇抚"东土"的大本营，就是因为它"在于土中"，"诸侯四方纳贡职，道里均矣"。西周为犬戎所破，平王东迁，即于此宅都。后来项羽烧了咸阳，汉高祖初即帝位时也曾都此数月，等到赤眉烧了长安，光武即定都于此。洛阳虽然比不上长安那样是"金城天府之国"中的首都，但它有了这一条为长安所不及，它的不大的四塞之固又为邺与开封所无，所以它在前期中原四大首都中的地位仅次于长安。曹丕舍弃了乃父曹操经营了十多年的邺都而迁都董卓劫迁献帝以来荒芜了 30 年的洛阳，北魏孝文帝自平城南迁，一度想都邺，而终于定都永嘉乱后荒废达 180 年之久的洛阳，足见曹丕和拓跋宏都认为都洛胜于都邺，他们考虑问题的着眼点显然是地理位置。邺地处河北，在中原范围内稍东稍北，曹魏为了对付西南的蜀汉和东南的孙吴，拓跋魏企图并吞南朝，混一诸夏，都洛当然比都邺合适。

隋唐建都长安，隋炀帝、唐高宗都要另建洛阳为东都，经常来往于两都间。炀帝以居洛为常，洛阳是实际上的首都。高宗晚年亦多居洛，其后武周代唐，改东都为神都，正式定为首都。可见隋唐时代洛阳还有比长安更优越的一面，否则杨广、李治、武曌不会作出那样的决定。这不仅是因为它的地理位置在全国范围内比长安来得适中，更重要的在于它是当时的水运枢纽，东南取道通济渠、邗沟、江南运河，可通向富饶的江淮地区，东北取道永济渠可通向河北大平原，直抵王朝东北部的军事重镇涿郡即幽州（今北京），特别是江淮漕运自通济渠东来可以径抵洛阳城中输入含嘉仓，比之于都长安时需从洛阳或洛口再或水或陆，多走上千里路程才能到达目的地，省事省费实不可胜计。隋唐时代皇帝之所以屡次要东幸或移都洛阳，实际就是为了要解决皇室、百官和卫士等的给养问题。武则天死后中宗虽西还长安，不久玄宗开元初年起又屡次因关中岁歉而东幸洛阳。玄宗是颇厌惮往来的劳累的，但又不得不如此。直到开元二十二年裴耀卿改进了漕运办法，每岁可运二百数十万石至长安；二十五年牛仙客献计在关中用岁稔增价和籴之法，史称"自是关中蓄积羡溢，车驾不复幸东都矣"。长安的首都地位才得稳定下来，不至于为洛阳所夺。

　　邺处于古代"山东"（一般指黄河流域东部大河南北、太行山东西）地区的中心，背靠山西高原，东南北三面是古代经济最发达的黄淮海大平原，所以它在军事上是无险可守的（曹操在邺城西北隅因城为基，筑铜雀等三台，这是人造的防御工事，当然比不上天然的山河之固），不及长安，也不及洛阳；在地理位置上不如洛阳那么适中。但以经济条件而言，则在长安、洛阳之上，凡是控制山东地区而不能奄有整个黄河流域的政权，一般都要宅都于此。商人七次迁都，自都殷（邺的前身）后凡273年竟不复迁。曹操情愿离开他经营多年的兖州和许，定都于邺；后来虽然统一了黄河流域，仍都此不迁，直到儿子曹丕手里才迁都洛阳。十六国时后赵、前燕，北魏分裂后的东魏、北齐都据有山东之地，也都定都于此。北魏明元帝神瑞二年因比岁霜旱，平城附近民多饥死，朝议欲迁都邺，以崔浩谏不宜动摇根本，乃分简尤贫者，使就食山东，而罢迁都之议。其后孝文帝南迁经邺，崔光清即建议定都于此，理由是："邺城平原千里，漕运四通，有西门、史起旧迹，可以饶富。"孝文则认为"石虎倾于前，慕容灭于后，国富主奢，暴成速败"，不从。其实孝文这几句道貌岸然的话未必是他的真意，他之所以执意要都洛而不都邺，目的端在都洛便于南伐。但这几句话却充分反映了那个时期邺都经济条件的优越。

自中唐以后国家财赋愈益依赖江淮漕运，所以五代北宋时，居水运枢纽的开封遂代替安阳（邺）、长安、洛阳，成为择都的首选。

后期金、元、明、清之所以要选中北京定都，那是由于这几个政权都需要兼顾塞外与中原，而大运河漕运又足以解决都燕的供给。明初之所以都南京，那是由于元末明太祖以此为根据地经营四方完成一统的已成之势，并且正好就近控制东南财赋之地之故。至于南宋有半壁江山，不都南京而都杭州，上文已提到，除了由于自五代以来杭州在东南城市中最为繁盛这一因素外，主要是宋高宗绝意恢复中原的心理在起作用。

三、为何提七大古都？

七大古都的历史地位略如上述。接着便需要讨论两个问题：其一，为什么最早只提五大古都，随后改提六大古都，现在我们又要提七大古都？其二，七大古都与其他古都"大不大"的区别何在？试为解答如下。

（一）二十世纪二十年代之所以只提"五大古都"，是因为西安、洛阳、北京、南京、开封都曾经做过全国性的首都，而其他古都没有。二十世纪三十年代之所以要加上一个杭州成为"六大古都"，是因为注意了杭州尽管只做过半个中国的都城，其城市的繁雄昌盛程度，却不亚于甚或有过于全国性的五大古都，并且和五大古都一样，到今天还是一个大城市。但既然提了杭州作为大古都之一，那就不该不提安阳。安阳之所以三十年代以来长期没人提起，一则当由于偶然的疏忽，再者则由于殷、邺久已为废墟，近今的安阳又不是一个著名的大城市，一般人往往着眼于今天的大城市谈古都，就难怪数不上安阳了。而我们现在之所以要改提包括安阳在内的"七大古都"，这是因为谈古都首先应着重历史上的实际情况，不应以古都的后身——今天的城市的大小为取舍的标准。在六世纪以前的两千年中，殷、邺应该属于第一等古都。由于近一千四百年来没有再成为都城，所以在整个中国史里便只能列为第三等古都了。但它的重要性应仅次于五大古都，比只作为南宋偏安江淮以南政权的都城杭州应略高一等。

（二）尽管七大古都还可以分为三等，却有一个突出于其他古都的共同特点，那就是，它们都是经过选择才确定下来的统治边塞之内广大地域的都城。具体情况已见前述。

　　七大古都之外，在顾炎武《历代宅京记》中列有专篇的晋阳（今山西太原）、大名、宋州（今河南商丘）、辽阳，都只做过陪都。成都只是几个割据巴蜀政权的都城。辽初都上京临潢府（今内蒙古巴林左旗波罗城），继迁中京大定府（今内蒙古宁城大明城），所统境域大部分皆在塞外，内地仅"燕云十六州"。元世祖建都开平府仅有自 1260 年至 1267 年的八年。这些古都的重要性比之七大古都当然要差上一大截。唯有平城做了北魏前期都城自 398 年至 493 年达九十六年，上京会宁府做了金朝前期都城自 1115 年至 1153 年有三十八年，都统治过北半个中国数十年（平城自 439 年统一北方算起有五十五年，会宁自 1126 年灭北宋算起有二十七年），在建都史上地位应仅次于七大古都。但由于平城原是建立北魏的鲜卑拓跋部的根据地，会宁府原是建立金朝的女真完颜部的根据地，这两处成为半个中国的首都，乃是边区民族政权向中原扩张的结果，不是经过选择决定的，终究是一种暂局，后来为了加强对中原的统治，北魏首都还是迁到了洛阳，金朝首都还是迁到了中都。所以这两处也不能与七大古都相提并论。

　　边区民族政权都城为《历代宅京记》所不及，其中蒙古的和林（今蒙古国后杭爱省额尔德尼召北）、渤海的上京龙泉府（今黑龙江宁安西南东京城）、后金的盛京（今辽宁沈阳）、西夏的兴庆府（今宁夏银川）、回鹘的高昌（今新疆吐鲁番东高昌故城）、黑汗王朝（喀拉汗国）的八喇沙衮（今吉尔吉斯斯坦托克马克东）、西辽的虎思斡耳朵（即八喇沙衮）、察合汗国的阿里麻里（今新疆霍城水定镇西北）、亦里把里汗国的亦里把里（今新疆伊宁市)、叶尔羌汗国的叶尔羌（今新疆叶城）、吐蕃的匹播城（今西藏琼结）、逻些城（今西藏拉萨）、南诏的阳苴咩城和大理的大理城（今云南大理）等，都辖有较大或很大面积的领土；因为它们毕竟没有成为中国的主体民族内地广大汉族人民的政治、经济、文化中心，故亦不适宜与七大古都相提并论。

《历代宅京记》基本上只是搜集了关于历代宅京的史料，我在这里企图对历代宅京七大古都的经过及其原因作一概括的阐释。但不知说得是否正确，有待读者明教。

第四讲
历史人文地理研究
发凡与举例

1990年11月12日，谭其骧先生在"庆祝谭其骧八十寿辰暨从事学术活动六十周年国际中国历史地理学术讨论会"开幕式上发言

本讲上篇是作者于 1990 年 11 月 12 日在复旦大学召开的"庆祝谭其骧八十寿辰暨从事学术活动六十周年国际中国历史地理学术讨论会"上的发言稿，由葛剑雄执笔，曾以《积极开展历史人文地理研究》为题在《复旦学报》《文汇报》《中国历史地理论丛》等刊发表。下篇仅写成第一部分，因作者突发重病以至逝世，未能续写。原载《历史地理》第 10 辑（上海人民出版社，1992 年），收入《长水集续编》。

一、上篇　历史人文地理研究的迫切性与必要性

　　自然地理和人文地理是地理学的两大分支，同样，历史地理学也包括历史自然地理和历史人文地理两大部分。

　　建国以后将近三十年，人文地理遭受冷落，大致和社会学、法律学等学科一样，长期废而不讲。我们历史地理学也受其影响，只注重历史自然地理，忽视历史人文地理，除了历代的疆域政区不能不讲外，对人文地理的其他方面，绝少有人肯花力气去钻研。但人文地理的研究成果其实颇有益于国家的经济文化建设，所以西方国家一贯很重视。我国从二十世纪七十年代末以来，也在积极重建这门学科。最近几年地理学界的人文地理队伍已日益壮大，并取得了不少研究成果。历史地理学方面，也相应把部分的力量转移到了历史经济、人口、城市、文化等历史人文地理领域。但是总的说来，历史人文地理的发展还是很迟缓的，还远远不足以阐明我们这个历史悠久、广土众民国家的历史时期人文地理的发展过程。这就必然会影响中国人文地理学的健全创立和发展，因为当代的人文地理现象都植根于历史时期的人文地理现象，不了解历史人文地理，也就讲不清楚当代人文地理。所以，积极开展历史人文地理的研究，不仅对历史地理说来十分必要，对整个地理学界说也具有重大意义。我在八十年代几次学术会议上既提出过历史地理工作者应重视历史人文地理研究的意见，也曾做过两次有关历史人文地理的报告，但目前的情况还不能令人满意，因此我想利用这次会议的机会，对开展历史人文地理研究谈一些看法。

我们的祖国是一个伟大的文明古国。几千年来，我们的祖先创造了各个方面的丰富文化，这是我们民族的宝贵遗产，人文地理的研究成果就是其中的一部分。我们的祖先对人文地理现象的记录和研究，至少可以追溯到成书于两千多年前的《禹贡》。而在司马迁的《史记·货殖列传》和班固的《汉书·地理志》卷末所载的"域分""风俗"中，对战国至西汉各地人民的生产、生活情况，农商工矿各业的盛衰和风尚习俗的差别，都有极其生动具体的叙述。既写出了区域的特点，又指出了区域之间的联系和影响；既指出了形成各区经济文化差异的环境因素，也阐述了各区的差异各有其历史渊源。从中人们不仅可以发现很多记载当时人文地理现象的珍贵资料，而且完全能够得出这样的结论：我国近两千年前的学者在人文地理区域的划分、区域特征、人地关系等方面的观察和研究，已经达到了相当高的水平。

应该承认，由于地理学在我国古代一直没有形成一门独立的学问，它的分支人文地理学自然更不可能得到系统的发展。像《汉书·地理志》中这样完备的全国区域地理总论，在以后的正史地理志中大多数根本没有，只有《南齐书·州郡志》《隋书·地理志》和《宋史·地理志》稍有类似的记载。但是，汉以后正史地理志忽视人文地理方面的记述，不等于汉以后的人文地理情况就无可踪迹了。任何历史时期，都有或多或少足以说明其时人文地理现象的文献传世，只是古人没有作出概括性的叙述，那就必须有待于我们花大力气从大量散在各种文献中的有关资料搜集整理出来，才能予以利用。

例如，《宋史·地理志》的分路论风俗太简略，难以充分显示当时各地的经济文化概貌。可是，《舆地纪胜》和《方舆胜览》

这两部地理总志所搜集的诗文里，却保留着大量足以阐明南宋时代各府州从生产生活到社会习俗的资料。《明史·地理志》虽然根本不谈风俗，可是明代论及各地经济人文情况的著作相当丰富：丘濬的《大学衍义补》和章潢的《图书编》都有这方面的资料，谢肇淛的《五杂组》的地部是颇为出色的论著，清初顾炎武所编纂的《天下郡国利病书》、李培所辑集的《灰画集》，都搜罗了许多可贵的原始资料和颇有见地的学者论述。

　　明代地理著作中特别值得重视的是万历王士性所撰《广志绎》一书，虽然篇幅不大，却是一部突出的高质量的著作。其中人文地理部分，尤为精致多彩。作者根据他一生的亲身经历和敏锐的观察，对明朝全国十五省中的十四省（只缺他没有到过的福建一省）的经济、文化地理的各个方面，都作出了极为精到的分析与记述。所以我在 1985 年冬，在桂林召开的全国徐霞客学术讨论会上曾作过一个报告，指出王士性在人文地理学方面的成就，比之于在他以后约四十年的徐霞客对自然地理的贡献，至少是在伯仲之间，甚至可以说有过之而无不及。本来在明末清初百年之内，王士性其人、《广志绎》其书是很受时人重视的，冯梦龙、曹溶、顾炎武都备极推崇。但此后三百年竟然再没有人提起。这是由于乾嘉考据学兴起后，讲地理的专讲建置沿革，从而《四库提要》仅将此书列入存目，并且作出了"其体全类说部，未可据为考据也"那样极为轻蔑的评价，以致此后以舆地之学名家的学人，绝无一人再重视此书。这是一种绝不合理的偏见。"五四"以后地理学界又流行重自然轻人文的风气，所以徐霞客受到丁文江以来广大地理学者的尊崇，却谁也不知道有王士性《广志绎》其人其书。现在我们既然要建立中国的人文地理学，那就必须充分重视这方面的前人遗产。所以我认为呼吁地理学界对这部书予以重视，是完全必要的。

自然地理现象，特别是在不受到或很少受到人类活动影响的条件下，其复杂程度及变化发展的速度完全取决于自然本身。但一个地区的人文地理现象的存在与否、复杂程度及发展变化的速度除了同样受到自然条件的制约以外，很大程度上取决于人类的活动和人类社会的发展变化。因此，像中国这样一个历史悠久、文化发达、人口众多、幅员辽阔的国家曾经存在过的人文地理现象，是绝大多数其他国家所无法比拟的。例如我们可以研究春秋战国时期的学术思想的地理分布和差异，可以研究唐代诗人、学者、艺术家的地理分布，但在一千年前还处于文明初期的国家，或者在当时的疆域相当狭小的国家，这样的课题不是根本没有研究对象，就是毫无实际意义。所以，我们可以把历史人文地理比喻为我国的一座富矿，等待着我们去开挖。在很长的时期内，我们不必到外国去寻找矿源。这同时也意味着，我们面临的任务是相当繁重的。

与自然地理现象相比，人文地理现象的变化和发展一般要迅速得多。在中国有文字记载的数千年间，气候、水文、地形、地貌、植被等地理要素也在不断变化，有的甚至已经发生了相当巨大的变化，如一些河流、湖泊已完全消失，黄河下游已经改道了很多次。但总的说来变化是非常缓慢的，尤其是一些基本状况并没有显著的不同，已经发生的变化大多还有踪迹可寻。但这几千年间的人文地理现象就大不相同了，经济、政治、文化、社会、民族等各个方面，无论是以全国为范围的总的状况，还是以各个地区为单位的区域状况，几乎找不到基本不变的方面。拿《史记》《汉书》中的记载与今天的实际相比，大概很难找到多少相似的情况了。即使就中国最稳定的农业生产而言，土地利用、作物品种、生产工具、耕作制度、产品加工等方面的地域分布与差异也不断改变，更不用说一些发展变化迅速的现象了。

与自然地理现象不同之处还在于，以往的人文地理现象大多已无法通过实地考察和其他技术手段来发现，而只能依靠文献资料的记载。这正是我们的优势所在，因为中国悠久的历史给我们留下了浩如烟海的文献记载，给我们提供了进行历史人文地理研究的基本条件。当然，由于历史的局限，传世的文献资料中存在着大量不科学、不准确、不真实的内容，尤其是缺少准确的数量记录。但是在剔除了这些错误成分之后，毕竟还可以获得比较可靠的原始资料，为我们提供了其他途径无法替代的基础。以历史人口地理的研究为例，法国的成绩是举世公认的，而法国学者的主要资料就是过去二三百年间的直接、间接的人口调查记录。中国人口调查的历史比法国长得多，资料也丰富得多。即使不考虑官方的户口资料，只要我们对现存的家谱进行一番全面、科学的研究，至少对十四世纪以来的人口地理的研究就有了可靠的资料和数据基础，要达到和超过法国目前的研究水平是完全有可能的。

近年来，随着现代化的研究设备和方法的引进，一些学者认为文献资料的重要性已经降低了，甚至已经是可有可无了。这种看法是错误的，是不利于学术进步的。传统的文献资料研究方法当然有很大的局限，在历史人文地理的研究中尤其不应该墨守成规。但是新的研究手段也不是万能的，同样离不开基本的资料和数据。实际上，新的研究手段不但没有降低文献资料的重要性，而且对资料的准确性提出了更高的要求。还是以历史人口地理研究中利用家谱资料为例，传统的抄写摘录、分类汇编、脑记手算不仅工程浩大，容易产生误差，而且只能就事论事，很难找出普遍规律。如果我们在摸清基本情况的前提下，设计出一个随机抽样的方案，然后将有关的数据输入电脑，计算过程就能很快完成；再运用一些成熟的、得到过验证的模型或方法，就能得出比较可靠的、有一定代表性的结论。很明显，影响结论正确性的主要因素，第一是输入的数据是不是既准确又有代表性，第二是运用的模型或方法是不是可靠。要是没有文献资料，或者没有严格、准确地运用文献资料，就不会有准确而有代表性的数据输入。而可靠的模型或方法也无一不是建立在大量可靠数据反复计算试验的基础之上。所以我认为，中国历史人文地理研究的文献资料优势并没有失去它的意义。在传统方法与现代手段相结合的过程中，中国的历史人文地理学者大有用武之地，也大有希望。

另一方面，人文地理现象一般也有其延续性和继承性。因此如果没有对以往人文地理现象的理解，就不可能对现在的人文地理现象有足够的认识。要研究当代的人文地理，历史人文地理的研究成果是不可或缺的。要认识当前中国的国情，中国历史人文地理的研究成果也是不可或缺的。例如要研究当代中国的政区地理，就一定要了解历史政区地理。像县这一级政区，已经存在了两千多年。有相当一部分县的名称和治所，两千多年来一直没有改变过。现在一级政区中的主体——省，也已有了七百多年的历史；目前省级界线的基本格局在十四世纪晚期就已经形成了。如果不了解这些情况，就无法解释目前省界存在的种种问题和矛盾，也就无法为未来的改革找到合理的方案。

中国历史人文地理需要并可能研究的方面与门类极为广泛。论人口则应推究各时代宽乡与狭乡的变化，各地区间的人口流动以及由此原因导致的增殖与减耗，还要注意各地区的民族构成和各民族的移动、扩散、分化与融合过程。论产业则要探索各地粮食生产和经济作物的品种及产量高低，手工业和矿业的特色盛衰，作为商品的行销范围等，又要估算其获利轻重对当地经济荣枯的影响。论交通则要研寻各水陆线路的开辟、移动、兴废。论聚落城市的形成隆替，既要阐明各地区乃至全国的布局，又要指陈其工商业联系地区的范围。论疆域政区的沿革，既要考究建置分并、辖境治所的或沿或革，也要阐明其所以然和对经济、政治、文化各方面的影响。论文化则要注意到各种文化现象的地理分布和地理差异。各个历史时期都有不同于此前此后的经济区域和文化区域，恰当地指出各区的地域及其特色，是论述这一时期人文地理的重要内容。经济区域当然是由不同的生产方式和生产关系形成的，而文化区域的形成因素则主要是语言、信仰、生活习惯、社会风气的异同。全国和各大区域内的经济重心和文化重心以及人物产地随着时代的推移往往也有所变动。这些都是中国历史文化地理亟待开拓的大有可为的研究领域。

　　1982年以来在中国社会科学院的领导组织下，我们有一批人正在编绘一部大型的《中华人民共和国国家历史地图集》，内容包括自然地理和人文地理的各个方面。属于人文地理方面的，有疆域政区、农牧业、手工业、矿业、城市分布和规制、民族分布和迁移、人口分布、宗教、文化事业、人才分布等图组。复旦大学中国历史地理研究所承担了疆域政区、交通、人口、文化等组。我们将配合这些图幅的编绘工作，将这些方面的研究成果陆续予以发表，希望能引起国内外同行们的兴趣，从而也加入中国历史人文地理研究的队伍中来。

作为人文地理主体的人类社会和人类活动比自然状况要复杂得多，也具有更多的特征，所以在研究中国历史人文地理时很难找到普遍性的模式或方法。我们当然应该并且必须学习国外先进的研究方法，引进先进的研究手段，特别是在人文地理这样一个起步很晚、目前又进展不大快的学科。但是中国历史人文地理的研究客体比外国要丰富得多，其中相当大一部分是中国所特有的，不可能从国外找到现成的模式。所以我们必须在学习国外经验的基础上，开创中国自己的学科理论和方法。这固然给我们的学科建设提出了更高的要求，但也意味着这门学科具有更广阔的前景，每个有志献身于这门学科的学者都可以大有作为。

所以，尽管现在可能还为时过早，但我还是要大胆地预言：历史人文地理将是中国历史地理研究领域中最有希望、最繁荣的分支。在中国实现现代化的过程中，历史人文地理研究必将作出自己的贡献，这是其他学科所无法替代的。

二、下篇　人口、政区、文化探讨举例

上面是泛论在我国积极开展历史人文地理研究的迫切性与必要性，并指出中国几千年来极为丰富的文献资料是进行这方面研究的特具优势，从而预测我们完全有可能在不久的将来作出举世瞩目的研究成果。下面想就人口、政区、文化三方面的各一部分，谈一些个人一时想到的看法，希望能借以引起同志们对这些问题以及有关问题的研究兴趣。

（一）区域之间不同时代的人口比较

历史人口地理当讲可讲的问题包括历代各地区人口的多寡稀密、人口的迁移与民族的构成等。各个时代可讲的地域范围各不相同，一般只限于中原王朝的版图，能够兼及当时不属于中原王朝的地区和时代的不多。各个中原王朝的版图尽管大小不同，由于基本上都包括黄河、长江、珠江流域的中下游部分，所以进行大区域之间的不同时代的比较是可行的。

1. 试以秦岭淮河一线划分南北方进行对比，则西汉末元始二年（2）全境户口的 80％ 强在北方，20％ 弱在南方[①]。南方的疆域比北方大，故按密度计大致可以推定为北九南一之比。这是用人口数字说明了当时南方的农业生产开发程度远远落后于北方。《史记·货殖列传》："总之，楚越之地，地广人稀，食稻羹

---

① 户口数见历代正史地理志及唐宋总志，百分比据梁方仲《中国历代户口、田地、田赋统计》。下文凡用正史地理志数字者不另注。

鱼，或火耕而水耨，果隋蠃蛤，不待贾而足……是故江淮以南，无冻饿之人，亦无千金之家。"这一段话是十分正确的描述。西汉后经王莽末至东汉初的战乱，至永和五年（140）北方的户数是全境总数的 60%，南方为 40%，南北之比差已较西汉时接近了许多。此后经东汉末黄巾起义、群雄割据和三国鼎峙之间的战争，至西晋统一之初（太康元年至三年，280—282），北南户口之比又进一步接近为 53% 比 47%。西晋末年以后，经五胡十六国长期战乱，到南北朝初期，因南北双方无同一时期的户口数字，双方的户籍制度又不同，所以无法进行对比。估计初期可能有一段时期南方超过了北方，但自北朝推行均田制后，既有利于发展生产，也提高了户籍登记的正确度，因此在隋灭陈南北统一后二十年的大业五年（609）的统计数字中，北方户数又占到总数的 76.5%，南方仅占 23.5%。经隋末唐初的割据统一战争，百有余年后至盛唐天宝元年（742），北户犹居 55%，口 60%，南户为 45%，口 40%。

此后中晚唐的安史之乱、藩镇之乱、黄巢起义和唐末五代军阀相互吞并之战，战祸多集中在北方，南方受害较轻，北方经常受到严重破坏，南方相对地生产有所发展，南北户口的对比便发生了划时代的变化。

宋太祖建隆元年（960）受周禅，得九十六万七千户，其后以次平荆南、湖南、后蜀、南汉、南唐，共得一百五十九万九千户。太宗初年漳泉、吴越相继入朝献地，又得七十万二千户，至太平兴国四年（979）平北汉，得三万五千户，完成了较前朝而言较小范围内（安南已脱离中国，自西南至东北唐代周边部分州县已为一些"蛮夷"和大理、吐蕃、西夏、契丹所占有）的统一。史乘所载南北各地域的户数不是同一年代的，但相去总共不过二十年。即此可见其时南方共有二百三十万户以上，北方得之于周的户数即使在太宗初已有所增长，也绝不会超过南方。何况宋得于周的共一百一十一州，并非全在淮水秦岭以北，还包有属于南方的淮南、山南约二十州之地。所以当十世纪七十年代宋完成统一时，南方人口无疑已大大超过北方。

《太平寰宇记》载有各府州户数，约为宋太宗时 980 至 989 年的数字。其时河南、关西、河东、河北、陇右北五道共约有户二百五十万余，剑南、江南、山南、淮南、岭南五道共约有户三百九十五万余，北南之比为三十九比六十一。经百有余年至崇宁元年（1102），尽管北方的户口增长比南方稍见优势，北南户数的比差接近为四十二比五十八，仍然不能恢复到唐天宝以前那样北户多于南户。

北宋后的宋金南北对峙时期，双方的疆界正是秦岭淮水一线；金朝拥有北宋北界以外极为广袤的一大片领土，其疆域总面积远较北宋的北方为大。即便如此，梁方仲《中国历代户口、田地、田赋统计》一书中的甲表 44，将两朝在同一年度或比较接近的年度的户口列表予以对比，在 1187 年、1190 年、1193—1195 年、1193—1207 年、1223—1234 年五个对比数中，南宋的户数都在一千二百三十万户以上，多至一千二百六十多万，金的户数都是六七百万，多至九百多万，显示南户比北户大致仍在六十五比三十五和五十七比四十三之间。至于宋金两方口数的对比，金口都比宋口为多，那是由于金的数字相当可靠，而宋的数字一户只有二口左右，大大低于实际之故。所以比较宋金对峙时期的南北户口差距，只能采用相当接近实际的户数，口数只能置之不理[①]。

十三世纪北方金元之际的战乱，又较稍后元灭宋之役剧烈得多。于是户口的南多北少，发展到了历史上的顶峰。见于《元史·地理志》的户口数，北方为中书、辽阳、甘肃三省和陕西省的大部分，河南江北省的小部分，仅占 12% 弱，南方为江浙、江西、湖广、四川四省和河南江北省的大部分、陕西省的小部分，占 88% 强；南北的比例大致相当于西汉末年的北南比例。

华北拥有极为辽阔、适宜于农垦的黄土高原和黄淮海平原，山地较少，而江淮以南多丘陵山地，平原较少，可耕地不多，元代这种南多北少相去悬殊的人口比例是战乱造成的后果，与自然条件极不相称。所以到了明代，这种比例渐次得到了调整。洪武二十六年（1393）北五省（北平、山东、山西、河南、陕西）和直隶的淮北部分共有二百四十五万户，约占总户数的 23%，南八省（浙江、江西、湖广、福建、四川、广东、广西、云南）和直隶的淮南部分共有八百二十万户，约占总户数的 77%。万历六年（1578）北五省（北直隶即原北平）和南直隶（即原直隶）的淮北部分共有三百六十五万户，约占总户数的 34%，南九省（增置一贵州）和南直隶的淮南部分共有六百九十七万户，约占总户数的 66%[②]。

清代疆域虽比明代大得多，但初期新辟的边区人口还很稀

<hr />

① 请参考何炳棣著，葛剑雄译《1368—1953 中国人口研究》附录五《宋金时中国人口总数的估计》，上海古籍出版社，1989 年。
② 明代户口数字洪武时比较可靠，嗣后册籍多出于地方官循例编造，普遍脱离实际，以致承平 185 年后的万历六年户数，反比洪武二十六年少三万余户。隐漏现象南方比北方严重，故万历六年户数的南北实际比差应有过于 66∶34。

少，对南北人口的比例所产生的影响极微。嘉庆二十五年（1820）北方直隶、盛京、山西、山东、河南、陕西、甘肃、新疆八统部加江苏、安徽的淮北部分共有一亿一千八百零七万口，南方浙、赣、鄂、湘、川、闽、粤、桂、云、贵十统部加苏、皖的淮南部分共有二亿三千三百三十四万口，比例基本上仍然是34％与66％①。进入十九世纪后，东北、内蒙古、新疆都接受并繁殖了大量内地移民，南多北少的差距才进一步缩小。到了当前，据1988年发表的1987年统计数字，北十五省、市、自治区共有四亿五千一百一十六万六千口，南十四省（未计入台湾，广东尚包括海南）共有六亿一千九百二十六万八千口，北南比例是42比58。

简括地说，有人口统计数字约两千年来，自西汉至唐前一千年是北多南少，自五代以来后一千年是南多北少。西汉之末南方的开发程度还远远落后于北方，北南之比达8＋比2－，经千三百年北方多战乱，南方渐开辟，至元代竟变成比西汉犹有过之的反比。此后逐渐得到扭转，惟南多于北这个基本格局在可见的未来估计是不可能改变的。

2. 试将东北、内蒙古、青、藏、新疆以外历史上长期在中原王朝版图内的"全国"分为七区：关内即近代所谓西北、关东河南、关东河北为北三区，长江上游即古梁州、长江中游即古荆州、长江下游即古扬州为中三区，五岭以南为南区；请再粗略地看一下这七区在各个历史时期所占全国人口比重的变动。按比重自大至小排列，则：

---

① 由于北方疆域比明朝大，故实际上南北比例应比万历时比例接近。

西汉河南区居首位，有户约五百四十二万，几占总数的一半。河北区居第二位，约二百七十万户，是河南区的一半。关内区居第三位，约一百二十九万户，又为河北区的一半。长江上游第四位，约一百零二万户；下游第五位，约七十一万户；中游第六位，约五十八万户。岭南区居末位，约七万户。

晋代河南仍居首位，有五十四万户；第二仍为河北，四十五万户；长江中游跃居第三位，三十五万户；下游升为第四位，三十三万户；上游第五位，三十一万户；关内下降为第六位，十六万户；岭南仍居末位，六万九千户。

隋代河南区户数为总户数的 36％，河北区为 29％，关内区为 11％，长江上游 6.7％，下游 6.5％，中游 6.4％，岭南 3％；七区的先后次序同于西汉而比例较为接近。

唐代河北区上升为首位，有户二百一十二万；河南区退居第二位，有户一百八十六万；长江下游升为第三位，有户一百四十九万；上游为第四位，一百二十一万户；关内退居第五位，九十四万户；长江中游第六位，九十三万户；岭南仍居末位，三十七万户。

从见于《宋会要·食货》《宋史·地理志》所载宋初得自五代末诸政权的户数中，可看出在十世纪六七十年代的五代末宋初时期，长江下游区的南唐、吴越、漳泉共有户一百三十五万有余（未计入在后周境内的淮南部分），显然已跃居七区中的首位；长江上游的后蜀有户五十三万有余，居第二位；长江中游的荆南、湖南，加以后周境内的山南部分，应共有三十三万户有余，可能居第三位；后周领土除去淮南、山南部分约五分之一外，仅得七十七万余户，约当黄河流域三区之地，则三区大约只能居第四、

五、六位；仍以岭南区即南汉领土居末位，十七万户。

《太平寰宇记》中诸府州军监户数：长江下游约有一百九十四万户，居七区中首位；河南居次，约一百二十三万户；长江上游居第三位，约一百一十九万户；河北第四位，约八十五万户；长江中游第五位，约四十三万户；关西第六，约三十七万户；岭南仍居末位，约十三万户。

《宋史·地理志》崇宁时代户数长江下游仍居首位，约七百零七万七千户，远远超出各区之上，并超过总数三分之一；河南居次，约二百一十五万户；长江中游居第三位，二百万零五千户；上游居第四位，一百九十九万户；河北居第五位，一百八十一万户；关内第六，一百四十五万户；岭南仍居末位，八十一万户。

《元史·地理志》所载是四种不同年度的户口数，相去达七十八年，且多残缺；不宜作分区统计。但从这项数字还是可以大致看得出：江浙、江西、湖广三省合计为一千一百三十三万三千户，除去江西省的广东部分、湖广省的广西部分约一百万户外，长江中下游仍有一千零三十三万户，达全国总数74%以上，其中江浙一省即有六百三十二万六千户，达总数的45%强。长江上游的四川省不足十万户，关内的陕西、甘肃不过九万户，可见西部人口极度稀少。大河以北的中书省幅员极为辽阔，约当今河北、山西、山东、内蒙古四省区及北京、天津二市，只有一百三十五万五千户，约当江浙行省的四分之一。

明万历初长江下游户口占总数49.1%，河南19.26%，河北11.58%，岭南7.86%，长江中游5.10%，关内3.71%，长江上游3.28%。较之前代，最突出的变化是岭南从宋以前的第七位超升到第四位，长江中游反居其下；号称天府之国的长江上游四川，却沦而为末一位①（云贵二省北半计入长江上游，南半计入岭南）。关内和长江上游两区合起来还抵不上岭南一区，又见西部地区之衰耗，比元代强不了多少。

清嘉庆末人口长江下游仍居首位，一亿一千一百七十六十四万；河南第二，六千四百四十七万；长江中游第三，四千五百二十五万；河北第四，三千三百七十六万；岭南第五，三千二百五十七万；长江上游第六，三千二百一十九万；关内居末位，二千三百一十三万。长江中上游即两湖、四川都得到了较显著的开发，关内即西北地区遂沦于末位。

一个半多世纪后的当代，1987年的人口统计数是长江下游二亿九千七百五十九万八千，河南一亿七千八百二十七万五千，岭南一亿三千九百八十九万八千，长江上游一亿三千四百九十五万二千，河北一亿一千九百零九万九千，长江中游一亿零八百四十万六千，西北即关内五千一百九十一万五千。岭南从明清第四五位晋升到了第三位，长江上游从明清的第七、六位提升到了第四位，河北从第三、四位退居第五位，长江中游从第五、三位退居第六位，西北仍如清代之旧居末位。

自汉至今：长江下游从汉隋的第五位，唐代的第三位到宋以后便一直成为全国人口最多的地区；河南从汉隋的首位至唐宋退居第二，中经元代的大幅度衰退，明以后至今恢复到第二位；河北从汉隋的第二、三位中经唐代升为首位，宋元以后退居第四、

---

①　万历户口数与实际人口数相差甚大，各地的隐漏比例也不相同，如长江下游、上游的四川隐漏率可能比其他地区高。但目前尚无法推算出各区实际人口数，姑仍用当时户口数分析分布之大势，并不完全符合实际。

五位；关内从汉隋的第三位至唐宋退为第五、六位，元以后遂成
为人口最稀少的地区；长江上游从唐宋的第四位至元明清降为第
六、七位，近今始复居第四位；长江中游从汉隋唐的第六位至宋
代跃居第三位，明代又降为第五，清后又降为第六；岭南从汉隋
唐宋的末位，明清升为第四位，近今又升为第三位。概括言之，
则最大的变化是长江下游和岭南由落后臻于繁庶，西北即关内由
相对繁庶趋于衰敝。这种变化是开发程度日渐接近于符合自然条
件的结果。

3. 在较短时期内对几个较小地区进行比较，往往也颇能看
出一些令人瞩目的变化。例如：今江西省境在宋代（相当当时的
江南西路和江南东路的饶、信二州，南康一军）的户口，远比今
浙江省境（相当当时的两浙路减去苏、润、常三州）多。宋元丰
二年（1079）[①]江西是一百七十五万七千户，浙江是一百四十一
万三千户；崇宁元年（1102）江西是二百零七万一千户，四百五
十六万五千口；浙江是一百五十九万三千户，二百九十万八千
口。到明代情况已有所不同：万历六年（1578）论口数虽江西仍
比浙江多，江西五百八十五万九千口，浙江五百一十五万三千
口，距离已不远；论户数则浙江已多过江西，浙江一百五十四万
二千户，江西一百三十四万一千户；浙江的实际人口很可能已超
过江西。发展到清嘉庆二十五年（1820），浙江是二千七百三十
五万口，江西是二千三百零六万口；又发展到当代 1987 年，浙
江是四千一百二十一万口，江西是三千五百五十九万口，显然是

[①]　据成书于元丰三年（1080）的《元丰九域志》，所载户数姑作为见于上一年
簿籍的数字，无口数。

把宋代的多寡之比倒了过来。

又如，闽粤两省人口多寡比例的变化，也有点与浙赣之间的比例相似。宋代 1079 年福建是一百零四万四千户，广东①是五十七万九千户；1102 年福建是一百零六万二千户（口缺），广东是五十七万二千户：福建差不多是广东的一倍。到明代 1578 年福建是五十一万五千户，一百七十三万九千口，广东是五十三万一千户，二百零四万一千口；清代 1820 年福建是一千八百一十万口，广东是二千一百一十九万口：广东已超过福建，还不太多。降至现代，1987 年广东已超过福建一倍还多：福建只有二千八百万口，广东多达六千四百四十七万口。近现代人们习见浙江户口盛于江西，广东人口盛于福建，怎么会想得到在宋代闽赣的繁庶程度竟远过于粤浙？闽赣何以在宋代如此繁庶，后来又何以相对衰落而被粤浙超过，这都是值得注意并深入研讨的问题。

计算户口数字时不小心会出一点错，将文献上按政区记下的户口数换算成南北二分法和七区分法，搞不好也容易出错，再加同一时期各地的户籍制度登记方法也不可能完全一致，所以上述这些历代分区人口比重的变化，当然并不见得完全正确，符合于各个时期的实际情况。但从这些数据得出的结果与当时经济、文化、政治的形势基本符合，说它们基本正确地反映了历史时期人口地区比重变化的概貌，应该是可信的。尽管基本可信，但十分粗略，希望今后历史地理学界能有人作出这方面比较仔细而深入的研究。

---

① 宋、明、清广东辖境与今稍有不同，出入不大，宋广东不包括今茂名市、湛江市，明清广东兼有今广西之北海市和钦州地区及海南省。1987 年海南岛尚在广东省境内。

4. 研究历史人口地理必须充分重视历代的人口迁移即移民史。历史上各地区之间人口比重之所以不断变化，原因一般不在各地人民繁殖率有多大不同，主要在于人口经常会在各地区之间移动，从而使输出地区的比重降低，接纳地区的比重提高。任何历史时期都有移民现象存在着，平时只是少量人口缓慢地从狭乡即相对地狭人稠处移向宽乡即相对地广人稀处，对地区比重的变化影响不剧烈。遇到乱世，人民就会从战乱区向非战乱区，重灾区向轻灾区避难，从而引起短期内大量人口的迁移。乱定后由于填补战乱中形成的荒无人烟或存在着大量无主荒地，也会出现大规模的移民潮。这里想专就这种非常时期的移民动向举其概要。

（二）非常时期的移民动向举要

秦统一以后历史上多次大战乱，中原地区往往受害最烈，因而中原，亦即七区中的关东二区人口，每遇战乱时期，即大量外移。外移不一定都移向南方，但江淮以南幅员广大，自然条件优越，很自然就成为最大的接纳移民区，所以大战乱时期一般都会引起大规模的北人南移。这种人口移动很可能开始于秦末农民起义和楚汉战争时期，但由于秦朝没有留下户口记载，我们无法进行秦与西汉的户口分区对比，也就无法作出此种推断。

1. 秦

在秦末战乱之前，始皇三十三年曾取岭南地置南海、桂林、象三郡"以谪遣戍"，徐广说成是"五十万人守五岭"。徐广此说殆本于《淮南子·人间训》。但验诸《淮南子》原文，五十万是秦征取南越时发卒之数，这五十万之众死于与越人战斗中者达数十万，"乃发谪戍以备之"。可见谪戍在岭南的，不会多达五十万。并且此役乃封建王朝的拓地戍边，性质不同于通常易代之际的北人南移。

2. 汉

见于《汉书·地理志》的北南户口之比是四比一，而见于《续汉书·郡国志》的北南户口之比是三比二。这种变化若单单归因于南方是宽乡，故而人口增殖率快，北方是狭乡，增殖率慢，是讲不过去的。东汉永和五年户口数要比西汉元始二年下降近四分之一，主要是由于北方多数郡国户口都有大幅度减损，而南方却有二十多郡不但不减少，反而增加了，其中有几郡甚至增加了好几倍。这说明两汉之际的战乱必然曾引起一次北人南移，南方诸郡中凡户口大增者，多半是由于曾经接纳大批北来移民之故。

东汉末年黄巾起义后继以军阀混战，中原遭受的祸害有过于西汉末。曹操在建安七年就说过："吾起义兵，为天下除暴乱，旧土人民，死丧略尽，国中终日行，不见所识。"仲长统在建安后期有"以及今日，名都空而不居，百里绝而无民者，不可胜数"之叹。但这一时期中原人口的损耗，以死于战乱者占多数，移向边方者是少数。初乱时中原人口流向四方者为数不少，其后在曹操渐次削平吴蜀以外割据群雄过程中，早期移民多数又返回故土。如青州诸郡士人初乱时多避难辽东，"中国少安，客人皆还"。一般流入辽东的民众，也都在五十年后魏平公孙氏时"还旧乡"。董卓死后，李傕、郭汜相互攻掠时，"长安城空四十余日"，"二三年间，关中无复人迹"，"流入荆州者十余万家"。至曹操下荆襄，刘琮举州降，流民皆企望思归，关中诸将多引为部曲。后三年韩遂、马超之乱，关西民从子午谷奔汉中张鲁者数万家；四年后曹操征张鲁，鲁降，不仅向之自子午谷来奔者多归故土，且有八万余口出徙洛、邺。① 只有吴、蜀二方，因长期割据江东、巴蜀，才能使战乱初期迁来者定居下来。但见于《三国志·蜀书》的，只有 21 个原籍北方和 37 个荆州南阳、襄阳一带的人物，不见有成批的来自他方的移民。至孙吴的江东，见于《三国志·吴书》的约有 40 人来自北方，19 人来自江淮间。来自江淮的如鲁肃、吕范，往往是将私客万余人俱来的。除此之外，还确有上万人的移民记载。如孙策克皖城，得袁术百工及鼓吹部曲三万余人，送诣吴。孙权两次击江夏黄祖，一次"虏其人民而还"，一次"虏其男女数万口"。曹操"恐江滨郡县为权所略，征令内移。民转相惊，自庐江、九江、蕲春、广陵户十余万皆东渡江，江西遂虚，合肥以南，唯有皖城"。不过这几次都是长江下游的江北区人口移向江南，或长江中游人口移向下游，都不是中原移向江淮以南，不是北人南移。

总之，汉末三十余年大乱，并没有形成一次足以影响南北人口比例的北人南移。进入三国鼎立之后，虽三方经常有战事，基本上不造成三国疆界的改变与人口的移动。诸葛亮五伐中原，仅得在第一次兵出祁山，陇右三郡降附，既而又不得不撤退时，"拔西县千余家还于汉中"。因此，自黄巾起义至西晋统一，尽管经历了一个长达九十六年的战乱分裂时期，但西晋初年的南北人口之比，仅比一百四十年前的东汉永和五年南增北减 7%。这应该可以完全归因于中原所遭受的战祸酷烈于秦岭淮水以南。

---

① 有人认为史称"（刘）备自樊将其众南奔，荆州人多归备，比到当阳，众十余万人"这是一次人口大迁徙，纯属误会。实则这批人只到得当阳长坂，便为曹操精骑追及，刘备仅以数十骑走脱，操大获其人众辎重，显然并未形成一次人口移动。

3. 两晋南北朝

历史上最著名的大规模北人南移发生于西晋末年永嘉之乱及其后长达百余年的"五胡乱华"时期。当时盛行为"南渡遗黎"设置侨州郡县之制，故《晋书·地理志》在司、兖、豫、雍、梁、青、徐、扬诸州后记中都有这方面的记载。《晋书·王导传》特别提到社会上层分子的大量南移，说是"洛京倾覆，中州士女避难江左者十六七"。我在 1934 年发表了《晋永嘉丧乱后之民族迁徙》一文（载《长水集》上册，人民出版社 1987 年），根据《晋》《宋》《南齐》三书的《地理志》和《州郡志》所载侨州郡县的地域分布和户口数，得出了截至宋世止，南渡人口约共有九十万，占当时刘宋境内人口六分之一，而这个数字又相当于西晋北方人口约八分之一的结论。半个多世纪以来，这篇文章经常为有关学术界所引用，这是由于在那个时代，还没有别人做过这方面的研究之故。

其实这绝不是一篇完善的论文。永嘉丧乱后引起的民族迁徙是多方面的，岂止是北人南渡而已？至少还有不少中原人或东徙辽左，或西走凉州。即就南渡遗黎而言，也不仅移居于设有侨州郡县之地。实际上不设侨州郡县之地，亦多侨姓高门栖止。如王羲之、谢安等皆寓居会稽，羲之本传有云："初渡浙江，便有终焉之志。会稽多佳山水，名士多居之。"因而永和九年有"群贤毕至，少长咸集"的会稽山阴兰亭之会。孙恩、卢循起事于浙东海上，三吴士庶多从之。恩、循都是世居吴（郡）会（稽）的侨人。

再者，见于《宋书·州郡志》的州郡户口是宋大明八年（464）的数字，其时上距永嘉丧乱已百五十年，该文以大明侨州郡县的户口数当南渡人口的约数，从而得出南渡人口占当时南朝人口百分之几，又占西晋时北方人口百分之几这样的结论，实在很不严谨。

还有一点必须指出的是：这个时代乃是西晋境内与近边塞外汉族和各少数民族的大迁移时代，入居塞内的匈奴、氐、羌、鲜卑、乌桓、丁零等各族的迁徙尤为频繁而错综复杂。此文内容只讲到境内汉族的南迁而题为"民族迁徙"，更属名实不相称。所以若欲将这个时代的人口移动作出较完备的论述，显然还有待于今后有志于此者的成十倍的努力。

永嘉以后的北人南渡，主要在西晋末年至东晋前期。到了东晋末年以后和南北朝时期，人口移动的方向既有北人南渡的一面，又有南人北移的一面。南朝在朝代更替之际，经常有旧朝的宗室、大臣叛归北朝。《魏书》卷三十七诸司马传，卷三十八的刁雍、王慧龙等传，卷五十九的刘昶、萧宝夤等传，全是这种人物。这些人在投降北朝时一般都不是单家只户的行动，而是数百人乃至几千户的集体行动。其中如司马楚之、刁雍归魏后，魏朝即以楚之所率民户分置汝南、南阳、南顿、新蔡四郡，以雍所召集五千余家置谯、梁、彭、沛四郡九县，立徐州于外黄以统之。

又，其时南北双方的战争，虽互有胜败，总以北胜南败为多。北朝兵南侵江淮时，南人多被虏北迁。如450年北魏兵南侵至大江北岸，次年撤退时俘掠甚众；及还平城，"以降民五万余家分置近畿"。554年西魏兵破江陵，杀梁元帝，"尽俘王公以下及选百姓男女数万口为奴婢，分赏三军，驱归长安"。所以隋代户口又北多于南，主要应该是由于北方的户籍制度比南方严密，但南北朝后期的南人北迁，亦当起了一定作用。

4. 隋唐

隋末唐初十余年间，东起齐鲁，西抵凉州，北起涿郡上谷，南抵岭表，各地区几乎都有战乱，仅起讫时间有长短不同。所以唐朝初年呈现的凋敝残破景象是"大河南北，乱离永久，师旅荐兴，加之饥馑，百姓劳弊，此焉特甚。江淮之间，爰及岭外，涂路悬阻，土旷人稀"（《唐大诏令集》卷一一一《武德六年简徭役诏》）。"秦陇之北，城邑萧条，非复有隋之比"（《旧唐书·高昌传》载贞观初高昌王入朝所见）。"伊洛之东，暨乎海岱，崔莽巨泽，茫茫千里，人烟断绝，鸡犬不闻"（《贞观政要·直谏》贞观六年魏征语）。可见这次大乱使全国北起河北，南至岭表，西起秦陇，东至海岱，无处不遭到极大的战争破坏，而以"大河南北"为"特甚"。不过在这些史料中却并未找到迹象显示曾引起地区间较大规模的人口群体移动。可是，从李唐复建统一百二十年后的天宝初北南户口比差，竟从隋大业五年的 76.45 比 23.55 减缩到了 60 比 40 这一点看来，似乎又不能排除隋末唐初也曾有相当规模的北人南迁的可能。实际情况究竟如何，尚有待进一步探讨。

发生于唐代中叶的安史之乱，虽未导致改朝换代，对国家政治、经济、社会各方面引起的变化则极为深巨。直接由安禄山父子、史思明父子所率领的叛乱虽历时八年即结束，兵燹所及限于十五道中的北方河北、河南、都畿、京畿、河东、关内六道；但在这八年及其后数十年间，其他各种战乱灾难不绝。吐蕃、回纥、南诏经常攻掠陇右、关内、河东、剑南诸边郡；江淮浙东和岭南东西有多次人民和少数民族起义；各处时有水、旱、地震等天灾发生；全国分割成四五十个由节度、观察、经略、防御等使掌握军政大权的方镇（道），各自拥有基本上独立的兵权，各方镇之间和朝廷与方镇之间，时或发生军事冲突，各镇内部又常有兵乱兵变发生；以致战乱灾祸所波及的地域，几乎全国各处无一幸免。因此元和二年（807）全国总户数仅得二百四十四万，只剩下了天宝十四载（755）总户数八百九十一万的28%弱①。

　　由于传世《元和郡县志》既已阙佚6卷，传本34卷中又有阙文，且原书所载开元、元和两户数又或并载，或只载其一，故无法对当时的南北方总户数进行对比。就其载有户数的二百六十六州而言，其中有十六州元和户数多过开元，北方只有一州（照），此外十五州（濠、襄、复、郢、唐、苏、鄂、洪、饶、吉、道、汉、广、梧、交）都在南方。此十五州中又以山南东道的襄、复、郢、唐四州，江南西道的洪、饶、吉三州这两区最为显著。以致在全国四十七镇中，四十五镇全都是元和户减于开元，唯独襄阳、江西二镇元和户超过开元。十五州中襄、苏二州皆户逾十万，洪州九万，广州七万，唐、饶、吉皆过四万，鄂州接近四万，尤为突出。此外，《元和志》中浙西的润、常、杭三州户皆在五万以上，浙西湖州、浙东婺州、西川成都府皆在四万以上，福建泉州在三万以上，这几州的户数虽不及开元盛世，就元和而言，却都是算得上很繁庶的大州。须知当时北方除京兆府二十四万、太原府十二万、相州三万九千户以外，任何名州大郡，都不过几千至一二万户。所以虽然我们还找不到具体的史料依据足以得出当时南方的户口总数已超过北方这么一个论断，但

---

　　①　天宝十四载户数见《通典》食货七、《玉海》卷二〇；《文献通考》户口一，千位数下有差异；元和二年户数见《旧唐书》宪宗纪上、《唐会要》卷八四、《通考》户口一、《通鉴》卷二三七，均有附注云：有七十一州不申报户口。此七十一州在关内者二十，在河东者十一，在河北者二十五，在河南者十三，在淮南者二。

作为估计，应该可以说不是毫无理由的。

　　襄、苏、洪、广等州的地理位置都处于交通要道，且为一地区的中心即"一都之会"，其所以在经历乱离之后能有那么多户口，当由于接纳了较多的北来移民之故。成都、泉州也有此可能。扬州在当时应该也是一个几万户的大州，但在今本《元和志》缺卷之中。这一时期的北人南迁浪潮还可能远达国境极南地区安南都护府的都会交州，元和户为二万七千，多过开元户二万五千，比北方的东都河南府一万八千余还多。

　　安史以后三四十年遭受战乱的地域虽然极为广泛，但内乱毕竟以安史之乱中反复争夺和藩镇割据乱事最频繁的河南、河北最剧烈，造成的破坏最严厉。见于《旧唐书·郭子仪传》的是东都"畿内，不满千户，井邑榛棘，豺狼所嗥……东至郑、汴，达于徐方，北至覃怀，经于相土，人烟断绝，千里萧条"。见于《刘晏传》的是"东都残毁，百无一存。……五百里中，编户千余而已。……萧条凄惨，兽游鬼哭"。而外患则以不断遭受吐蕃攻掠的陇右和关内西北部受祸最酷。因此，在这一时期内掀起了永嘉以后的又一次大规模北人南渡浪潮。

　　由于社会性质中唐时期已与两晋之际迥不相同，此时的北人南移只是大量的一家一户的流移，不再像四个多世纪前那样举族并率领部曲集体迁徙。所以这一次大移民并未引起设置侨州郡县，在《地理志》里难得见到这方面的明显记载；不过散在唐人文字中的记载，不在少数，多可与《元和志》中记载的诸州户数相印证。

　　在两《唐书·地理志》里唯一的一条移民记载，是很值得重视的，那是《旧唐书·地理志》荆州江陵府下说到在至德至上元

（756—761）这段安史之乱时期内，有包括"两京衣冠"在内的大批中原人取道邓州、襄州一线连同"襄、邓百姓"，"尽投江、湘"，以致"荆南井邑，十倍其初"。朝廷因而升荆州为江陵府，置为南都，官制一准长安、洛阳东西两京；并于府部内分江陵增置长宁一县；置荆南节度使，以旧相吕諲为尹，辖有江湘十七州，数年后才割湘域湖南别为一道，荆南专领沿江六郡南包澧、朗共八郡。说"荆南井邑，十倍其初"可能有点夸大，至少可以说明这八郡之地接纳北来移民为数甚多。可惜荆南一道在今本《元和志》阙卷之内，安史乱后这里的盛况，无法用户口数字予以证实。

《元和志》襄州户逾十万这一点颇值得注意。襄州应为两京中原士庶南渡的中继站，一方面有一部分旧百姓和中原人自此又南投江湘，一方面一定有许多中原人在南迁过程中到了这里便停留了下来，不然决不会使开元时的三万六千多户，增长到十万多户。

至德时中原人取道邓、襄南移者足迹应不限于元和时的荆南八州，"尽投江、湘"即不仅有一部分近止江浙，还有一部分远适湘资。故元和时的湖南道亦当为安史之乱所造成的北人南移浪潮所波及，唯较少于荆南。《元和志》中湖南一道七州，潭、衡、郴、道、邵五州皆在万户以上，其中道州多至二万八千户，超过开元旧数，正可以说明《旧唐志》"尽投江、湘"一语不是无根之谈。

安史乱后南渡中原士庶的最大容纳地是东南的两浙。浙西六州，元和时苏州户逾十万，超过开元很多；润、常、杭三州皆在五万以上，湖州逾四万，虽不及开元，也远远超过同时北方京兆、太原二府以外所有府州：很显然这里是北来移民麇集之所。
所以李白在肃宗时撰《为宋中丞请都金陵表》，有云：当时"天
下衣冠士庶，避地东吴，永嘉南迁，未盛于此"（《李太白全集》
卷六六）。此所谓东吴，当然不仅指苏州，应泛指包括金陵在内
的全部江东吴地。梁肃《吴县令厅壁记》云："自京口以南被于
湖河，望县数十，而吴为大。国家当上元之际，中夏多难，衣冠
南避，寓于兹土，参编户之一。"（《文苑英华》卷八〇五）此文
虽为浙西最大的县吴县而作，惟谓南渡衣冠占到编户三分之一，
则应指自京口（今江苏镇江）南被浙江整个浙西地区而言。这两
条唐人文字，正与《元和志》所载浙西户数之繁庶符合。

　　与浙西一江之隔的浙东，六朝以来习惯上即与浙西合称"吴
会"（指吴郡、会稽郡），或称"三吴"（指吴郡、吴兴郡、会稽
郡）。李白所谓"东吴"，亦当兼指浙西浙东。但在《元和志》里
浙东只有婺州一州达四万八千户，此外连越州都只有二万户，全
道人口密度远不及浙西。这恐怕是由于在元和以前的贞元十四五
年（798—799）时，浙东曾遭受明州镇将栗锽联合山越作乱，攻
陷若干州县之故。因此明州只有四千户。

　　荆湖、两浙、江西，应为安史乱后北人南渡三个主要接纳移
民区。此外，剑南的成都平原，福建和岭南的港口城市泉州、广
州、交州，也可能有较少量的中原移民。因而这几州在《元和
志》里都是比较突出的大州，尤以广州为甚。《五代史记·南汉
世家》说："天下已乱，中朝人士以岭外最远，可以避地，多游
焉。"所指当以唐之季世为主，但也不能排除其中一部分在安史
乱后即已移来。

第五讲

中国文化的时代差异和
地区差异

1959年，谭其骧先生在
复旦大学历史系作讲座

本讲原为作者在复旦大学主办的国际中国文化学术研讨会（上海，1986年1月6—10日）上的讲话，刊于《复旦学报》1986年第2期，收入《长水集续编》，本次选编略有删节。

　　大约从 1910 年代中期五四运动前夕起，中国思想界掀起了一场持续达十多年之久的关于中西文化（或作东西文化）比较的论争，比较两种文化的差异，阐述其特点，并评议其高下优劣。这场论争名为中西或东西文化的比较，实质上并没有比较中西文化发展的全过程，只是比较了中国封建社会的文化和西方资本主义的文化。也就是说，主要不是中西或东西的对比，而是封建社会文化与资本主义社会文化对比；比的主要是不同社会发展阶段的文化，而不是不同地域、民族的文化。这种讨论逐步引导人们注意到当时的中国社会是什么性质，因而到了 1920 年代后期，中西文化的讨论随即为中国社会性质的论战所取代。整个中国学术界不谈中西文化比较差不多已有六十年之久。解放前，大学里都还开有"中国文化史"一课，解放后，连这门课也撤销了。在中国通史、断代史课中，一般也都侧重于政治、经济、军事而忽视文化。这对于正确、透彻地认识我们这个国家、民族的历史和现状当然都是不利的。近几年来，风气有所转变，又有人谈论、探索中国文化的特点和中西文化的比较了，本次讨论会也以此为主题，这是很可喜的。

　　不过，我觉得我们现在再来讨论中西文化（东西文化）比较，首先对中国文化、中西文化或东西文化这几个词义的认识应该和六十年前有所不同，更要正确一些，紧密一些：

　　1. 无论是评议中国文化还是西方文化，都应该包括其全部文化发展过程，"中国文化"不应专指中国封建时代的文化，"西方文化"不应专指其资本主义社会文化。最好能将双方全部文化发展过程进行对比，不能的话，也该以双方的相同发展阶段进行对比。这要比过去那种以不同社会发展阶段进行对比合理得多，有意义得多。

2. 中国文化不等于全部东方文化，西欧文化不等于全部西方文化。不宜将中国和西欧文化的对比看作是中西文化的比较，更不能视同东西文化的对比。

3. 中国自古以来是一个多民族的国家，各民族在未完全融合为一体之前，各有本族独特的文化。所以严格地说，在采用"中国文化"这个词时，理应包括所有历史时期中国各族的文化才是。只是由于汉族占中国人口的绝大多数，整个历史时期汉族文化较其他各族为先进，所以通常都将"中国文化"作为汉族文化的代名词，这等于是习称汉文为中文，汉语为中国话一样，也未始不可通融。但是，犹如讲中国通史不应局限于中原王朝的历史一样，今后我们开展中国文化的研究与讨论，或编写一部中国文化史，切不可置其他兄弟民族的文化于不问，专讲汉族文化。

4. 姑以"中国文化"专指汉族文化，汉族文化几千年来是在不断演变中的，各个不同时代各有其不同体貌，也不能认为古往今来或整个封建时代一成不变。中国文化各有其具体的时代性，不能不问时代笼统地谈论中国文化。

5. 姑以"中国文化"专指历代中原王朝境内的文化，任何王朝也都存在着好几个不同的文化区，各区文化不仅有差别，有时甚至完全不同。因此，不能把整个王朝疆域看成是一个相同的文化区。也就是说，中国文化有地区性，不能不问地区笼统地谈论中国文化。

"五四"前后一般认为中国文化就是孔子思想，就是儒家的学说，就是纲常名教那一套，我看不能这么说。儒学孔教从来没有为汉族以外的兄弟民族所普遍接受：例如藏族早先信苯教，后来改信藏传佛教即喇嘛教；蒙族本信萨满教，后来也信了喇嘛教；维吾尔族在蒙古高原时本信摩尼教，西迁新疆后改信佛教，宋以后又自西向东逐步改信了伊斯兰教。所有少数民族都各有其独特的信仰与文化，只有少数上层分子在入居中原后才接受儒家思想。

那么能不能说儒学、礼教是以汉族为主体民族的历代中原王朝境内的占统治地位的思想文化呢？我看也不能。这一方面是因为几千年的汉文化在不断变化，有时代差异，另一方面是因为同一时代汉民族内部文化又因地而异，有地区差异，所以不存在一种整个历史时期或整个封建时期全民族一致的、共同的文化。本文想专就历代中原王朝范围内的文化简略陈述一下两方面的差异，希望能引起研究中国文化的同志们的注意。

一、中国文化的时代差异

中国文化的时代差异，这几乎是读史者人所共知的常识，本用不着我在此辞赘，但也不妨概括地指陈一下：

1. 上古姑置不论。自孔子以后，经战国、秦到西汉初期，儒家学说一直未取得思想界的支配地位。战国是儒、墨、道、名、法、阴阳、纵横等百家争鸣时代，秦代尊尚法家，同时又盛行阴阳神仙之术，汉初则以黄老为显学。

2. 汉武帝"罢黜百家，独尊儒术"，此后的两汉号称为儒家的经学极盛时期。但经学大师董仲舒、刘向所宣扬的实际上是以阴阳五行附会儒术的一套，大谈其天人相应、祸福休咎、灾异，与孔孟以仁政、礼教为核心的学说已大异其趣。至西汉末乃发展为虚妄荒诞的谶纬之学。一般儒生治经专重章句，支离破碎，一经说至百余万言。所以两汉经学根本谈不上弘扬了儒家思想。当时人们头脑中的主导思想是鬼神、符瑞、图谶。王充在其《论衡》里痛诋这一套世俗虚妄之言，读其书者颇为之折服。但王充是僻处江东的会稽人，《论衡》这部书是直到汉末建安中才由会稽太守王朗带到中原的许都后才得到传播的，所以王充其人、《论衡》其书，对东汉的思想文化产生不了多大影响。

3. 魏晋时代思想界的主流是玄学，先是何晏、王弼祖述老庄，并用老庄来解释儒家的经典《周易》，使之玄学化，《老》《庄》《易》遂并称三玄。既而发展到嵇康、阮籍"非汤武而薄周孔"，"越名教而任自然"。其时佛教已初步得到传播，道教开始形成。儒家经典尽管仍为京师及地方各级学校里的必修课目，但支配人们精神世界的，释、道、玄的势力已压倒了儒家的礼教。

4. 到了东晋十六国、南北朝时期，佛道大行。梁时单是首都建康就有五百寺，由于僧尼不登户籍，"天下户口，几亡其半"。梁武帝、陈武帝、陈后主，都曾舍身佛寺为奴，由群臣出钱赎回。北魏孝文帝时，"寺夺民居，三分且一"。东西魏、北齐周对峙时期，两国僧尼总数达三百万左右，占总人口数的十分之一。茅山道士陶弘景是梁武帝的"山中宰相"。北魏自太武帝信奉寇谦之的天师道后，后此诸帝初即位，都要去道坛受符箓。南北世家甲族如南朝的琅邪王氏、北朝的清河崔氏，都世代信奉天师道。儒家的经学在南朝的国学中"时或开置"，"文具而已"，"成业盖寡"。北朝在北魏盛时重视学校与经学过于南朝，至孝昌以后，"四方校学，所存无几"。北齐时国学"徒有虚名"，"生徒数十人耳"。儒学在这个时期显然已极度衰微。

5. 隋唐时期佛道二教发展到执思想界之牛耳，一时才智之士，往往以出家为安身立命的归宿。儒学亦称昌明，孔颖达的《五经正义》是一次经学注疏的大结集，举世传习，历久不衰。统治者三教并重，一统政权并不要求思想统一。民间信仰则趋向于佛道。

6. 理学是宋儒所创立的新儒学。自宋以后，这种新儒学对社会上层分子的思想意识确是长期起了相当深巨的支配作用。但理学虽以继承孔孟的道统自居，其哲学体系实建立在佛教禅宗和道教《参同契》的基础之上，以儒为表，以释道为里，冶三教于一炉，所以无论是程朱还是陆王，宋明的理学绝不能与孔孟的学说等同起来。宋以后儒者主张排斥二氏者尽管代有其人，那是极个别的所谓"醇儒"，多数士大夫则都是既读圣贤书，同时又出入甚至笃信佛道。纲常名教这一套固然产生了巨大的影响，但人们所毕生追求的却是功名利禄，他们所顶礼膜拜、崇信敬畏的不是儒教中的先圣先贤，而是佛、菩萨、玉皇大帝、十殿阎王以及各色神仙鬼怪。

明代理学之盛不亚于宋，且看谢肇淛所撰《五杂组》所描述的明代士大夫精神面貌：

> 世之人有不求富贵利达者乎？有衣食已足、不愿赢余者乎？有素位自守、不希进取者乎？有不贪生畏死、择利避害者乎？有不喜谀恶谤、党同伐异者乎？有不上人求胜、悦不若己者乎？有不媚神诣鬼、禁忌求福者乎？有不卜筮堪舆、

行无顾虑者乎？有天性孝友、不私妻孥者乎？有见钱不吝、见色不迷者乎？有一于此，足以称善士矣，吾未之见也。（卷一三事部）

可见当时绝大多数士大夫嘴上讲的尽管是修齐治平、仁义道德，头脑里却无非是富贵鬼神、钱财女色。

北京是当时的首都，江南是当时文化最发达的地区，而苏州为其都会，按理说，北京、苏州两地的风尚，即便不能完全遵守周孔的礼教，总该相去不远，实际情况却大相径庭。

京师："风气悍劲，其人尚斗而不勤本业……土人则游手度日，苟且延生而已。""奸盗之丛错，驵侩之出没，盖尽人间不美之俗、不良之辈而京师皆有之。""长安有谚语曰：'天无时不风，地无处不尘，物无所不有，人无所不为。'"

姑苏："其人儇巧而俗侈靡。……士子习于周旋，文饰俯仰，应对娴熟，至不可耐。而市井小人，百虚一实，舞文狙诈，不事本业。盖视四方之人皆以为椎鲁可笑，而独擅巧胜之名。"（卷三地部）

在这两个封建文化最发达的城市里，谢氏似乎并没有闻到一点点忠孝仁义、温良恭俭的周孔之教的气息。

如上所述，可见中国文化一方面随着时代的演进而随时在变，各时代的差异是相当大的，决不能认为存在着一种几千年来以儒家思想为核心或代表的一成不变的文化。另一方面，"五四"以前，无论是从孔子以诗书礼乐教三千弟子以来的两千三四百年，还是从汉武帝"罢黜百家，独尊儒术"以来的两千年，还是从宋儒建立理学以来的七八百年，儒家思想始终没有成为任何一个时期的唯一的统治思想。两汉是经学和阴阳、五行、谶纬之学并盛的时代，六朝隋唐则佛道盛而儒学衰，宋以后则佛道思想融入儒教，表面上儒家思想居于统治地位，骨子里则不仅下层社会崇信菩萨神仙远过于对孔夫子的尊敬，就是仕宦人家，一般也都是既要参加文庙的祀典，对至圣先师孔子拜兴如仪，更乐于上佛寺道观，在佛菩萨神仙塑像前烧香磕头祈福。总的说来，控制当时整个社会精神世界的，是菩萨神仙，而不是周公、孔子、孟子。《五杂组》里有一条对这种情况说得极为精彩明白：

> 今天下神祠香火之盛，莫过于关壮缪……世所崇奉正神尚有观音大士、真武大帝、碧霞元君，三者与关壮缪香火相埒，遐陬荒谷，无不尸而祝之者。凡妇人女子，语以周公、孔夫子，或未必知，而敬信四神，无敢有心非巷议者，行且与天地俱悠久矣。（卷一五事部）

除了崇信菩萨神仙之外，还有形形色色数不清的各种迷信，如算命、看相、起课、拆字、堪舆、扶箕、请神、捉鬼等等，无一不广泛流传，深入人心。甚至如近代史上负盛名的进步思想家魏源，也是一个堪舆迷。他在江苏做官，在镇江找到了一块"好地"，竟不惜把他已在湖南老家安葬多年的父母骸骨，迢迢千里迁葬过来。我们怎么能说"五四"以前中国封建社会文化就是孔孟一家的儒家思想呢？

二、中国文化的地区差异

中国史上自秦汉以后中原王朝的版图都很广大，各地区的风土习尚往往各不相同。任何时代，都不存在一种全国共同的文化。过去研究文化史的同志们，对这种文化的地区差异一般都没有予以足够的注意，在此我举几个朝代为例，简要指出各区间的显著差异。

1. 汉武帝独尊儒术约百年之后的成帝时，刘向将汉朝全境划分为若干区域，丞相张禹使僚属朱赣按区叙次其风俗，后来为班固辑录于《汉书·地理志》的篇末。根据此项资料，其时全国只有齐地"士多好经术"，鲁地"其好学犹愈于他俗"，三辅（京都长安附近，今关中平原）的世家"好礼文"，此外各地区全都没有提到有儒家教化的影响，相反，到处流播着各种不符合儒学礼教习俗。例如三辅地区"世家"之外的情况是：

> 富人则商贾为利，豪杰则游侠通奸。濒南山，近夏阳，多阻险，轻薄易为盗贼，常为天下剧。又郡国辐辏，浮食者多，民去本就末。列侯贵人车服僭上，众庶放效，羞不相及，嫁娶尤崇侈靡，送死过度。

六郡（今甘肃东部、宁夏、陕北）则"不耻寇盗"。蜀士以文辞显于世，但"未能笃信道德，反以好文刺讥，贵慕权势"。以上为秦地。

中原的河内则"俗刚强，多豪杰侵夺，薄恩礼，好生分"。

周地之人"巧伪趋利，贵财贱义，高富下贫，喜为商贾"。郑地"男女亟聚会，故其俗淫"。卫地"有桑间濮上之阻，男女亦亟聚会，声色生焉，故俗称郑卫之音"。陈地"其俗巫鬼"。南阳"其俗夸奢，上气力，好商贾"。宋地虽"重厚多君子，好稼穑"，但沛、楚"急疾颠己"，山阳"好为奸盗"。

河北的赵、中山则"丈夫相聚游戏，悲歌慷慨，起则椎剽掘冢，作奸巧，多弄物，为倡优。女子弹弦跕躧，游媚富贵，遍诸侯之后宫"。太原、上党"多晋公族子孙，以诈力相倾，矜夸功名，报仇过直，嫁取送死奢靡"。钟、代、石、北"民俗懁忮，好气为奸，不事农商……故冀州之部，盗贼常为它州剧"。燕地则还保留着战国以来"宾客相过，以妇侍宿，嫁娶之夕，男女无别"之俗。

楚之江南则"信巫鬼，重淫祀"。吴人以文辞显，"其失巧而少信"。

就是儒教比较而言最昌盛的齐鲁二地，齐"俗弥侈……夸奢朋党，言与行缪，虚诈不情"，鲁地"去圣久远，周公遗化销微，孔氏庠序衰坏"，"俭啬爱财，趋商贾，好訾毁，多巧伪，丧祭之礼，文备实寡"，也不能算是风俗淳厚的礼仪之邦。

2.《隋书》的《志》本为《五代史志》，以南北朝后期梁、陈、齐、周和隋五代为论述对象。其《地理志》将隋炀帝时全国一百九十个郡按《禹贡》九州编次，各于州末略叙其风俗。

九州之中，兖、徐、青三州十五郡（今山东和河南河北与山东接境的一小部分，江苏淮北部分，安徽淮北的东部）被肯定为教化最良好的地区。兖州五郡"有周孔遗风。……多好儒学，性质直怀义"。徐州四郡"贱商贾，务稼穑，尊儒慕学，得洙泗之俗"。青州四郡"多务农桑，崇尚学业"，"归于俭约"；但齐郡（今济南）"俗好教饰子女淫哇之音"，东莱"人尤朴鲁，故特少文义"，是其缺失。

尚儒风气次于兖、徐、青三州的是豫、冀二州。豫州十六郡（今河南大部分、安徽淮北的西部、山东西南一部分、陕南东部及鄂西北一部分）基本被肯定为"好尚稼穑，重于礼文"，独帝都所在的河南（今洛阳）则被讥为"尚商贾，机巧成俗"。冀州三十郡，在今河北中南部的七郡"人性多敦厚，务在农桑，好尚儒学，而伤于迟重"；今河南黄河以北的河内、汲二郡"风俗颇移，皆向于礼"，基本被肯定；惟介在其间的魏郡、清河则被讥为"浮巧成俗"，"轻狡"；在今山西中南部的七郡基本被肯定为"重农桑，性尤朴直，盖少轻诈"，惟"伤于俭啬，其俗刚强"；自今山西北部北至河套东北五郡和河北北部东至辽西六郡"连接边郡"，其人"勇侠"，风教异于内郡；惟涿郡（今北京）、太原"人物殷阜"，"多文雅之士"。

以上五州是黄河下游两岸即所谓关东地区（编者按：指函谷关和太行山以东）。

自关以西的雍州，即基本为儒家声教所不及。长安附近关中平原三郡，风气很坏："人物混淆，华戎杂错。去农从商，争朝夕之利；游手为事，竞锥刀之末。贵者崇侈靡，贱者薄仁义；豪强者纵横，贫窭者窘蹙。桴鼓屡惊，盗贼不禁。"三辅以北以西的古"六郡"之地，比较淳朴，"性犹质直，然尚俭约，习仁义，勤于稼穑，多畜牧，无复寇盗矣"。自此以北缘边九郡（今陕北，宁夏至河套）及河西诸郡则"地接边荒，多尚武节"。

秦岭以南长江上游的梁州，惟蜀地"颇慕文学，时有斐然"，

"人多工巧，绫锦雕镂之妙，殆侔于上国"；然"多溺于逸乐"，"贫家不务储蓄，富室专于趋利。其处家室，则女勤作业，而士多自闲"；"小人薄于情礼，父子率多异居"；"其边野富人，多规固山泽，以财物雄役夷僚，故轻为奸藏，权倾州县"。汉中与巴地则"质朴无文，不甚趋利；性嗜口腹，多事田渔，虽蓬室柴门，食必兼肉。好祀鬼神，尤多忌讳……崇重道数，犹有张鲁之风"。汉中以西、蜀郡以北诸郡则"连杂氐羌，人尤劲悍；性多质直，皆务于农事，工习猎射，于书计非其长矣"。

长江中游的荆州"率敬鬼，尤重祠祀之事"，"丧葬之节，颇同于诸左云"；全州二十二郡中，只有南郡、襄阳"多衣冠之绪，稍尚礼义经籍"。

以长江下游为中心的扬州地区比梁州、荆州更为广大，东北起今苏皖鄂豫的淮南，中间为长江以南的今苏、皖、沪、浙、闽诸省市，南至五岭以南的今两广和越南北部。其中淮南八郡被誉为"尚淳质，好俭约，丧纪婚姻，率渐于礼"。江南岭北十八郡则大抵"信鬼神，好淫祀，父子或异居"，又分为二区："吴中"七郡（以太湖流域为中心，西包皖南宣城一带，南包浙江宁、绍、金、衢）"君子尚礼，庸庶敦庞，故风俗澄清，而道教隆洽"，评价最高；此外十一郡（今江西、福建二省及皖南浙西之旧严、徽二府，浙南之旧温、处、台三府）风教皆不及"吴中"，尽管也"君子善居室，小人勤耕稼"，但豫章等郡有妇女"暴面市廛，竞分铢以给其夫"，丈夫举孝廉即逐前妻，庐陵、宜春等郡又往往有畜蛊害人的恶习。五岭以南十九郡风气更差，"人性并轻悍，易兴逆节"，而俚僚则既"质直尚信"，又"重贿轻死，唯富为雄"，"父子别业，父贫乃有质身于子"者，"俗好相杀，多构仇怨"。

总括《隋书·地理志》所载，当时被誉为尊儒重礼的，只有中原二十一郡、荆扬十七郡共三十八郡，仅占全国一百九十郡的五分之一；就是在这三十八郡中，也还夹杂着不少违反儒教的风俗。至于其他五分之四的地区（按郡数计），则几乎没有受到什么儒教的影响。中原经济发达地区则机巧轻狡，侈靡成俗；边郡则失之于刚强劲悍；南方梁、荆、扬三州则普遍信鬼神，好淫祀。长江流域尊儒重礼的郡数已接近中原，这当然是永嘉乱后中原士族南迁的结果。

3.《通典·州郡典》载天宝年间的三百多府郡，也是按《禹贡》九州分区记叙，州末各记上一段风俗。据此，其时：

冀州的山东（今河北）"尚儒"，"仗气任侠"，而邺郡（今河南安阳附近冀豫接壤一带）"浮巧成俗"；山西人勤俭，而河东（今晋西南）"特多儒者"；并州（今山西太原及迤北）"近狄，俗尚武艺"。兖州（今冀东南、鲁西）"人情朴厚，俗有儒学"。青州（今山东济南以东）"亦有文学"。徐州（今鲁南、苏皖淮北）"自五胡乱华……数百年中，无复讲诵，况今去圣久远，人情迁荡"，但又说"徐、兖其俗略同"。豫州只说"周人善贾，趋利纤啬"，而不及他郡。中原这几州儒学的声势，比百五十年前《隋志》所载，大致并没有什么进展，惟山东、河东多世族，故独擅儒术。

关中的雍州京辅因"五方错杂，风俗不一……称为难理"；其西北诸郡"接近胡戎，多尚武节"；"其余郡县，习俗如旧"。

长江流域上游梁州的蜀地"学者比齐鲁"。下游扬州"人性轻扬，而尚鬼好祀"如旧，而江东因永嘉之后"衣冠避难，多所萃止，艺文儒术，斯之为盛"。中游荆州"风俗略同扬州"，"杂以蛮左，率多劲悍"。

五岭以南于九州外别为一区，"人杂夷僚，不知教义，以富为雄"，"人强吏懦，豪富兼并，役属贫弱，俘掠不忌"，"其性轻悍，易兴逆节"。

总的说来，盛唐时代的儒学兴盛地区，北方则山东、兖州，南方则吴中，略如隋旧；唯以蜀土比齐鲁，可能比隋代有所发展。

4.《宋史·地理志》将崇宁时的二十四路合并为十二区，区末各有一段论风俗，较《汉志》《隋志》更为简略，兹参以《太平寰宇记》《舆地纪胜》所载，略述如下：

中原诸路中，京东"专经之士为多"，河北"多专经术"，京西洛邑"多衣冠旧族"，文教称盛。京东二路大率"皆朴鲁纯直"，"重礼义，勤耕纤"；惟兖济"山泽险迥，盗或隐聚"，登莱高密"民性慻戾而好讼斗"。京西二路"民性安舒"。河北二路"质厚少文"，"气勇尚义，号为强忮"。此外河东则"刚悍而朴直"，"善治生，多藏蓄，其靳啬尤甚"。陕西二路"慕农桑、好稼穑"，"夸尚气势，多游侠轻薄之风，甚者好斗轻死"；惟蒲、解本隶河东，"俗颇纯厚"；"被边之地……其人劲悍而质木"；"上洛多淫祀，申以科禁，故其俗稍变"。

南方的江南东、西，两浙，福建四路是当时全国文化最发达的地区，尤以福建为最，"多向学，喜讲诵，好为文辞，登科第者尤多"。但这几路普遍"信鬼尚祀，重浮屠之教"；两浙"奢靡，奇巧"；江南"性悍而急，丧葬或不中礼"；江南、福建皆"多田讼"。此外则淮南二路"人性轻扬"。荆湖南路"好讼者亦多"，北路"俗薄而质"，归、峡"信巫鬼，重淫祀"。川峡四路

"民勤耕作……其所获多为遨游之费","尚奢靡,性轻扬";"庠塾聚学者众",文士辈出,而"亲在多别籍异财"。涪陵之民,"尤尚鬼俗"。广南二路"民婚嫁、丧葬、衣服多不合礼,尚淫祀,杀人祭鬼","人病不呼医服药"。

这里有值得注意的两点:一、两宋是理学最昌盛的时代,可是除福建一路的"喜讲诵"当即指此外,其他各路记载里竟概未涉及。当然,京东、河北、两浙、江南和蜀中的"文学""经学",不可能完全与理学无涉。要之,由此可见,即使在宋代,理学怕也未必已为读书人所普遍接受。二、文化最发达的地区两浙、江南、福建,同时又是普遍信鬼、尚祀、重浮屠之教的地区,可见宋代的儒家尽管已"冶三教于一炉",但至少在民间,佛道的权威显然还是比周孔之教高得多。

5.《元史》《明史》《清史稿》的《地理志》不载风俗。元明清三代的《一统志》中,《元统志》今残存已不及百分之一,《明统志》《清统志》所载风俗一般仅钞录前代旧志陈言,不反映当代情况。所以中国文化在这六百多年中的地区差别并无现成资料可资利用,现在我只能就明朝一代,杂采诸书零星材料,略事阐述。据清人黄大华所辑《明宰辅考略》,自永乐初至崇祯末,历任内阁大学士共163人。兹按明代的两京十三布政使司,表列这163人的籍贯如下(内一人待考):

南直 27(今江苏 20,安徽 5,上海 3)　浙江 26
江西 22　福建 11　北直 17(今河北长城以内)
山东 13　河南 11　山西 5
陕西 2(今陕西 2,甘、青、宁无)

湖广 12（今湖北 8，湖南 4）

四川 9　广东 5　广西 2　贵州 0　云南 0

明制内阁大学士皆由翰林出身，所以这张表大致可以反映各地区文化程度的高下：南直、浙江、江西三省共得 75 人，占全国总数 45%；加福建省共得 86 人，四省占总数 53%，是全国文化最发达的地区。其中又以相当于今苏南、上海的五府得 19 人，浙江的嘉、湖、宁、绍四府得 20 人，江西吉安一府得 10 人，福建泉州一府得 5 人，尤为突出。中原的北直、山东、河南、山西四省合 46 人，占总数 28%。此外陕西、湖广、四川、广东、广西共得 30 人，占 18%。其中陕西 2 人都是最接近中原的同州人，广西 2 人都是地接湖广、省会所在的桂林人。十五省中，云贵二省全都不出一人。所以全国人才分布的总形势是东南最盛，中原次之，西北西南最为落后；西北的陕西当今陕、甘、青、宁四省区之地只出 2 人，西南的广西和云贵三省也只出 2 人。

　　致位宰辅必须经由科举，应科举必须读儒家的经典；但当时的儒学代表人物不是位极人臣的大学士或名魁金榜的三鼎甲，而是以道义名节自励，讲求修、齐、治、平之道的理学家。《明史》将一代著名理学家除少数几个有事功列于专传者外，编次为《儒林传》二卷，共著录 115 人。兹表列这 115 人的籍贯如下：

江西 35　浙江 26　南直 18　福建 9

陕西 7　河南 6　山东 5　山西 1

广东 5　湖广 2　四川 1　广西 0

云南 0　贵州 0　北直 0

东南四省占了全国总数 76.5％，北方四省仅占 16％，此外中南西南三省合占 7％。除西南广西、云、贵三省无人外，奇怪的是，畿辅之地北直竟亦无人，十五省中缺了四省，总的分布形势基本与宰辅相同，而荣枯之差更大。这应该是由于宰辅出自科举，科举各省有定额，故分布面比较广，比较平衡，而理学的授受传播则自应由近而远，僻远处更难为传播所及。可见科举和儒术虽然是两回事，二者都足以代表当时文化盛衰的地区差异。

《明史·文苑传》四卷，共著录 225 人，其籍贯分省统计如下：

南直 99　浙江 46　福建 16　江西 10

陕西 4　河南 14　山东 7　山西 1

广东 10　湖广 10　四川 5　广西 0

云南 0　贵州 0　北直 3

东南四省亦占 76％，其中南直与浙江即占 64％；北方四省仅占 11％，广西、云南、贵州还是无人。[①]

多出卿相、名儒、文人学士的地区，一般当然就是儒术礼教最昌盛的地区。如上表，《明史·儒林传》中的人物以江西为最多，这是与明人著作《文武库》[②] 中所记江西风俗正相符合的。全省十三府，其中南昌、饶州、广信、九江、建昌、抚州、临江、吉安、袁州九府，都被赞许为"家有诗书"，"人多儒雅"，

———

① 编者按：《文苑传》一节原文缺，由葛剑雄据上节体例补。
② 清初李培将此书辑入《灰画集》，序中只提到此书为张文升所藏，不著撰人姓名。

"比屋弦诵"，"尚礼崇德"，"力学知廉耻"，等等。万历中王士性所著《广志绎》，备载十四省（不及福建）民俗，他省皆不及儒术，独称"江右讲学之盛，其在于今，可谓家孔孟而人阳明矣"（卷四）。但江右风俗悖于礼教者亦不在少。通省则"少壮者多不务稼事，出营四方，至弃妻子而礼俗日坏，奸宄间出"（《文武库》）。其外出又不是经营正经工商业，往往用堪舆星相等术数，赖潭天悬河的辩才以骗取钱财（《广志绎》卷四）。各府则南昌"薄义而喜争"，建昌"性悍好争讼"，瑞州"乐斗轻死，尊巫淫祀"，赣州"好佛信鬼，嗜勇好斗，轻生致死"，南安"多讼"（《文武库》）。

浙江出宰辅仅次于南直，理学之盛仅次于江西，而绍兴一府科名儒学之盛，又甲于浙江。然为顾亭林詈为"天下之大害"，"百万虎狼"（《郡县论》），窟穴于自京师各部至各级地方衙门的胥吏，正是浙江的绍兴人。

南直的文化中心，首推南京、苏州、扬州三处。成书于万历晚期的谢肇淛《五杂组》，痛诋苏州人的僄巧，已见上文。南京则以秦淮烟月、旧院名妓著称（《广志绎》卷二）。而扬州人多以买童女经过一番如何做好姬妾的专业教养后以厚直出售为业，俗称"养瘦马"，以致"广陵之姬"，成为名闻四方的名产，达官巨贾，"欲纳侍者类于广陵觅之"。且业此者并不限于平常人家，"即仕宦豪门，必蓄数人，以博厚糈，多者或至数十人"（《广志绎》卷一、《五杂组》卷七、《野获编》卷二三）。三处如此，则南直风尚之多弊可见。

南宋朱熹家居建阳，一生活动长期皆在闽中，故世称其学为"闽学"，其影响直到明代还很深。建宁、延平、邵武、汀州上四

府，有"小邹鲁"之称（《灰画集》引《方舆胜略》）。谢肇淛是
福州长乐人，自诩"吾邑长乐，虽海滨椎鲁，而士夫礼法甲于他
郡。……市者不饰价，男女别于途，不淫不盗，不嚣讼，不逋
赋"。但谢氏又承认"今之巫觋，江南为盛，而江南又以闽广为
甚。闽中富贵之家，妇人女子，其敬信崇奉，无异天神"。"惑于
地理者，惟吾闽中为甚"。"最可恨者，瘟疫之疾一起，即请邪
神"。福州又往往"乘初丧而婚娶，谓之乘凶"（《五杂组》）。丘
濬又指出"溺子之俗，闽之建剑为甚"（《大学衍义补》）。而闽
广人好男色，尤甚于他处，沈德符曾极言之，谓以"契兄弟"比
之于伉俪，甚者又有壮夫娶韶秀少年，与讲衾裯之好，称"契父
子"。（《野获编补遗》）如此种种恶俗在福建的广泛流行，可见
所谓"小邹鲁"，所谓"最讲礼法"，只是一些士大夫闭目塞听所
作的自我吹嘘而已。

　　封建文化最发达的东南四省尚且不能按儒学的要求澄清社会
风尚，其他地区当然更谈不上了。看来山东的"士大夫恭俭而少
干谒，茅茨土阶，晏如也"，河南的风俗有"淳厚质直"之誉，
多半是由于地瘠民贫而导致的，与儒学的教化未必有多少关系。
所以山东、河南皆多盗，"宛、洛、淮、汝、睢、陈、汴、卫"
一带，又有"同宗不相敦睦"，"同姓为婚多不避忌，同宗子姓，
有力者蓄之为奴"这一类违反礼教的陋俗。"又好赌，贫人得十
文钱，不赌不休。赌尽势必盗，故盗益多。"（《广志绎》卷三）
中原如此，西南广西、云贵等地民夷杂处，诸夷仍其旧俗，华人
什九皆各卫所的戍卒，其不谐于名教更可想见。

三、中国文化的共同性

综上所述，可见姑且不讲全中国，即使专讲秦汉以来的历代中原王朝，专讲汉族地区，两千年来既没有一种纵贯各时代的同一文化，更没有一种广被各地区的同一文化。虽然儒家学说一直是两千年来中国文化的一个重要组成部分，却从没有建立起它的一统天下，犹如基督教之于欧洲诸国，伊斯兰教之于穆斯林国家那样。各时代风俗习尚的地区差异，更充分说明了好儒尚礼的地区一般只占王朝版图的一小部分，很难到得了一半。而在这小部分地区内，即使能做到"家有诗书，人多儒雅，序塾相望，弦诵相闻"，支配人们精神世界的，却仍不可能是纯正的孔孟思想，不杂二氏之说，不信鬼神。他们的行为准则，也不可能完全符合于儒家的道德标准、伦理观念。

自"五四"以来以至近今讨论中国文化，大多数学者似乎都犯了简单化的毛病，把中国文化看成是一种亘古不变且广被于全国的以儒学为核心的文化，而忽视了中国文化既有时代差异，又有其地区差异，这对于深刻理解中国文化当然极为不利。今天我在这里讲的虽然很粗疏，很浅薄，若能因而引起一些同志们的注意，稍稍改变一下过去那种中国文化长期不变、全国统一的看法，则不胜幸甚！

我强调中国文化的时代差异和地区差异，不等于我否定中国文化有它的共同性。共同性和差异性是辩证地同时存在的。中国毕竟是一个长期统一的国家，汉族毕竟是一个历史悠久的具有强烈的共同意识的民族，不可能没有文化的共同性。什么是不因时而变、因地而变的共同的中国文化呢？这个问题不包括在我今天的讲题之内，本可以不讲。不过凡是热情参加中国文化的讨论的同志们，大概没有一人不是在迫切关心中国文化的发展前途的。中国文化的共同性何在？这是直接关系到中国文化的前途的关键问题。

我以为中国在一个国家里，汉族在一个民族里，一贯对待不同文化采取容许共存共荣的态度，不论是统治阶级还是被统治阶级都是如此，因此儒、佛、道三教得以长期并存，进一步又互相渗透，同时又能接受伊斯兰教、基督教等其他宗教，这就是中国文化的共同性。也就是中国文化的特点。

因此，中国（汉族地区）尽管发生过三武之厄，佛教皆不久即复兴；尽管在朝廷上发生过几次佛道之争，却从没有发生过宗教战争；即使最高统治者皇帝非常虔诚地信仰某一种宗教，却从没有强迫过他统治下的任何一民族一地区的人民改变信仰。尽管有一些和尚道士受到统治者备极尊崇的礼遇，也曾参与治政，却从没有搞过政教合一。这种早已形成、长期坚持的兼收并蓄的文化开放传统，使整部中国史只能出现政治上的封建集权大一统，任何时期都做不到思想文化的统一。秦始皇不能，汉武帝不能，唐宗、宋祖、成吉思汗、朱元璋也不可能。这些帝王不是不想做，但做不到。秦汉一统王朝做不到，一到魏晋南北朝时代，专制政权的衰落，使思想文化更得到了自由发展的机会，所以这一政治上的分裂时期，在学术思想上、文学艺术上的活跃与进步，远远超过秦汉。隋唐以一统王朝而能在文化发展上取得丰硕的成果，那是由于输入、吸收、融合了多种周围各族各国的文化之故。中国之所以能长期继续发展，汉族之所以能长期屹立于世界先进民族之林，繁衍为占全国人口大多数的主体民族，对不同文化采取兼收并蓄的开放态度，应该是主要原因之一。

中国的封建统治在政治上以专制著称，但从来并不严格限制其臣民的思想文化倾向与宗教信仰。范缜坚持他的神灭论，虔诚的佛教徒萧子良、萧衍以帝王之尊，无可奈何他。就是到了君主专制发展到最高度的明清时代，统治者也只要求应试的士子在试卷上必须按经义代圣贤立言，却并不管你所信仰的到底是圣贤还是神仙，是周公、孔子、孟子、程、朱，还是释迦牟尼、耶稣基督或安拉真主。我认为这正是中国文化的主要优良传统。今后我们必须继续遵循这条道路去推进中国文化在新时代新形势下健全地向前发展。

当前我国在经济上实行对外开放、对内搞活的政策，理所当然，在文化上也应该采用同样的政策。文化上的对外开放，就是大胆地接受吸收外国的优良文化；对内搞活，就是真正地做到百家争鸣、百花齐放。

第六讲

马王堆汉墓出土地图及其说明的几个历史地理问题

本讲由两篇文章合并而成：1.《二千一百多年前的一幅地图》，原载《文物》1975年第2期，后收入《马王堆汉墓研究》（湖南人民出版社，1981年）；2.《马王堆汉墓出土地图所说明的几个历史地理问题》，原载《文物》1975年第6期，后收入《古地图论文集》（文物出版社，1977年）。二文均收入《长水集》下册（人民出版社，1986年）。本次选编将二文合并为第六讲，并拟了新标题，略有删节。

　　见于记载的我国古地图，可以上溯到三千年前西周初年周、召二公营建洛邑时画的洛邑城址附近地形图。春秋战国以后，历代官私制作的各种地图，为史籍称引所及者，更不可胜数。但是，由于地图的摹绘要比书籍的传抄困难得多，古地图流传存世的机会远比古籍为少，所有北宋以前的地图，早已全部失传。长期以来传世的我国的古地图，最早的只有保存在西安碑林中的两幅石刻图，即伪齐刘豫阜昌七年（1136）上石的《华夷图》和《禹迹图》，去今不过八百多年。现在这两幅地图既然是出土于西汉文帝十二年（前168）下葬的马王堆三号墓中的，其制作年代去今已二千一百多年，比西安碑林中那两幅石刻图早了一千三百年。单凭这一点，已可见这两幅图的无比珍贵了，何况图的内容又为我们提供了许多制图学史和历史地理方面的重要资料！

　　这两幅地图中的一幅，画有山、水、居民点和道路等，相当于现代的地形图，大约就是汉代通常所谓舆地图。另一幅除同样包括这些要素而采用不同的画法外，又画有某某军某某军的驻所，可姑名之为驻军图。这里我们主要讨论舆地图。

一、古地图碎片的拼接复原

　　先得简单谈一谈这幅图的复原过程。

　　原图被折叠成多层长方形，收藏在三号墓椁室东边厢的漆奁里，出土时已腐烂破碎得像一块豆腐渣一样。各层的折边部分全已断裂，彼此不相连接。经故宫修裱工人师傅精心操作，在一层层揭开后将碎块一一予以粘连，才裱糊成为三十二张帛片。每张帛片宽二十四、长十二厘米左右。我们所据以做复原工作的是比原物缩小一半的三十二张照片。

由于这幅图所用的帛很薄，而画图的墨色很浓，经折叠压紧后，各层之间墨迹彼此渗染，同一线条、符号可以在三四片上乃至十多片上重复出现。墨色虽有深浅之别，但有时差别很小，很难辨别，这一方面为我们的复原工作带来了一定的困难，另一方面却是衡量我们拼接工作正确与否的重要依据。

在有关单位的通力协作之下，经过试用各种方法拼接，终于突破重重难关，拼成了一整幅图。横四片一排，共四十八厘米，纵八片一排，也是四十八厘米。原图比照片大一倍，是一幅纵横各九十六厘米的正方形图。在照片拼接图的基础上，删去各片上由他片渗透过来的墨痕，将能够辨认的线条、符号、注记尽量一一摹绘下来，并将山川的破损部分凡可以根据形势接起来的用虚线接上，就出现了一幅复原图。

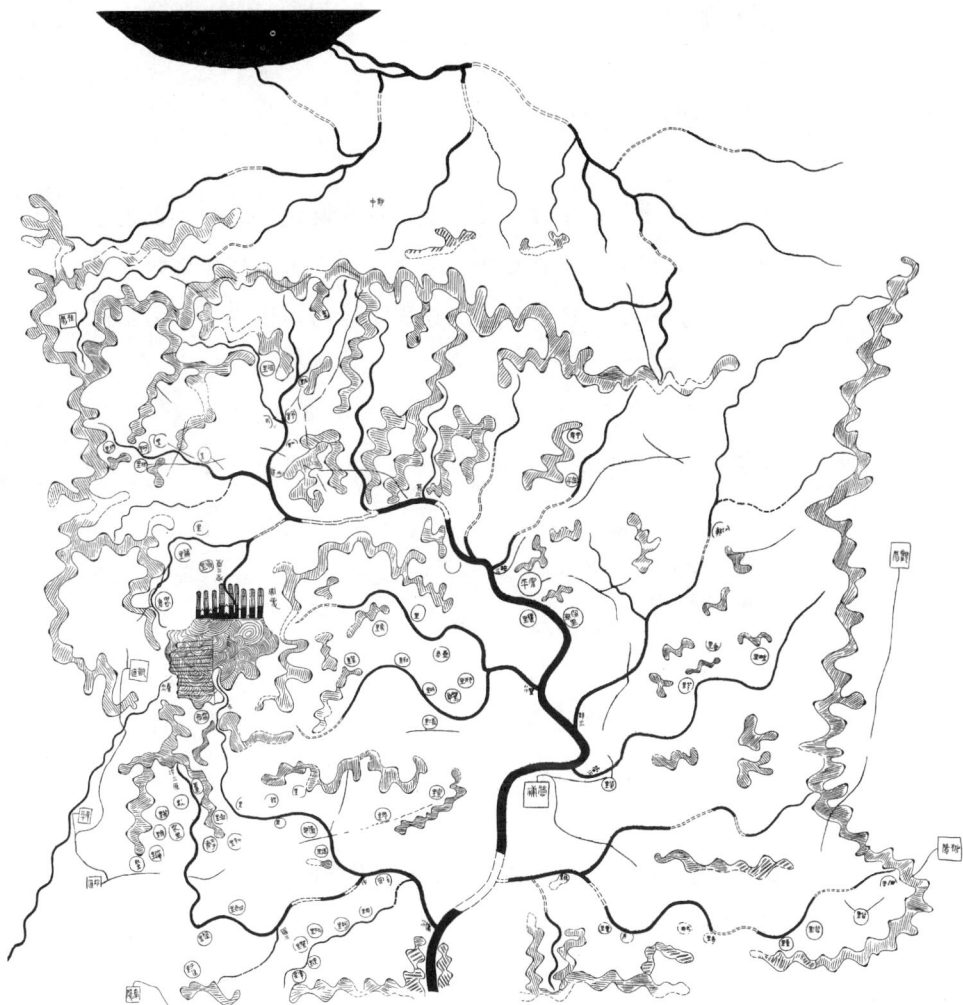

图 6-1　马王堆三号汉墓出土地形图复原图
（《古地图（马王堆汉墓帛书）》，文物出版社，1977 年）

二、绘制水准

《周礼·地官司徒》：

> 大司徒之职，掌建邦之土地之图与其人民之数，以佐王安扰邦国。以天下土地之图，周知九州之地域广轮之数，辨其山林、川泽、丘陵、坟衍、原隰之名物，而辨其邦国都鄙之数，制其畿疆而沟封之。

《管子·地图篇》：

> 凡兵主者，必先审知地图，轘辕之险，滥车之水，名山、通谷、经川、陵陆、丘阜之所在，苴草、林木、蒲苇之所茂，道里之远近，城郭之大小，名邑、废邑、困殖之地，必尽知之。地形之出入相错者，尽藏之。然后可以行军袭邑，举错知先后，不失地利，此地图之常也。

《周礼》和《管子》大致都是战国时代的作品。据上引二书所载，则战国时代地图的绘制，应已达到了相当高的水平，这和《史记·萧相国世家》里讲到刘邦初入咸阳，萧何即收其律令图书藏之，刘邦因而得以"具知天下厄塞、户口多少、强弱之处"这一段记载，是相符合的。但西晋初年裴秀在其所撰《禹贡地域图》的序里却又这么说：

今秘书院既无古之地图，又无萧何所得，惟有汉氏舆地及括地诸杂图，各不设分率，又不考正准望，亦不备载名山大川，虽有粗形，皆不精审，不可依据。

裴秀对汉代地图的评价很差。按常理汉代的地图不应比秦以前的差，那么究竟是《周礼》《管子》的话对，还是裴秀的话对？过去我们看不到宋以前的地图实物，总认为我们所看到的南宋以后的地图水平还不很高，那么千年以前的汉代和千数百年以前的先秦的地图，当然只能更差，裴秀的话应该是可信的，而《周礼》《管子》的话未免有些夸张失实。

当我们把马王堆三号汉墓这幅图复原出来之后，才知道我们先前的想法并不正确，至少不完全正确。图中已经有了统一的图例：居民点采用两种符号，县治用方框表示，乡、里用圆框表示。细而均匀的线表示道路。粗细不等而有弯曲的线表示水道。山脉一般勾出逶迤转曲的两麓，中间加画横细线；遇大山则按山体勾出其盘亘范围，中间细线画成层层重叠状。居民点的注记都在符号（即方框或圆框）之内。水道的注记多数都在下游将近与他水会合处，有些重要水道并在发源处加注"某水源"，少数也有注在发源处的。道路和山脉都没有注记。

拿这种画法和传世的南宋以后古地图相比，显然决不能说处处赶不上后者，有些地方还要比后者强些。

山脉的画法特别值得赞赏。这种画法接近于现代的等高线法，要比宋以后直到明、清经常被采用的人字形画法或山水画中的峰峦那样的画法都强得多。居民点符号用方圆区别政区的等级，也一直沿用到近几十年前。地名注在符号即方圆框之内，只要能够容纳得下，那就不比近代地图注在符号旁边坏。特别是在居民点稠密处，注在符号内不会造成误读，显然比注在旁边强。居民点注记加方圆框而水道注记不加框，比之于阜昌《华夷图》和《禹迹图》不分府州县山川一概只注记不用符号，南宋黄裳《地理图》凡有注记一概加框，不能不说是后出的宋图反而不如这幅汉初的图。

水道注记有一定的位置，更是一个显著的优点，近代地图一般都未能办到这一点。道路除特殊情况外，本用不着标名。唯有山脉不标名这一点，是这幅图在图例方面一个重要缺点。可能有些山当时还没有名称，但已经命名的应占多数。图中竟连名见于《楚辞》《山海经》相传为舜陵所在的九疑山也不标名，这是很不应该的。

九疑山南画着九条柱状物，柱后画有建筑物，旁注"帝舜"二字。据《水经·湘水注》，九疑山"南山有舜庙，前有石碑，文字缺落，不可复识"，这座建筑物当即舜庙，九条柱状物当系舜庙前的九块石碑。将著名建筑物夸大地画在地图上，这是古今地图惯用的手法，并不足怪。

三、详确程度

关于图的详确程度，全图应划分为三大区，其中二大区又应各分为二小区，各区情况不同，不可一概而论。

1. 主区

深水流域的营浦全县、春陵南半县、泠道中西部大半县、龁道西半县，是这幅图的主区。三号墓随葬器物中有弓矢剑戈矛等兵器，墓主人利仓之子当系长沙国的一员将领，这一区域很可能就是他生前的驻防区域。在此区域之内所有山川聚落都是他本人或他的部下亲身经历过的，这部分的图应是根据实地考察所得绘制成的，所以画得最详细也最精确。居民点除县治外，还画了乡里。遗憾的是没有画出政区界线，长沙国界和县界都没有画。山脉如九疑山周旋盘亘数百里，图的北端是《水经注》所谓营阳峡，两岸山势紧逼深水两岸，画得都十分醒目而逼真。水道的曲折流向，基本上，甚或在很大程度上接近于今地图。可惜的是有许多乡里名和水道名已漫灭不可辨认。

水道画得是否准确，最足以说明地图的精密程度。下面试以图中这一区域内的水道与今地图相比勘：

图中深水自九疑山舜庙前南流一段，顺水流方向注作"深水原"，即今深水；折而西流、西北流、北流，今称沱水；自今道县东北受潇水后，今称潇水。

深水南流有水自九疑山东侧南流西折来会，今图或作后河，或作沱水，或作消水源。

自此以下深水南岸支流第一水今称乌龙江，江有二源，合口今称两河口。

第二水即今安宁河，流经禾洞、大塘，西北至码市入沱。

第三水的东源，今名宜迁水；西源今名辇江；又有一小水北流至今小锡入西源。东西二源合流后又东北流，亦至码市入沱。

第四水今名贝江，一作背江，北流至贝江镇入沱。

第五水注作参水，即今冯水，一作岭东河，北流至水口镇入沱，今江华瑶族自治县驻此。

第六水今名花江，东北流至花江镇入沱。

第七水即今流经岐山脚至沱江镇入沱一水，形似镰刀，极为精确。

第八水注作临水，今图作萌渚水或作西河；因又称水口以上的沱水为东河。东西河会流处的沱江镇即1955年以前的江华县治。

自此以下深水呈一以北流为主向的曲折形，至东北流折向西北流处，西岸注有水名，上一字字迹模糊，根据上游水边有"深水原"字，此字当是深字。但按图例深水二字理应注在此水下游流经营阳峡处，似不应注在这里，可能是因为深平为驻防地，深水是防区内的主要水道，故在深平附近明显处特别予以表示。

此处东岸有垒水自东来会，今名泡水。水有二源，大小略相等。两源会合处已破碎，不知有无注记。今以东源为泡水上游，称西源为东江。

深水西北流，西岸有一水发源都庞岭东北流来会，注记"水"上一字右半为阝，左半不可辨，即今掩水，一作永明河。邝水南岸下游一支流，疑即今图发源铜山西北北流入掩一水，上游一支流即今瀑带水。瀑带水东岸有一大支流名马河，近图或称瀑带水合马河以下为马河。

深水又北流，营水发源都庞岭东流来会，即今营水，有些图上标作潇溪水[①]。

深、营会合后，折而东流，经营浦县治南，折而北流，又东北有一水发源都庞岭东流来会。下流水口应有注记，但已破灭。按垒水流域有一居民点名垒部。辎水流域有一居民点名辎部，此水中游有一居民点名侈部，则此水亦应名侈水，即今宜江。南岸有一大支流源出都庞岭东北流来会，即今中坪河。北岸一支流自北南流来会，即今坦溪。

深水又东北流，辎水发源九疑山北麓西北流来会，即今潇水，一名九疑河。下游北岸一支流注记已磨损不可辨，即今仁泽水，一作仁水。其东有泠水发源九疑山支阜北流折西来会，即今泠水，一名巽水。泠水北岸有罗水自舂陵县西西南流来会，即今都溪水，一名西江河。

上述诸水的屈曲轮廓，大体都接近于今地图，有些部分几乎没有什么差别。各水支流注入干流的次序，也都符合于实际情况。当然也有画得不很准确的。如辇江、贝江之间的距离应扩大；参水即今岭东河画得太短；花江画得太长；泡水、东江上游都应作西北流向等等。但这些毕竟都是小毛病，在近现代图中有时也在所难免。所以总的说来，这幅图的主区部分准确性很高，下这样一个结论，绝非过誉。

在这一区域内，大致是按十五万分之一至二十万分之一之间的比例尺绘制的。

---

① 潇溪水本为今道县城西二十里自南北流入营水一小水名，把营水全流目为潇溪水是错误的。

上述情况足以证明：裴秀把汉代地图不加区别地一概说成是"不设分率"，"不考正准望"，"不备载名山大川"，"不精审，不可依据"，是不正确的。他之所以把汉代地图说得那么不像样，可能是由于他所看到的都是一些画得差的，没有看到过画得好的；也可能是他所说的专指汉代的全国总图，而总图由于范围太大，准确性当然要比小范围的图差；也有可能他是在故意贬低前人的成就，借以抬高他自己所画《禹贡地域图》的身价。

总之，在未看到这幅图之前，我们是不免要误信裴秀的话，简单地认为汉代地图的制作都是"殊欠精当"[①] 的，当然也很难想到在二千一百多年前的制图水平会达到这样的高度，尽管只限于一个较小的地区范围之内。

2. 近邻区

深水流域的舂陵北半县、泠道县东部小半县和舂水上游的龁道东半县，以及南平县治一带，是这幅图的近邻甲区。都庞岭以西在今广西境内的桃阳、观阳二县，湘粤分水岭以南在今广东境内的桂阳县，是这幅图的近邻乙区。近邻区应已不在三号墓墓主人驻防范围之内，但仍在长沙国封域之内。所以仅仅画出县治和一些道路，不画乡里。

甲区与主区之间无大山大川之隔，制图者对这一带的地形还是比较了解的，所以对舂陵、泠道、龁道、南平四个县治的位置还是画得很准确。只是水道已画得较差：缺画自泠道县治西流注入泠水之水；罗水即今都溪水，上游画得太短；舂水即今钟水，画得太直。

---

① 王庸《中国地理学史》第二章第三节。

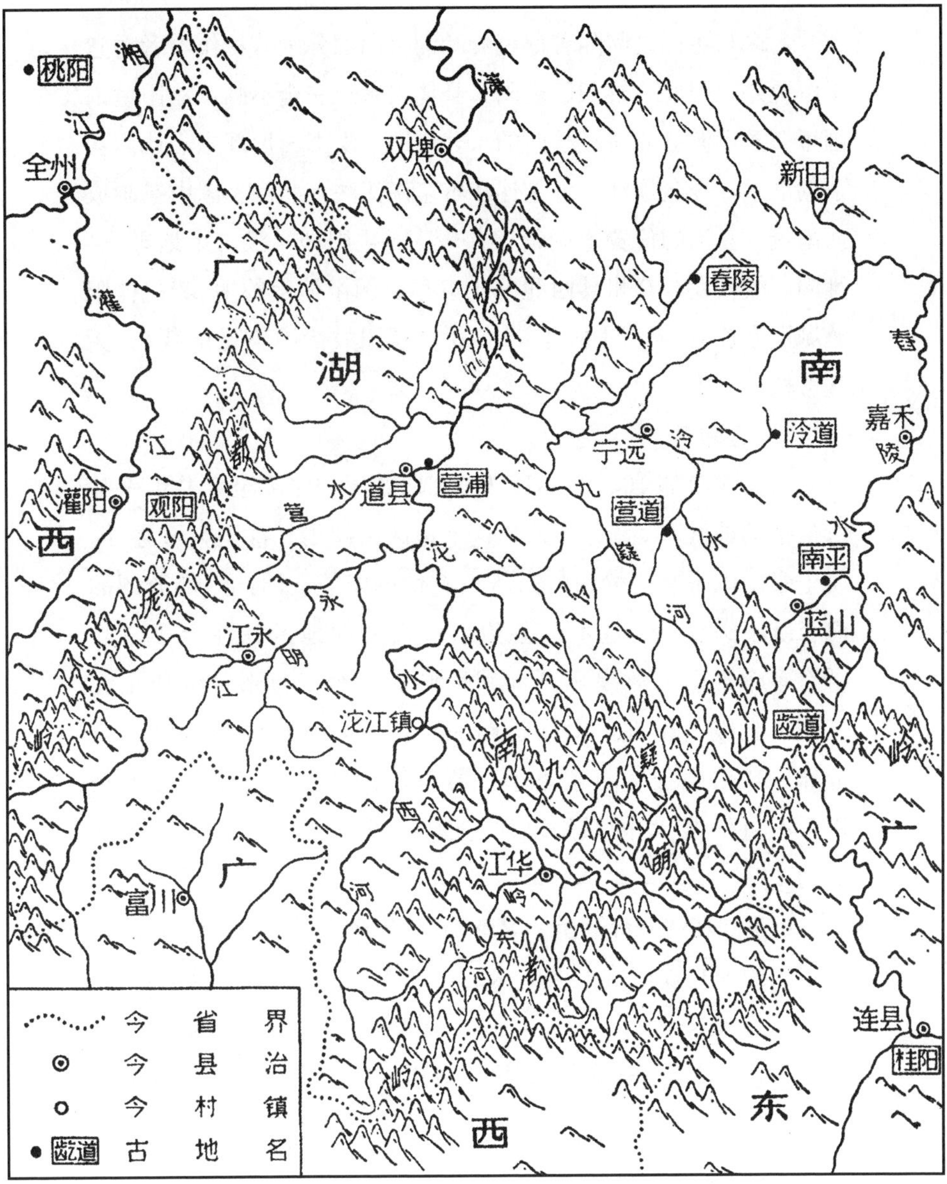

图6-2 马王堆三号汉墓舆地图主区及近邻区山川县治在今图上的位置

乙区与主区之间隔着都庞岭和湘粤间的分水岭，作图者对它了解更差，因此，桃阳、观阳二县境内水道完全不画，桂阳境内画了一条发源县北流经县西的水，应即《汉书·地理志》桂阳县下的洭水，今名连江。可是连江本东南流注入北江，图中错画成西南流。县治的位置也画得误差较大：桃阳即《汉书·地理志》洮阳，故城在今全州县西北三十五里，图中偏南约达 32′；桂阳故城即今连县治，图中偏东约 10′。观阳故治因不见记载①，无从考核。

3. 远邻区

图幅西南部 10、21、18 和南部 26 至 29、2 至 5 共十一片所包括的地区②，是远邻区。这个地区已超出长沙国封域之外，属于秦末以来割据岭南的南越王赵佗的辖境。因此这部分图的内容既不画乡里，也不画县治，这么大的地区只注上了"封中"一个地名，海岸不画曲线而画成一个半月形，水道全无注记，且极其粗讹，山脉道路完全不画，其详细程度又不及近邻区，精确程度更谈不上。裴秀所谓"虽有粗形，皆不精审，不可依据"，如果用以评价图中的这一部分，倒是相当合适的。

不过同在这一部分里，又该分为甲乙两区。甲区是靠北接近主区的那几片，这上面的水道，如 10 片上的指今掩水上游，21 片上的指瀑带水上游，自 21 片东流经 26 片至 29 片的应指富川江，自 18 片南流至 29 片与富川江相会的应指流经莲塘一

---

① 见于《水经·湘水注》的观阳县，系孙吴所置，未必即汉初故治。且《湘水注》只说观水西北径观阳县西，亦无从推定其准确方位。

② 帛片图幅的号码是根据故宫的原编号。

水，28片上自东北角向西南流一水，可能指大宁河；尽管掩水、瀑带水上游并没有伸展得这么远，富川江、莲塘水的会口东去大宁河的实际距离要比图中所画的近得多，大宁河上源与连县城下的水并接不起来，画得误差很大，但毕竟还是有所指的。乙区是靠南近海那几片，这里离主区更远，制图者想必是除了知道有几条水南注大海以外什么都不知道，那就难怪会画得简直不知所指了。

在一幅图中主区详密而邻区疏略，近处精确而远处粗讹，这是在单凭制图者亲身经历所获得的地理知识，而没有邻区远处的地理地图资料足资利用的条件之下，所绘制出来的地图的很自然的现象。这种现象屡见于传世的南宋以来晚清以前各种地图，毫不可怪。例如：阜昌石刻《华夷图》是根据著名的唐贾耽《海内华夷图》缩制而成的，图中所画远处的自玉门关以西至葱岭地区，即远比近处的玉门关以东地区简略，比例尺缩小了约三倍。一直到清代中叶，除实测的内府舆图以外，仍有多种"中外一统舆图"将内地十八省画得占整个图幅的十之七八，边疆东三省、蒙、新、青、藏地区仅占十之一二，国外远至英吉利、美利坚，也仅占十之一二。因此，我们决不能因为马王堆这幅图的第二部分即近邻区画得不很准确，第三部分即远邻区画得很不准确而低估它的价值。正确地评价这幅图的价值，应该以它的第一部分即主区为依据。上文业已阐明了图的这一部分的精确性是相当惊人的。由此可见，这幅图在我国制图学史上的地位是很突出的，它不仅是一幅截至今天为止我们所能看到的最古的地图，同时又是一幅足以显示我国制图学早在两千多年前业已达到高度科学水平的地图。

　　这幅图上除线条、符号、注记外，绝无一句文字说明，这一点也很值得注意。过去有人研究中国地图史，认为古代地图制作粗陋，单靠图表示不了应具的内容，必须附有相当数量的文字说明。这幅图的发现，根本推翻了这一臆说。

　　上面我们是拿这幅图来和现代最精确的图相比，那当然要差一些。要是拿这幅图来和采用现代测绘技术以前的旧图相比，那么就这幅图的主区部分而言，就绝不比任何图差。即如《嘉庆重修一统志》的永州府图和以《内府舆图》为蓝本的《大清一统舆图》的这一部分，便都不及此图准确。

　　总上所述，可见这幅埋藏地下二千一百多年的地图的出土，其意义是非常重大的：它的时代是那么早，比以前传世的我国最早地图《华夷图》《禹迹图》早了一千三百多年，为地图学史提供了最早的实物资料，此其一。它的准确性是那么高，从而为我国地图学史增添了极为光辉的一页，使人们不至于再为裴秀的"汉氏舆图""皆不精审"这一不符合实际情况的说法所迷惑，此其二。它的内容既准确又详细，我们得据以窥见西汉初年这一地区的政治经济概貌，从而解决若干历史地理上的问题，此其三。这三点都是很重要的，但本图的价值还不限于此，如注记用的字体，测绘的方法、技术及其所用的工具等，也都值得加以研究。

图 6-3　《大清一统舆图》中与马王堆三号汉墓舆地图主区相关部分

四、这幅地图所说明的几个历史地理问题

下面谈谈这幅地图所说明的几个历史地理问题。

1. 汉初长沙国的南界

1972 年马王堆一号汉墓发掘简报发表后，因为墓主人是汉初的诸侯长沙国丞相轪侯利仓之妻，有几位同志撰文谈到长沙国的辖境，径以《汉书·地理志》所载长沙国所领的十三县来解释轪侯时代的长沙国辖境，这是不正确的。利仓官长沙丞相，封轪侯，时在西汉初高帝高后时代，即公元前二世纪初年，而《汉书·地理志》所载，则是西汉末平帝元始二年，即公元 2 年的政区分划制度，前后相去约二百年，长沙国的辖境不可能没有变动。事实上文献记载里也有不少资料足以说明汉初长沙国和汉末长沙国之间的差别很大，大小迥不相伦。

《汉书·诸侯王表》叙述高祖末年十个诸侯王国（同姓九国加上这个异姓国中唯一剩下来的长沙国）的疆域，讲到长沙国时，用的是"波汉之阳，亘九嶷"二语①。九嶷即《汉书·地理志》零陵郡营道县南的九疑山，而营道县又在零陵郡的南境，即此可知汉初的长沙国，包有《地理志》中的零陵郡。《地理志》也说明零陵郡置于武帝元鼎六年。《元和郡县志》《太平寰宇记》在永州、道州下也说明秦属长沙郡，汉为长沙国，武帝分置零

① 《史记·汉兴以来诸侯王年表》合叙梁、楚、吴、淮南、长沙五个诸侯王国的疆域作"自陈以西，南至九疑，东带江、淮、谷、泗，薄会稽"。

陵郡。

《史记·南越列传》和《汉书·南粤传》又为我们提供了一些有关汉初长沙国南界的比较具体的资料。

传文讲到汉高帝时在赵佗割据之下的南越王国"与长沙接境"。又讲到高后时赵佗曾"发兵攻长沙边邑,败数县而去"。又讲到文帝赐赵佗书,书中说起赵佗曾对汉朝提出"请罢长沙两将军"(指驻在长沙国境内用以监视南越割据势力的两个将军)的要求,又说:"朕欲定地犬牙相入者,以问吏,吏曰:'高皇帝所以介长沙土也。'朕不得擅变焉。"可见从高帝历惠帝、高后到文帝,亦即吴芮及其子孙为王,利仓父子为将相时代的长沙国,一直是与南越接境的。清人周寿昌指出《汉书·地理志》里位于长沙国之南的桂阳、零陵二郡,其时"俱属长沙,未别置郡"(王先谦《汉书补注》引周寿昌《汉书注补正》),是正确的。

那么《汉书·地理志》所说桂阳郡"高帝置",《水经·耒水注》也说桂阳郡"汉高帝二年分长沙置",又是怎么回事?

清人全祖望想必是看到了《南越列传》的记载,但又不敢说班《志》、郦《注》错了,只得说班《志》作"高帝置"不够详晰,当云:"高帝二年分长沙置,五年属长沙国。"(《汉书地理志稽疑》卷二)近人王国维才发觉《汉志》所称高帝置的二十六个郡国,"其真为高帝置者,曾不及三分之一",因此他根本否定了桂阳郡置于高帝时的可信性。除取证于《南越列传》外,又据《汉书·贾谊传》所载谊在文帝时上疏提到"长沙才二万五千户"，指出二万五千户"势不能分置三郡"①。

今按：高帝二年，楚汉方相持于荥阳、京、索间，自此以东南，当时还不在高帝统辖范围之内，怎么可能分长沙为桂阳呢？《汉书·高祖纪》载五年二月初即帝位，诏"以长沙、豫章、象郡、桂林、南海"立吴芮为长沙王，中间明明并无桂阳一郡。可见全说显然不能成立，王说是正确的。当然，即使果如全说，这个桂阳郡也是长沙国的一部分，并不能动摇汉初长沙国南境与南越相接这一极为明确的史实。

长沙国缩小到基本上仅限于《汉志》所载那么大一块地方，那是景帝以后的事。《史记·汉兴以来诸侯王年表》云："吴楚时前后，诸侯或以适削地，是以燕、代无北边郡，吴、淮南、长沙无南边郡。"所谓长沙"无南边郡"，就是说把原来长沙国的南部地区相当于《汉志》桂阳、零陵二郡之地，从长沙国划出，改为直属于汉朝的桂阳郡。

如上所述，根据文献记载，可以知道汉初的长沙国远比《汉志》里的长沙国为大，其南境基本上辖有《汉志》桂阳、零陵二郡。但我们只能说基本上，却不能说其南界与《汉志》桂阳、零陵二郡的南界完全一致，因为并没有什么资料足以证明这条界线没有变动过。因此，汉初长沙国南边的具体疆界，尚待进一步探讨。

《南越列传》讲到赵佗在秦末开始搞割据时的第一步措施是：他以行南海尉事的名义，"移檄告横浦、阳山、湟溪关曰：盗兵

①　《观堂集林》卷十二《汉郡考》。三郡指长沙、桂阳、武陵。武陵郡，《汉志》亦作高帝置，王氏亦予以否定。王氏认为《汉志》中的桂阳、武陵、零陵三郡和长沙一国，同在汉初长沙国封域之内。

且至，急绝道，聚兵自守"。下文讲到武帝元鼎四年，令"卫尉路博德将兵屯桂阳，待使者"。明年，汉发兵分道击南越，其中由路博德率领的一军即"出桂阳，下湟水"①。此外又有"出豫章，下横浦"②的，又有"出零陵，或下离水，或抵苍梧"的。《史》《汉》所载有关汉初长沙与南越之间边界的资料，就是这几条。

横浦关即今大余县西南大庾岭上小梅关，见《通典·州郡典》《方舆纪要》。阳山关"在阳山县西北四十里茂溪口"，见《太平寰宇记》引《郡国县道记》。茂溪口不见今图。唐宋阳山县治即今治，西北四十里约当在今阳山县与连县（今广东连州市）分界处稍南。湟溪关不见唐宋以前古地志。清人钱坫以为《汉志》南海郡中宿县下"有湟浦官"，官当作关，湟浦关即湟溪关（《新斠注地理志》卷十四）。据《水经·溱水篇》及《湟水篇》，湟浦关在湟水（今连江）与溱水（今武水及北江）交会处，当在今英德县（今广东英德市）西南连江口附近。杨守敬、王先谦、丁谦则以为在今连县西北湟水（连江）发源处（杨氏《前汉地理图》、王氏《汉书南粤传补注》、丁氏《汉书两粤传地理考》）。这大概是由于他们认为南越北界当略循五岭山脊，置关当在岭道要害处而作出的推断，非别有所据。

传文提到的豫章是郡名（郡境大致相当于今江西省），零陵是县名（故治在今广西兴安县东北；元鼎六年始置零陵郡，治泉

---

① 湟，今本《史记》及《汉志》桂阳县下误作"汇"，据《说文》湟字及《水经·湟水篇》改。湟水一作湟水，见《水经·溱水注》，《汉书·南粤传》即路博德"出桂阳，下湟水"。湟溪关即得名于在湟水上。

② "下横浦"，《汉书·武帝纪》作下湞水，这是说通过横浦关后循湞水顺流而下。

陵)。桂阳则在汉代既有此郡名(治郴县,即今湖南郴州市苏仙区),又有此县名(治今广东连州市)。"屯桂阳"、"出桂阳"指的是郡还是县?这是一个首先要弄清楚的关键性问题。若是指郡,则湟溪关有可能在湟水发源处今粤湘边界上,汉初的长沙、南越之间的界线起湟溪关至横浦关这一段也有可能大致即以五岭山脉即今省界为界。阳山关在这一条线之南,便应是湟溪关后面的第二道关。若是指县,则县南的阳山关应是边关,湟溪关即不可能在这个县的西北,当然也不存在一条大致符合于五岭山脉的长沙、南越边界。单凭《南越列传》的记载,我们只能倾向于是县,因为桂阳县是南临洭水的,却不能断然排除有是郡的可能,因为汉兵从桂阳郡的其他地区出发,也未始不可以取道洭水南下。所以尽管《元和志》《寰宇记》都说连州在秦为长沙郡之南境,杨守敬等人都不予理会,竟把南越所据的湟溪关定位于连州西北。

这幅汉初长沙国深平防区图的出土,断然肯定了《南越列传》"出桂阳"指的是县。图上画的有桂阳县。按照本图幅的图例,凡南越境内的郡县一概不予注记,则桂阳县显然应在长沙国境内,这就证实了杨守敬等置湟溪关于湟水发源处是绝对错误的,汉初长沙、南越之间这一段疆界并不以五岭山脉为界。

桂阳县既在长沙境内,则桂阳县东南的阳山关,应在长沙、南越界上。湟溪关应从钱坫说,即《汉志》《水经》的洭浦关。但这个关远在阳山关东南二百余里,不可能也在界上。若在界上,则阳山关又不可能是南越的边关了。按元鼎五年汉兵一军"出桂阳,下洭水",这是取道阳山关旁的水路。一军出豫章,逾横浦,下浈水,这是取道横浦关路。独不见有取道湟溪关的,即此亦可证阳山、横浦二关在界上，湟溪关不在界上。虽不在界上，但地当逾五岭出溱、洭二水南下的冲要，故赵佗在策划割据岭南时，有必要聚兵扼守此关。

从阳山关东至横浦关之间，据《元和志》有任嚣（赵佗之前的秦南海尉）城，在韶州乐昌县（今广东乐昌市）南五里，据《舆地纪胜》有赵佗城在韶州仁化县北九十里城口村（见今图，北去湘粤省界约六里），故汉初长沙、南越间边界，当在此二城稍北。任嚣城之北约当以今乐昌县（市）西北之乐昌峡为界。赵佗城之北当即以今省界为界。

汉初长沙国南界自阳山关以东至横浦关一段，文献资料不算很少，但我们在未见到这幅图之前，仍有一个关键性的问题不易解决，已如上述。至于阳山关以西，则在文献资料中可考者唯有湘、漓发源处一点。据上引《南越列传》元鼎五年汉兵一军"出零陵，或下离水，或抵苍梧"一条，可知零陵县应在当时桂阳郡境汉初长沙国境内。又据《元和志》桂州全义县（今广西兴安县）："故越城在县西南五十里，汉高后时遣周灶击南越，赵佗据险为城，灶不能逾岭，即此也。"《舆地纪胜》静江府："古秦城在兴安县西南四十里。"又引《桂林志》："秦城，在兴安县，秦始皇二十三年筑以限越"[1]，则零陵西南的汉初长沙国南界，应在秦城与越城之间，亦即今兴安县西南四十余里处。秦始皇时所凿沟通湘、漓上源的灵渠，在今兴安县西，全长六十里，渠的大部分应在长沙郡境内，小部分在桂林郡境内。这是和《寰宇记》桂州兴安县下"昔秦命御史监禄自零陵凿渠至桂林"这一条记载

---

① 按秦取楚江南地在始皇二十五年，此"三"字当作"五"。

相符合的。

从湘、漓发源处这一点东至阳山关之间的长沙南境边界的走向，绝不见于传世文献记载，马王堆这幅图刚好可以补文献之不足。图中将深水南岸的支流一一画出，还在这些支流的两岸画了不少乡里，其中临水即今萌渚水的乡里，一直画到水源萌渚岭的山脚下。按图例，这些地区应该在深平防区之内，可见当时长沙国南境是直抵今湘粤间的分水岭。据《水经·湘水注》，冯水和萌渚水的上游都在苍梧郡冯乘县的辖境之内，这应该是汉武帝平定南越割据势力以后改划的郡界，不是汉初的旧界。

总上所述，我们把文献资料与这幅图中所显示的情况结合起来，可作一线西起秦汉零陵县西南，东南行穿灵渠，越海阳山、都庞岭，经图中□鄣约当今江永县治之南，循今湘桂省界折南折东，又东经连县南抵秦汉阳山关，折东北穿乐昌峡，折东循今湘粤、赣粤省界东至大庾岭上秦汉横浦关（即今小梅关[①]），大概就是汉初长沙国与南越国之间的边界。它既不是以五岭为界，也不同于《汉书·地理志》里的桂阳、零陵二郡南界。

汉初这条两个诸侯王国之间的边界，应该是沿袭秦代的长沙郡与南海、桂林二郡之间的郡界而来的。因为赵佗乘秦末之乱起而割据南海、桂林、象郡三郡，他当然不会放弃任何原属于这三郡的土地，这是一方面。另一方面，从《南越列传》记载看来，他也并没有侵占原来属于长沙的土地，只是在高后时曾一度“发兵攻长沙边邑，败数县而去”，边界未尝因而有所改变。

① 作者自校：小梅关当为唐开元四年张九龄开大庾岭新道后所置关，唐以前旧关不应亦在此。附图上横浦关位置不知何据，亦非小梅关。

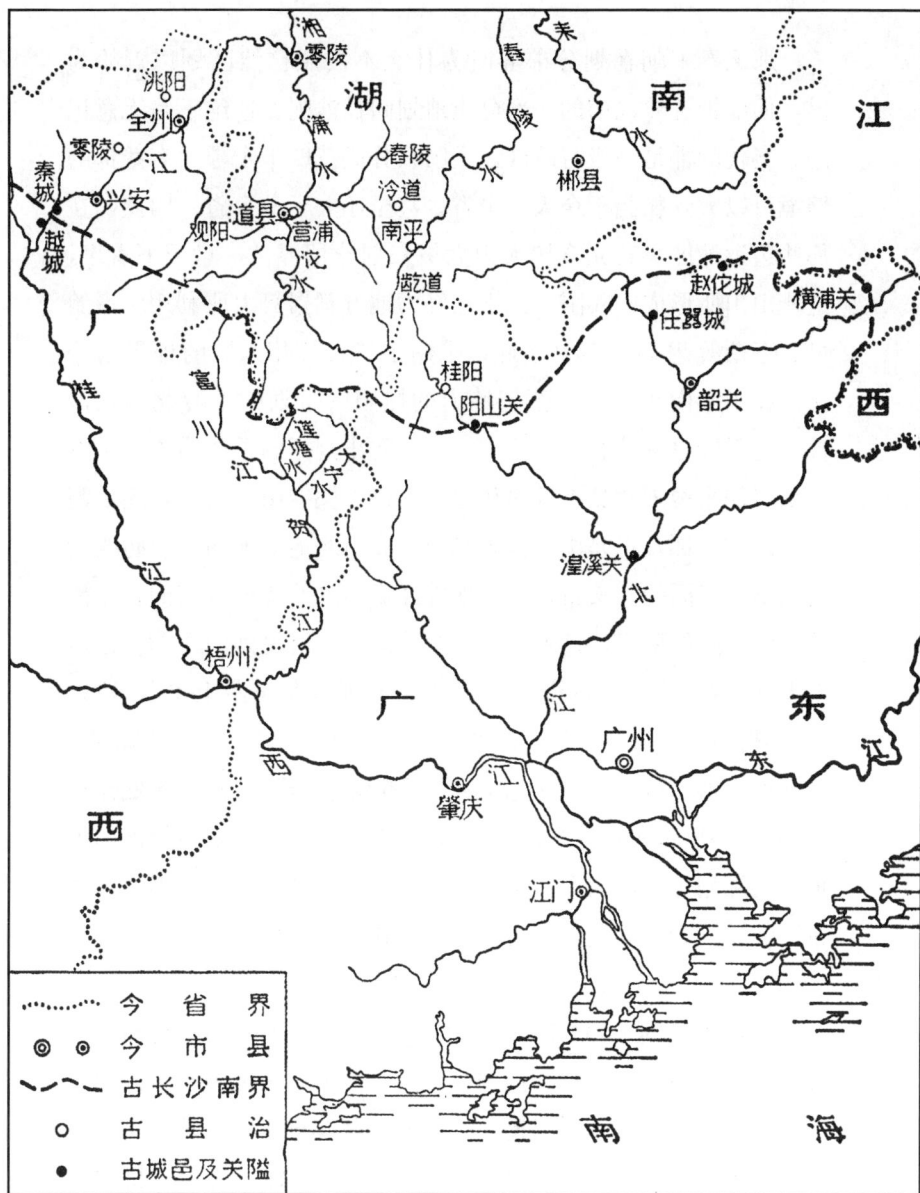

图6-4　秦汉初长沙郡国南界示意图

　　那么秦王朝在划分郡界时为什么不按照自然区划以五岭为界，而要把五岭以南的一部分土地划归长沙呢？这绝不是无意识的。秦代的郡是一级行政区，全国只分成三四十个郡。有些郡的辖境可以大到相当于今天一个省，甚至还大于一个省。因此，在那些边远地区，若完全按大山大川来划分郡界，一旦天下有事，这些山川所形成的险阻，岂不正好为地方割据势力所利用？秦始皇、李斯等想必是有鉴于此，采用了"犬牙相入"的郡界划分法。在平定南越之后，便把岭南的桂阳一带划归了岭北的长沙郡。这无疑是一项有利于巩固统一、防止割据的重要措施。虽然后来赵佗乘秦末"豪杰畔秦相立"之机，凭借南海僻远，还是割据了南越三郡，可是由于他未能全有岭南之地，他的北边防线始终是不很坚固的。文帝时大概他曾经提出过希望把岭南的长沙郡境划归南越的要求，这就是文帝给他的信中所提到的所谓"欲定地犬牙相入者"。文帝说这是"高皇帝所以介长沙土也"，所以"朕不得擅变焉"。"介"，颜师古解作"隔也"，不妥。应作疆界、界划解，即《诗·周颂·思文》"无此疆尔介"之介，此处作动词用。"高皇帝所以介长沙土也"，意即这是高皇帝划给长沙的土地。实际划定者应为秦始皇，汉制是沿袭秦制而来的，不过汉文帝不便说前朝所划定的不可更改，因托之于高皇帝而已。

　　2. 汉初长沙国西南边区的八个县治

　　这幅图在其主区和近邻区范围内画着八个县治：营浦、春陵、焓道、南平、龁道、桃阳、观阳、桂阳，这是当时长沙国西南边区的一部分（可参阅图6-2《马王堆三号汉墓舆地图主区及近邻区山川县治在今图上的位置》）。其中营浦、焓道、桃阳三县见《汉志》零陵郡，南平、桂阳二县见《汉志》桂阳郡。但见

于《汉志》只能说明西汉末年平帝元始二年时有这几个县，不能
说明这以前有没有。这幅图的出土，说明了这五个县最迟在汉文
帝时代业已设置。烩道，《汉志》作泠道；桃阳，《汉志》作洮
阳。可能是本作烩、桃，后改泠、洮；也可能是本作泠、洮，制
图者有所忌讳而改用烩、桃。[①]

此外舂陵、观阳、龁道三县，不见《汉志》。其中舂陵见
《汉书·王子侯表》：武帝元朔五年，封长沙定王子买为舂陵
侯。据《后汉纪·光武纪》及《后汉书·城阳恭王祉传》：买封于泠
道之舂陵乡。传至孙仁，以舂陵地势下湿，山林毒气，上书求减
邑内徙。元帝初元四年，徙封南阳之白水乡，犹以舂陵为国名。
故《汉志》列舂陵侯国于南阳郡下。图中见舂陵，一方面证实了
《后汉纪》《后汉书》所载舂陵侯国原在《汉志》零陵郡境内是正
确的，一方面又校正了买初封于"泠道之舂陵乡"的错误。因为
图上舂陵二字外加方框，这是县治的符号，可见舂陵在元朔以前
早已是县，并不是泠道的一个乡。按《续汉书·郡国志》泠道下
刘昭注补"有舂陵乡"。袁宏、范晔盖因舂陵侯国内徙南阳后，
舂陵旧地改为隶属于泠道的一个乡，遂误认为元朔以前旧制也是
如此。

观阳 历代各种地志皆从《宋书·州郡志》说作始置于孙
吴。今既见于此图，可见汉初已有此县，西汉末年以前罢，孙吴
系复置而非创置。但沈约对西汉郡县建置的知识也只限于《汉
志》所载，汉初已有此县他是不可能知道的，故径作"吴立"。

---

① 编者按：据《长沙马王堆汉墓简帛集成》（中华书局，2014 年），已改释为
泠道。

龁道　不见于汉以来任何记载，包括各种地方志。若没有这幅图出土，谁也不可能发现九嶷山区二千一百年前曾经建立过这么一个县这一历史事实。

在图的主区范围内，《汉志》又有属于零陵郡的营道一县，不见此图。龁道县的罢废与营道县的增置，皆当在此图制作年代之后，平帝元始二年以前，确年无考。

由于图的主区部分画得很精确，近邻甲区也画得相当准确，因此，在这一范围内，图中的县治方位，往往可据以补正文献记载，或确定不同说法的是非。

营浦　据《水经·深水篇》和《湘水注》，只知道营浦县治在东北流的深水北岸，无从确定方位。据《元和志》《寰宇记》《方舆纪要》，汉县即唐宋以后道州，今道县治。《清一统志》引旧志则谓在州北营阳乡，地名大汉。两说歧异。而旧志所谓大汉，亦不知其确切方位。这幅图上将营浦县治画在营、深二水会合处的稍下游，深水折北流处的上游，由此可见，旧志的说法是有根据的，但州北应作州东北。距今县里程虽无法确定，估计不会很远，因而《元和志》等书不予注意，径作古今同治。今县治东三里有一村落以东门为名，疑即古营浦城的东门，则古城约在今城东二里许。

泠道　《水经·湘水注》：泠水"出九疑山，北流径其县（指泠道）西南，县指泠溪以即名。"似县治应临近泠水。《寰宇记》更明确说"其县临泠道水为名"。《舆地纪胜》引《晏公类要》同。又据《旧唐书·地理志》《寰宇记》，古城在唐延唐县、宋宁远县即今宁远县治东南四十里。《寰宇记》另一条记载及《纪胜》引《晏公类要》又作"东四十里"，知正确方向应为东偏南。但泠水西去宁远不过二十余里，故治若确是临泠水，则不可能在今县东偏南四十里。可能就是由于传统说法有这一点矛盾，因此近代地方志上又另创故城在县东南三十里萧韶峰下之说，还说是"故址尚存"。1961年《湖南省志》即采用此说。究竟以何说为正，这幅图为我们解决了问题。舂道县治离泠水还有相当一段距离，而其方位正在今宁远县东偏南约四十里。可见《旧唐志》《寰宇记》所载的故城方位是正确的，而《寰宇记》《晏公类要》所谓县临泠道水则并不可靠。至于说什么东南三十里"故址尚存"，更可以断言是无稽之谈。

南平 《寰宇记》：蓝山县"本汉南平县也，今县东七里有南平故城存"。宋蓝山县治即今治。《舆地纪胜》作南平古城在蓝山县东五里，是由于计里大小不同，实同指今县东北七里"古城"。这种说法是和《水经·钟水篇》经注所载钟水流经南平县东至钟亭，灌水（即桂水）发源桂阳县（今广东连州市）北界山北流来会相符合的。钟水即今蓝山县城东钟水，灌水（桂水）即今发源湘粤界上北流至古城东十余里注入钟水的毛俊水。但近代地方志却别创汉县故城在今县东北五十里土桥墟附近一说，论据是土桥墟附近一带地属南平乡。《湖南省志》亦采用此说。此说本不能成立，因为明清时代的乡名，本未必袭自汉代的县名；且钟水自土桥墟以下，根本不存在一条发源于湘粤边界北流入钟的水道，又显与《水经》及郦《注》不合。这幅图里的南平县画在舂道县南偏东，相当于古城的位置，而不在正东土桥墟的位置，又为肯定古城说、否定土桥墟说提供了一个有力的证据。

舂陵 《水经·湘水注》只说都溪水（今西江河）径舂陵故城西，无从确定方位。唐宋以来《元和志》《寰宇记》《舆地纪胜》《方舆纪要》作在今宁远县北五十里，《清一统志》作在县西北，近代地方志包括《湖南省志》作在县北六十里柏家坪，杨守敬《水经注疏》作在县东北。今按：《汉志》桂阳郡耒阳："春山，春水所出。"春水上游即今新田河，则春山即今宁远、新田界上之山，春陵故城应在今春水流域春山东麓不远处，西南去宁远里距应从唐宋旧说为五十里。这幅图上的春陵城很明显在今宁远县东北，宁远、新田界山东麓，可以证成此说，从而否定县西北及县北柏家坪等说。

主区和近邻甲区所画五县，四县都产生了补正文献记载、确定故城方位的作用，只有龁道一县，因为后代不存在这个县，当然不可能具有此种作用。从图上的方位看来，县治故址约当在今蓝山县南偏西大麻营的钟水东岸。这个龁道县在九嶷山的东麓，《汉志》营道县的故址则在九嶷山北麓的莽、巢二水会口，见《元和志》《寰宇记》[①]。又烨道县也距离九嶷山东北麓不远。汉承秦制，"凡县主蛮夷曰道"，见《汉书·百官公卿表》《续汉书·百官志》。可见在西汉时代，九嶷山周围的少数民族地区，已在一统王朝所设置的郡县管辖之下。

在绘制这幅图以前的汉初三十余年间，承秦末战争之余，户口耗减，一般说来，增置县治是不大可能的。因此图中八县，我们有理由把它们看成都是秦代已经有了的县。这八县的地区在《汉志》时代只有六县，由此可见：

---

① 今本《元和志》《寰宇记》作"奔巢水口"。据《清一统志》引旧志及光绪《湖南舆图》，宁远有源出九嶷山的巢水，北流会瀑水后又会莽水，知"奔"系"莽"之字误。莽巢水口在今县东南三十余里，其南正对九嶷山，与《汉志》及《续汉志》所载"营道，九疑山在南"符合。

（1）前人认为秦代在《汉志》时代之前二百余年，各地区的县治设置应较少于《汉志》中所载。杨守敬在《嬴秦郡县图》的序文里，即曾以巴、蜀、汉中地区为例，推定秦县约比汉县少三分之一。这种说法是不一定可靠的。既然这幅图告诉了我们长沙郡的西南部分秦县可以反而比《汉志》的县多，其他地区应该也不是没有这种可能。当然，我们这样说并不等于否定秦县的总数应少于汉县。

（2）长沙郡西南部分地处僻远，置县如此之多，可见秦王朝是很重视边地的经营管辖的。此点亦可在文献中得到印证。如始皇三十三年将河套地区从匈奴手中夺回后，即一下设置了三四十个县，见《史记·始皇本纪》及《匈奴列传》。又如燕地北边上谷、渔阳、右北平、辽西、辽东五郡，在汉高祖时共有七十九县，见《绛侯周勃世家》。高祖时的县数当然更该就是秦的县数。而《汉志》此五郡合计仅得七十五县，秦县反比汉县多四县。或疑《世家》所载渔阳二十二县应为十二县之误，因为渔阳在《汉志》里只有十二县。即使果属如此，秦县亦仅比汉县少六县，不到十分之一。

（3）八县中有泠道、龁道二县，更可见秦始皇在削平六国完成统一后所建立的是一个多民族的封建大一统王朝，其统治所及，不仅包括所有"华夏"地区，也包括了僻在南方山区的少数民族地区。

3. 水道名称的演变

水道注记也是这幅图所提供的一项弥足珍贵的古代地理资料。因为在这一地区内的水道，既为前乎此图的先秦文献、后乎此图的《汉书·地理志》记载所不及，就是在更后的《水经》和郦《注》里，虽然是记载到了，仍不及此图详细。并且所注水名往往与见于后代记载的水名不同，可据以推究其演变过程。下面试就可以辨认的几个注记，一一阐述其史料价值。

深水　潇水是湘水上游的一条大支流，而潇水之名，唐代始见①。在唐代以前，《水经·深水篇》的深水和《湘水注》里的营水，都是北流经泉陵（今湖南零陵）城下入湘的，与唐以后的潇水同。这两个水名究竟哪一个在先，哪一个后起，源流是否完全相同，清代的考据学家有两种意见：（1）根据《汉志》有营浦、营道县，认为《汉志》虽不载营水，此水在汉代实名营水。深水之名则见于《说文》《水经》，较营水为后起。（2）根据《说文》"深水出桂阳南平，西入营"②，《深水注》引晋吕忱《字林》深水"导源卢溪，西入营水，乱流营波，同注湘津"，认为深水实为营水上源之一，深水入营后营水下游虽然一直到入湘都可以通称为深水，但毕竟应以营水为正称③。这种看法表现在《一统

---

① "潇湘"作为一个语词，在《山海经·中山经》中已见"潇湘之渊"，《淮南子》中已见"弋钓潇湘"；但这个"潇"字是一个形容词，作深清解，不是一条水名，"潇湘"犹言深清的湘水。"潇"字《说文》作"潚"，"深清也，从水，肃声"。《水经·湘水注》"潇者，水清深也"，引罗含《湘中记》曰："湘川清照五六丈，下见底石如樗蒲矣，五色鲜明，白沙如霜雪，赤岸若朝霞，其纳潇湘之名矣。"郭璞注《中山经》始以潇为水名，注云："今所在未详也，潇音消。"还说不出潇水是哪一条水（段玉裁注《说文》，认为古籍中潇字皆本作潚，其字读如肃，亦读如萧，自郭璞别潇、湘为二水，读作消，后人遂改古籍自《诗·郑风》"风雨潚潚"以下诸潚字皆作潇）。唐柳宗元谪居永州，才在他的文章里称永州（治零陵，即今县）城下之水为潇水（《柳河东集》卷二四《愚溪诗序》），称永州地区为"潇湘"（同上卷三六《谢李吉甫相公示手札启》），这是把这条水叫做潇水见于记载之始。

② 今本《说文》"营"下有"道"字，依段注删。根据《说文》这条记载，可知虔道罢废后，深源一带即改隶南平。

③ 见段玉裁注《说文》深字、杨守敬《水经注疏》《水经注图》等。

志》、地方志里，便直称潇水古名营水，根本不提深水①。

这幅图上的注记，完全否定了清代考据家的看法。在这幅图里，很明显，现在的潇水及其上游沱水，当时都叫深水。在驻军图里则称为大深水。这条水在图上从发源九嶷山起直到进入《水经·湘水注》所谓营阳峡，画成逐步由细到粗，可见深水的注记虽写在今道县以南，下游今道县以北无疑也是深水的一部分。营水、犫水都注在这条水的两侧支流上，可见这条水在受营受犫以后，不会以营水、犫水为名。受犫以后更无其他较大水道来会，下游直到入湘当然都是叫深水。看到了这幅图，现在我们可以把这条水名称的演变过程考定如下：深水是这条发源九嶷山南麓，绕流西麓，折北流入湘水的水道在今天可以考见的最古的名称。这个名称应起自这幅图的制作年代以前，一直到《水经·深水》一篇写定的时代犹未变②。到了东汉中叶许慎著《说文》时，深水已仅指上游，下游与营水合流以后已改称营水。晋吕忱撰《字林》时仍然如此。到了北魏郦道元《湘水注》中，则不仅下游，连上游九嶷山麓今之沱水也一概被以营水之名了。到了唐代中叶柳宗元文章中，下游又改称潇水。但在《元和志》里，道州以上仍称营水。到宋初的《太平寰宇记》里，才改称这一段为洮（沱）水。

营水　《水经注》《元和志》中的营水，不是今道县城西的

————

①　见《嘉庆重修一统志》永州府山川营水、潇水等条，光绪《湖南全省舆图说》等。《湖南省志》同。

②　清人戴震认为《水经》作于三国时人，这个论断是不妥当的。《水经》各篇，非出于一时一人之手，应根据各篇的具体内容，分别推定其写作时代。《深水篇》应写定于《说文》以前。

营水。这条营水不见于《水经注》《元和志》，始见于《寰宇记》。
在看到这幅图以前，人们很容易认为营水一名在宋以前指今之潇
水、沱水，到宋以后才移指这条水。《清一统志》馆臣厚古薄今，
所以在永州府山川下的营水一条，竟专指沱、潇水而不及此水，
别称此水为濂溪水。但近代图书多数虽改称此水为濂溪水，仍有
沿袭营水旧称的。现在看到了这幅图，才知道原来西汉初年的营
水正是指的这条水，两千多年来水名未变。而现今的潇水下游和
沱水被称为营水，倒是西汉以后演变的结果。

　　图中营浦县治不在营水之浦而在深水之滨，这并不足以证明
深水受营水后已改称营水。若已改称，营水二字注记应在营浦下
游。盖营浦初置县时本在营水之浦，其后迁治深滨，而县名未
改。营水在深水支流中本不是很大的。何以深水之称不为较大的
临水、邙水、牺水所夺，却为较小的营水所夺？大概就是由于营
浦这个县治迁治深滨所致。先是将县治附近一段深水改称为营
水，其后又逐渐向下向上扩展，终于到了郦道元时代，营水之称
遂被于深水全流。

　　营浦县治不在营水之浦是可以理解的，但《汉志》的营道县
治在莽、巢水口，去营水甚远，为什么要以营道命名，则尚待
索解。

　　牺水　注记有二：一在水口，一在水源。这条水不见宋以前
记载，在南宋的《方舆胜览》里始被认为潇水的上游。近代方志
和地图里或称潇水，或称九疑（或作嶷，或作凝）河。此水发源
宁远九嶷山北麓，西北流至道县东境，泠水自宁远东境西流经县
治南，合北来的都溪水，又西流来会，又西流至清口与沱水相
会，同为此下潇水的上游。泠水和都溪水源流都不比九疑河短

小，因此，自清口以上，三条水中哪一条算是干流，历代地志所载不一。《水经·湘水注》以都溪水为干流，泠水入都溪水，不提九疑河。《舆地纪胜》同。《元和志》《旧唐书·地理志》《元丰九域志》只提到泠水（一作泠道水），不及其他二水。就是自《方舆胜览》以九疑河为潇水上游以来，明清和近代方志和地图里也还有不用其说，仍以泠水为干流，九疑河、都溪水为支流的。这幅图上的"牂水"注记，既为这条水提供了一个远在《方舆胜览》所提"潇水"以前一千几百年前的古名，又说明了《胜览》虽在《水经注》《元和志》之后，其以潇水而不以牂水、都溪水为干流，倒是符合于汉以前古人的看法的。

泠水 泠水是深水、营水以外又一为后代所沿用的水名。由于《水经注》《元和志》《寰宇记》《九域志》等北宋以前地志只提到出自九嶷山的泠水，而不提到今之潇水（九疑河），而始见于《方舆胜览》的今之潇水，也出于九嶷山，《清一统志》遂谓古之泠水，即祝穆以为的潇水。王先谦《汉书补注》、杨守敬《水经注疏》《水经注图》等皆从其说。图中泠水也有水口、水源两个注记，很清楚就是《水经·湘水注》中源出九嶷山，北流注于都溪水的泠水，也就是今之泠水。而相当于今之潇水的，则是图中的牂水，足见《清一统志》认为古泠今潇二名同指一水，是绝对错误的。

春水 《汉志》桂阳郡耒阳县下和《水经·湘水注》皆以出于春陵乡附近的今新田河为春水（一作春陵水）上游。《水经·钟水篇》经注皆以出于九嶷山东麓东北流经今蓝山、嘉禾二县东的那条水为钟水。新田河至今亦称春水，钟水之名至今不变。但图中的春水却不是《汉志》《水经注》的春水，而是《水经》和

《注》的钟水。就这一点而言，有可能《汉志》、郦《注》的舂水
倒是原始的舂水，而这幅图上的舂水，则是由于舂水与钟水会合
以后，下游先被称为舂水，后来又由下游推及上游，钟水遂兼有
舂水之称。这种演变的情况是和上面讲到的营水初指今道县西营
水，继而推到道县以下的深水，再后又推到道县以上的深水，是
一样的；惟其演变历程则犹在深水改称营水之前。

　　参水、临水、罗水，即《水经·湘水注》中的冯水、萌渚
水、都溪水。垒水、邛水，不见于宋以前记载，明清以来地志作
泡水、淹水，图中的注记要比文献上的水名记载早七百年乃至千
数百年。

　　除上述三方面外，图上还反映了图幅的主区和近邻区的地区
开发、政区划分和陆路交通线等方面的情况。但由于同墓出土的
驻军图也画到了这些方面而具体内容尤为详细，所以得等待驻军
图的拼接复原工作完成后，再行提出讨论。

第七讲

西汉以前的
黄河下游河道

本讲由两部分组成：《西汉以前的黄河下游河道》，原载《历史地理》创刊号（上海人民出版社，1981年）；《〈山经〉河水下游及其支流考》，原载《中华文史论丛》第七辑（上海古籍出版社，1978年）。均收入《长水集》下册。本次选编取后文中逐条考证《北山经·北次山经》中河水下游支流部分，替换前文第二节《两条见于先秦文献的黄河下游河道》中关于"黄河下游故道见于《山海经·山经》的河道"这一段，汇为第七讲，仍用前文原标题。

黄河以善决善徙著称。但传世先秦著作中，只有少数几次人工决开黄河用以浸灌邻国的记载，绝无一语道及黄河曾改过道。《史记·河渠书》虽然从大禹导河叙起，讲到黄河的决徙却是从"汉兴三十九年孝文时"开始的。因此，大禹以后汉兴以前黄河曾经决徙过几次，决在哪里，徙从何道，是一个千百年来异说纷纭，至今莫衷一是的问题。

笔者治黄河史已数十年，对这个问题早先是信从清人胡渭的说法的；后来察觉了胡氏之说并不可信，可又提不出一种足以自信的看法来。直到最近一二年，才逐渐形成了一套既不同于胡氏，也不同于古今其他学者，而自信应该比较符合于历史实际的看法。

一、汉以前黄河下游改过几次道？

首先要解决的一个问题是，汉兴以前黄河下游改过几次道？

对这个问题，前人有两种说法：一种根据《汉书·沟洫志》所载王莽时大司空掾王横所引《周谱》里"定王五年河徙"一句话，认为这是汉以前唯一的一次改道。从东汉班固①、北魏郦道元②、

---

① 《汉书·叙传》："夏乘四载，百川是导，唯河为艰，灾及后代。商竭周移……"

② 《水经·河水注》："河之入海，旧在碣石，今川流所导，非禹渎也。周定王五年，河徙故渎，故班固曰'商竭周移'也。"

南宋程大昌①到清代的阎若璩②、胡渭③，都是这样理解。胡渭认定《周谱》的"定王五年"指春秋时的定王五年，即公元前602年。他把有史以来到清初历代黄河的改道归纳为五大徙，即以这一次为五大徙的第一徙。这种说法影响极大，此后二百数十年直到如今，讲黄河史的著述一般都采用其说。新中国成立初期，岑仲勉先生虽然别创定王五年不指春秋时的定王五年而指战国时的后定王五年（前464）之说，但也认为汉以前只此一徙（《黄河变迁史》第五节至第八节）。

另一种是不相信《周谱》这句话，认为汉以前根本没有改过道。这种看法始见于清嘉道间焦循所著《禹贡郑注释》，最近史念海同志撰为《论〈禹贡〉的导河和春秋战国时期的黄河》一文（载《陕西师大学报》1978 年第 1 期），采焦说而又有所阐发，结论也认为根本不存在周定王五年河徙这么回事，春秋战国时黄河下游河道一直没有改变过，见于《汉书·武帝纪》元光三年的"河水徙从顿丘东南流入勃海"，才是历史时期的第一次河徙。

先让我们从事理上推究一下这两种说法是否站得住。

上古记载疏阔，发生过的历史事件没有被传世的文献记载下来的，何可胜计？周定王五年河徙这一条，不见于《史记·河渠书》，也不见于所有先秦记载，若不是《周谱》提到而被王横引用，这一条也不会传下来。先秦经传和《史记》可以有所脱略，

---

① 《禹贡山川地理图》卷上《历代大河误证图叙说》："周定王时河徙故渎，则已与《禹贡》异。汉元光……"
② 《四书释地续·河入海》："禹于帝尧八十载癸亥告成功……后一千六百七十六年为周定王五年己未，《周谱》曰河徙……此河入海之一变也。……汉武帝……"
③ 《禹贡锥指》卷十三中之下及下，文长不备录。

怎么可以断定《周谱》记了这一条，便是上古黄河史的全部记录？定王五年这一徙，便是上古唯一的一次河徙？可见认为汉以前黄河只改过一次道的说法是讲不通的。

焦循说："《周谱》固史公所熟见者，而定王河徙，纪、表、书、传无一言及之，盖考之不得其实，宁从其阙耳。"这是他不信定王五年河徙这条记载的一条重要理由，却是一条完全不成其为理由的理由。试问：先秦史事见于先秦载籍而不见于《史记》的岂在少数，难道这些史事之不见于《史记》都是由于司马迁考之不得其实而宁从其阙？事实恰恰相反，至少凡《左传》与《史记》记事有出入处，业经前人考定，几乎全都是《左传》可信而被《史记》遗漏了，搞错了。史事之可信与否，怎么可能以《史记》载不载为断？

胡渭认为周定王五年河徙，决口在今河南浚县西南古宿胥口。此前的黄河就是"禹河"（指《禹贡》河），自宿胥口北出经《汉书·地理志》（以下简称《汉志》）魏郡邺县东"故大河"，"北过降水，至于大陆"。此后的黄河就是西汉大河，自宿胥口东行漯川至今濮阳西南古长寿津与漯别而东北入海。史念海同志列举春秋史事，断定"周定王五年黄河无在宿胥口改道事"理由是相当充分的。但是，《周谱》本来只说定王五年河徙，没有说徙在宿胥口，念海同志的论证，只是驳倒了胡渭徙在宿胥口的说法，却并不能因而就断定这一年整个黄河下游都不可能发生改道，就否定《周谱》定王五年河徙这一条记载的可靠性。由此可见，说汉以前黄河从没有改过道，同样也是讲不通的。

前人两种说法都讲不通，那么汉以前的黄河下游究竟该是怎样一种情况？这需要从河北平原的上古城邑聚落分布说起。我们打开汉以前的历史地图考察一下各个历史时期的城邑聚落分布，不难发现这么一种引人注意的现象，那就是：从新石器时代经历商周直到春秋时代，河北平原的中部一直存在着一片极为宽广的空白地区。在这一大片土地上，没有发现过这些时期的文化遗址，也没有任何见于可信的历史记载的城邑或聚落。新石器时代的遗址在太行山东麓大致以今京广铁路线为限，在鲁中山地西北大致以今徒骇河为限，京广线以东、徒骇河以西，东西相去约自百数十公里至三百公里，中间绝无遗址。商周时代的文化遗址和见于历史记载的城邑聚落，则太行山东麓东至于今雄县、广宗、曲周一线，鲁中山地西北仍限于徒骇河一线，中间的空白区仍达百数十至二百数十公里。春秋时代，邯郸以南、太行山以东平原西部和泰山以西平原东部的城邑已相去不过七八十里，但自邯郸以北，则平原东西部城邑的分布仍然不超过商周时代的范围。平原中部的空无城邑地区，要到战国图里才归于消灭。在战国图里，这一带出现了高阳（今县东）、安平（今县）、昌城（今河北衡水市冀州区西北）以东，武城（今县西）、平原（今县南）、麦丘（今山东商河西北）以北，鄚（今河北任丘北）、狸（今任丘东北）以南，东至于平舒（今河北大城）、饶安（今河北盐山西南）十多个城邑，虽然密度还比较差，却已不再呈现空白了。

河北平原中部春秋以前为什么长期存在一大片空白，到了战国何以会消灭这片空白？这只能用黄河下游情况的变化来予以说明。这一巨大的变化来自人类改造自然的业绩，质言之，是河北平原古代劳动人民在黄河两岸修筑堤防的结果。

《汉书·沟洫志》载：西汉末年贾让在他的《治河三策》里提到，"堤防之作，近起战国"。从策文看来，贾让说的堤防已不

是指保护居民点的小段河堤，而是指绵亘数百里的长堤，就是在
河北平原上黄河下游东岸的齐堤和西岸的赵魏堤。但贾让没有说
清楚起于战国的什么时候。根据《水经·河水注》讲到前 358 年
时，河水有一条决流从汉白马县（故城在今滑县东南）南通濮、
济、黄沟，后来"金堤既建，故渠水断"，则前 358 年时尚无河
堤。又据《史记·赵世家》前 322 年齐魏伐赵，赵决河水灌之，
齐魏因而罢兵，则其时当已有堤。可见齐魏赵之间亦即河北平原
的堤防之作，约当起于战国中叶，前四世纪四十年代左右。

在没有堤防之前，黄河下游每遇汛期，当然免不了要漫溢泛
滥；河床日渐淤高，每隔一个时期，当然免不了要改道，情况大
致和近代不筑堤的河口三角洲地区差不多。在这种情况之下，人
类当然只能在近山麓一带汛期淹不到的高地定居，至于广大平原
中部，那就只能任其荒芜不治，不可能形成聚落，更不可能出现
城邑。这就是春秋以前这一带一直是地图上的一大片空白之故。
战国图上所出现的上述那十多个城邑，都是进入前三世纪后才见
于历史记载的，约在黄河两岸筑起堤防之后的半个世纪。可见堤
防的兴筑，很快就为河北平原带来了惊人的变化：由于黄河的经
常性泛滥和频数性改道被控制住了，土地迅速得到垦辟，大大小
小的居民点和城邑也就逐步布满了这块原来的空白地区。

理解了河北平原古代城邑聚落分布的战国前后的巨大变化，
也就很自然地会对汉以前黄河下游的改道问题得出一个正确的结
论：很显然，在战国筑堤以前，黄河下游的改道绝不是一次二
次，更不会是亘古不改，而应该是改过多次，很多次。

正是由于战国筑堤以前的河北平原是一片榛莽，荒无聚落，
黄河在这里改道对人类生活发生不了多大影响，不足以引起人们

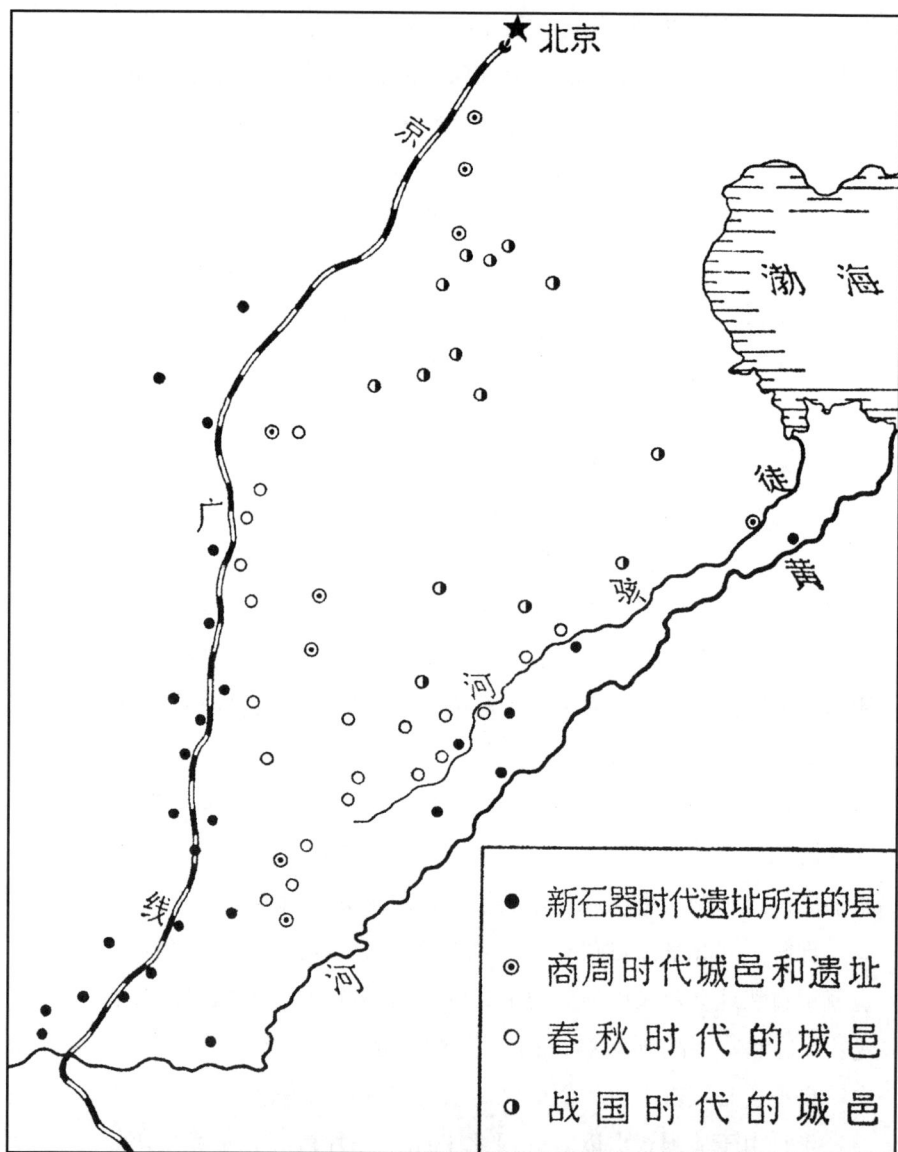

图 7-1　先秦各时期河北平原城邑与文化遗址分布图

的重视，至少并不被认为是严重灾难，所以尽管多次改道，却基本上一次都没有被史家记载下来。发生于周定王五年的那一次，可能影响较大，因而为《周谱》作者所记录，但也说不上很严重，所以仍然不见于别的记载。

解决了这个问题，我们又可以附带解决另一个问题，即战国以前的黄河下游流经什么地区，在哪里入海？

旧时代学者相信《尚书·禹贡》篇是大禹时的作品，《禹贡》里叙述的河水下游，显然是流经河北平原注入渤海的，对这一点是大家一致公认的，并无异议。异说始于二十多年前岑仲勉氏所著《黄河变迁史》。因为近代学者已考定《禹贡》乃战国时作品，岑氏乃创为战国以前黄河下游就是齐鲁境内的济水之说，认为《禹贡》里流经河北原的河水，是战国时周定王五年黄河改道才形成的。岑说绝不可通，史念海同志已列举了不少论据予以驳斥，现在我们可以再加上一条有力的反证，那就是，战国以前黄河若不是流经河北平原，为什么河北平原会有一大片没有城邑聚落的空白区？这是包括岑氏在内任何人都回答不了的。

二、两条见于先秦文献的黄河下游河道

见于先秦文献的黄河下游河道有两条。

（一）《禹贡》的记载

一条是人所熟知的"禹河"，即见于《禹贡》的河。这条河古人以为是夏禹以来的河道，今人以为是战国时的河道，虽有所不同，但古今人（除笔者外）都认为是见于记载最早的一条，又是先秦文献中唯一的一条河道，则是相同的。

《禹贡·导水》章关于河水下游的叙述是"东过洛汭，至于大伾；北过降水，至于大陆；又北播为九河，同为逆河入于海"这么几句话，尽管很简单，我们可以用《汉志》《水经》《水经注》等所载河北水道，推定其具体径流如下：

洛汭，即洛水入河处。大伾，山名，在今河南浚县东郊；但古代所谓大伾，应包括县城西南今浮丘山。古河水东过洛汭后，从今河南荥阳广武山北麓起东北流，至今浚县西南大伾山西古宿胥口，是为"东过洛汭，至于大伾"，走的是《汉志》《水经》《水经注》中的河水。

降水，即漳水。大陆，一片极为广阔的平陆。古河水从宿胥口缘大伾西麓北流，经《水经注》中的宿胥故渎和一段白沟，下接《汉志》中的邺县东"故大河"，至今河北曲周县南，会合自西东来的漳水，到达曲周以北一片极为广阔的平陆，是为"北过降水，至于大陆"。

"又北播为九河"，是说河水自进入大陆后北流分为九条岔

流。"同为逆河入于海",是说九河的河口段都受到渤海潮汐的倒灌,以"逆河"的形象入于海。九河中的最北一支是干流,相当于《水经》中的漳水,于《汉志》为自今曲周县南北流至巨鹿县北的漳水;自今宁晋县东南东北流至今武邑县北的"故章河"即滱水下游;自此以下东北流,至今青县西南的虖池河和自此以下的虖池别河。

九河可能只是泛指许多条岔流,不是实数;但《尔雅》《释水》已指实为徒骇、太史、马颊、覆釜、胡苏、简、絜、钩盘、鬲津九条河。《汉志》说勃海郡成平县(故城今泊头市北)境内的"滹池河,民曰徒骇河",可见流经汉成平县一带的汉滹池河,原是《禹贡》时代的徒骇河,亦即黄河下游九河中的干流;黄河改道后这一段河道为滹池河所夺,但直到汉代民间仍然保留着徒骇河这个古称。除徒骇外,胡苏、鬲津二河,汉代还分别见于东光(故城今县东)、鬲县(故城今德州东南)界中,见《汉书·沟洫志》。此外太史、马颊、覆釜三河应在徒骇南,胡苏北;简、絜、钩盘三河应在胡苏南,鬲津北。九河未必同时形成,也未必同时有水,很可能是由于大陆以下的河水在一段时期内来回摆动而先后形成的。

(二)《山经》的记载

《禹贡》河之外,另一条见于先秦文献的黄河下游故道是见于《山海经·山经》的河道。由于《山经》中并无叙述河水径流的专条;又由于《山海经》这部书多载神话,连通人如司马迁都"不敢言",一向不为历代学者所重视,因此两千多年来,这条《山经》河竟湮没不彰,绝不为世人所知。直到三年前才算由笔

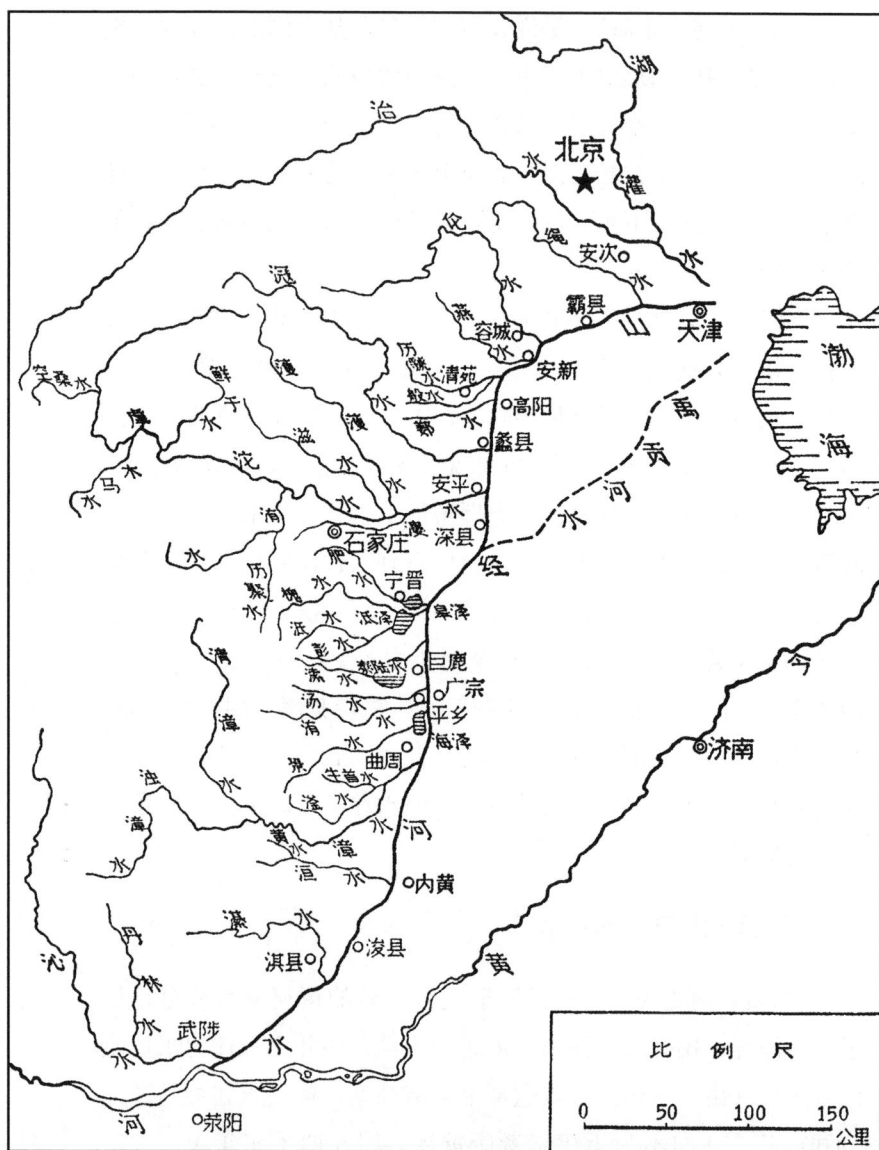

图 7-2　《山经》河水下游及支流河

者根据《北山经·北次三经》中注入河水下游的支流，一条一条摸清楚，加以排比，再以《汉志》《水经》和《水经注》时代的河北水道予以印证，就可以相当具体地把这条见于记载的最古的黄河故道在地图上显示出来。

下面即将《北山经·北次三经》中河水下游支流逐条予以考证。

沁水　丹林水　《北次三经》自西南而东北第十九山曰谒戾之山，"沁水出焉，南流注于河。其东有林焉，名曰丹林，丹林之水出焉，南流注于河"。沁水即《汉志》《水经》沁水，今沁河。据《水经·沁水注》，古沁水自今武陟县治（木栾店，今木城街道）以下，又东流经县东十六里武德故城南，又东南入河，与今沁河自县治西南折南流入黄河不同。丹林水即《汉志》绝水，《水经·沁水注》丹水，今丹河。《沁水注》引此经直作丹水，无林字。丹水入沁而《经》云"入河"，盖谓合沁入河。

婴侯水　氾水　谒戾山又有"婴侯之水出焉，北流注于氾水"。《水经·汾水注》引此经作"谒戾之山，婴侯之水出于其阴，北流注于祀水"。婴侯水即今平遥县东南中都水，祀水（氾水）即县东贺水，二水合流后西流注于汾水。二水不属于河水下游支流。

瀑水　第二十山曰沮洳之山，"瀑水出焉，南流注于河"。瀑水即《汉志》《水经》淇水，《水经注》引此经亦作淇水。《汉志》淇水入河同此经。东汉末曹操于淇水口遏淇水东入白沟，故《水经》淇水下游为白沟。今淇河南流至浚县西南淇门入卫河，略同曹操故迹，汉以前淇水则自此更南流入大河。

黄水　洹水　第二十一山曰神囷之山，"黄水出焉，而东流注于洹"。据《水经·洹水注》，黄水乃汉隆虑县即今林县（今河南林州市）境内洹水之北源。洹水即《汉志》《水经》洹水，今安阳河。此经不及洹水所注，按《水经》洹水"东过内黄县（故城今河南内黄县西北二十里）北，东入于白沟"，自此以上白沟本大河故道，即《汉志》所谓"邺东故大河"，则《山经》时洹水当在此入河。《汉志》洹水"东北至信成（故城今河北清河县西北）入张甲河"，自内黄以东乃战国后所形成，非洹水故道。

滏水　欧水　神囷山又有"滏水出焉，而东流注于欧水"。按《汉志》《水经》滏水（今滏阳河上游）在漳水北，此滏水、欧水在漳水南，不知所指。

黄泽　《北次三经》第十四山曰虫尾之山，"薄水出焉，而东南流注于黄泽"。第十六山"曰小侯之山，明漳之水出焉，南流注于黄泽"。此黄泽在沁水之西南，不得为《汉志》《水经》内黄县界内荡水所注之黄泽。

漳水　第二十二山曰发鸠之山，"漳水出焉，东流注于河"。漳有清漳、浊漳二源，此经以二源会合以后为浊漳，与《水经》同，较《汉志》《说文》以合流后为清漳为合理。《汉志》漳水"东北至阜成（故城今河北阜城县东）入大河"，《水经》漳水"东北过平舒县（故城今河北大城县治）南东入海"，此乃后世迁变。古大河在汉晋斥漳县（故城今河北曲周县东南）南会漳水，见《水经·浊漳水注》。

清漳水　第二十三山曰少山，"清漳之水出焉，东流于浊漳之水"。指清浊二漳会合以前之清漳水。

牛首水　滏水　第二十四山曰锡山，"牛首之水出焉，而东流注于滏水"。牛首水即《汉志》《水经·浊漳水注》中的牛首水，源出邯郸县西北，今上游犹名牛照水，流经县北曰西河，又东注于滏阳河。《汉志》《水经注》牛首水东入白渠水，此段白渠水即今滏阳河，汉世及汉前之滏水则更在白渠之东，故《山经》牛首水入滏处应在今肥乡（今河北邯郸市肥乡区）或成安县界。经文不及滏水源流。按《汉志》魏郡武始县"漳水东至邯郸入漳"，"漳水"系"滏水"之误，"邯郸"系"邯沟"之误。武始故城在今武安县（今河北武安市）南，东北去邯郸五十里。邯沟故城在今肥乡县西北十里。是汉世滏水上游同今滏阳河，东南流经磁县城南后，应东北流至肥乡县界入漳。《山经》滏水同。《水经·浊漳水注》滏水入漳处在今临漳县境邺城附近，此乃后世迁变。

景水　海泽　第二十五山曰景山，"景水出焉，东南流注于海泽"。景水即《汉志》《说文》瀪水。瀪同浸，景瀪音近而变。《水经》作洺水，今曰洺河。《淮南子·地形训》"釜出景"，高诱注"景山在邯郸西南"。是景山即今武安县南鼓山，洺河出其北麓，滏阳河出其南麓。《汉志》瀪水下游"东北至东昌入虖池河"，此后世迁变。《山经》景水应自今永年县（临洺关，今河北邯郸市永年区）东与今洺河别而东流，至曲周县北，注于海泽。《初学记·州郡》河北道引《水经注》云："洺水东北径广平县故城东，水积于大泽之中，为登泉，南北四十里，东西二十里，亦谓之黄塘泉。"《水经·浊漳水注》谓白渠水所潴之鸡泽，"东北通澄湖"，准以地望，澄湖亦即登泉。广平故城在今鸡泽县东二十里，泽在其东，应在今曲周县北境。洺水即《山经》景水，则澄湖即《山经》海泽。《山经》不及海泽所归，据其时大河经其东，知泽水应泄出东注于河。

第二十六山曰题首之山，"无水"。

洧水　第二十七山曰绣山，"洧水出焉，而东流注于河"。洧应读若有，即《汉志》《说文》渭水，"有""渭"音近而变。今沙河县北沙河。《汉志》渭水"东北至任（今河北任县东）入寙"，此后世迁变；《山经》洧水约当东流至今平乡、广宗界上入河。

汤水　第二十八山"曰松山，阳水出焉，东北流注于河"。按《太平寰宇记》邢州沙河县有"汤山在县西北七十一里"，下引《山海经》云："汤山，汤水出焉。"《太平御览》卷四五河北诸山有汤山条，引《山海经》云云同《寰宇记》，而不及山在何州县。今本《山海经》不见《寰宇记》《御览》所引云云，疑此条松山阳水即汤山汤水之钞讹，准以地望殊合。汤水应即《汉志》出襄国（今河北邢台市襄都区、信都区）之蓼水。《寰宇记》龙冈县下云："蓼水，一名达活水。《水经》云：蓼水出襄国西石井冈"，盖"汤"缓呼之为"他郎"，又音变为"达活"。今邢台县西北约四十里有谈话村，"谈话"又"达活"之音转。其地距沙河县（今河北沙河市）旧治正约七十余里。《汉志》蓼水"东至朝平（故城在今河北任县、南和间）入渭"，此乃后世迁变。古汤水当自邢台东流至今巨鹿、广宗界上入河。今埋。

漾水　泰陆水　第二十九山曰敦与之山，"漾水出于其阳，而东流注于泰陆之水"。按《寰宇记》赵州临城县"敦与山在县南七十里，泜水所出"。邢州内丘县蓬鹊山"在县西六十三里。《地理志》云，中丘（故城今河北内丘县西十里）逢山长谷，渚水所出"。内丘县西六十余里，正当临城县西南七十里，是蓬鹊山即敦与山，泜水、渚水皆出此山。《寰宇记》虽分系于临城、内丘二县，于《汉志》则皆出中丘，泜水出西山穷泉谷，当指此山之阴，渚水出逢山长谷，当指此山之阳。是《山经》潆水即《汉志》渚水。水之上游今曰柳林河，源出内丘县西，东流至县治南，此下已堙。《山经》潆水约当东流至今隆尧县境入泰陆水。《寰宇记》任县下有"潆水在县西一十五里，从龙冈县界北来"，与《山经》潆水地望不合，当是另一潆水。泰陆水即《汉志》及后世大陆泽。经不言泰陆水所注，参以《水经·浊漳水注》漳水"径南宫县故城西……其水与渭澧通为衡津"，渭澧即大陆泽尾闾，此处漳水即《山经》大河故道，则泰陆水应东北泄出入河。其时景水、洧水、汤水皆入河不入泰陆水，是泰陆面积当犹不甚广阔。

泜水　彭水　敦与山又有"泜水出于其阴，而东流注于彭水"。泜水即《汉志》泜水，今泜河。惟《经》所谓泜水仅限于合彭以上一段，合彭以下被目为彭水。《隋书·地理志》赵郡房子县"有彭水"。隋房子县故城在今临城县西南，地接内丘。《寰宇记》内丘县有"沙沟水源出鹊山，东流经县北五里"。《清统志》引旧志"沙沟水出蓬山，东流八十里至唐山县界入泜河"。鹊山、蓬山皆蓬鹊山之简称，亦即敦与山，则沙沟水即《山经》之彭水，疑即得名于源出蓬山。沙沟水上游即《清统志》中发源内丘县西、流经县北之李阳河，惟李阳河下游入大陆泽而不入泜，此乃后世之迁变。今惟县北以西有水，以东已堙。泜、彭会合后，《山经》目为彭水，《汉志》目为泜水，故《汉志》但著泜水而不及彭水，《山经》彭水之下游，即《汉志》之泜水也。

槐水　泜泽　敦与山又有"槐水出焉，而东流注于泜泽"。按槐水见《寰宇记》赵州平棘县引《水经注》，赞皇县引《隋图经》，即今槐河，出赞皇县西北，东流经元氏县南、高邑县北。
又有济水，见《汉志》《续汉志》常山郡房子县，《说文》《元和
郡县志》赵州赞皇县，即今济河，或作沛河，出赞皇县南，东流
经高邑县南。据《清统志》，旧时二水合于柏乡县北，又东至宁
晋县界入宁晋泊。《山经》以槐水为干流，故有槐水而不及济水，
《汉志》以济水为干流，故有济水而不及槐水。《寰宇记》赞皇县
下引《隋图经》云槐水"亦曰济水"，非是。泜泽，《水经·浊漳
水注》中作泜湖，顾名思义，当得名为泜水所潴。《山经》虽
不详彭水所归，彭水下游即泜水下游，自当入泜泽。泽又为槐水
所注，以地望推之，应相当于明清时代宁晋泊之西南部，今堙。
《汉志》济水作入泜而不作入泜泽，则以《山经》及《水经注》
盖就其夏秋水盛时而言，而《汉志》乃就其冬春水枯时而言。

历聚水　洧水　第三十山曰柘山，"历聚之水出焉，而北流
注于洧水"。历聚水出于在敦与山（今河北赞皇、临城、内丘县
界上诸山）与维龙山（今河北元氏县、石家庄市鹿泉区界上封龙
山）之间之柘山，其水北流，以地望推之，应即《水经·浊漳水
注》中之泽发水，今冶河，一作松溪河。泽发水北流注《汉志》
绵蔓水，即《浊漳水注》之桃水，今绵河，一作桃河，应即此经
洧水。

肥水　皋泽　第三十一山曰维龙之山，"肥水出焉，而东流
注于皋泽"。维龙山即飞龙山，一作封龙山，在今获鹿县（今河
北石家庄市鹿泉区）南、元氏县西北界上。《汉志》常山郡石邑
县，"井陉山在西，洨水所出，东南至瘿陶（故城今河北宁晋县
西南）入泜"。石邑故城在今获鹿县东南。是则石邑西之井陉山，
实指飞龙山，肥水应即《汉志》洨水，今洨河。《汉志》洨水入

泒，明清时洨水入宁晋泊，则肥水所注皋泽，应相当于明清宁晋泊之西北部。今堙。

敞铁水　大泽　维龙山又有"敞铁之水出焉，而北流注于大泽"。待考。

木马水　第三十二山曰白马之山，"木马之水出焉，而东北流注于虖沱"。木马水即《水经注》三会水（《寰宇记》忻州定襄县引），今牧马河。白马山今仍古名，在忻县（今山西忻州市）西南六十里。

空桑水　第三十三山"曰空桑之山，无草木，冬夏有雪。空桑之水出焉，东流注于虖沱"。空桑山当即今云中山主峰，海拔2 645米。空桑水当即今云中水，东流入滹沱河。

虖沱水　渌水　第三十四山曰泰戏之山，"虖沱之水出焉，而东流注于渌水"。虖沱水，《汉志》作虖池河，《水经注》作滹沱河，即今滹沱河。《山经》虖沱水东流至今晋县（山西晋州市）注入渌水。《水经·浊漳水注》有井陉山水，"出井陉山，世谓之鹿泉水"。《元和志》《寰宇记》获鹿县下皆云：隋置鹿泉县于此，以鹿泉得名。"鹿泉出井陉口南山下。""井陉口……在县西南十里。"石邑县下皆云"鹿泉水一名井陉水，南去县十里"。鹿、渌音近，鹿泉应即《山经》之渌水。《浊漳水注》鹿泉水东注绵蔓水，此所谓绵蔓水于《汉志》实为大白渠水。《山经》渌水自今获鹿以下当循此道东流。惟《汉志》大白渠水东南入斯洨水，《山经》渌水既为虖沱水所注，则应在今晋县附近会虖沱水，东北流取道汉之虖池河，至今安平县东入于河。

液女水　沁水　泰戏山又有"液女之水出于其阳，南流注于沁水"。待考。

滹滹水 第三十五山曰石山，"滹滹之水出焉，而东流注于虖沱"。滹，读若户；泒，读若孤。滹、泒一声之转，滹滹水应即《汉志》泒河、《水经》泒水。此经虖沱水所出泰戏山与滹滹水所出石山相接，与《汉志》所载虖池河与泒河（今本误作从河）同出代郡卤城（故城今山西繁峙县东一百里）符合。《说文》：泒水"起雁门葰人（故城今繁峙县稍南，盖其时并卤城入葰人）戊（今本误作成）夫山"，而郭璞注此经虖沱水曰："出雁门卤成县南武夫山"，武夫无疑即戊夫，则虖沱与泒水所出实一山之两麓，故《元和志》代州繁峙县径谓"泰戏山一名武夫山"。《通典》繁峙县"有虖池河，源出县东南泒阜山"，则此山又有泒阜之名，当得名于为泒水所出。《寰宇记》繁峙县"泰戏山一名武夫山，亦名平山，亦曰氏天山，今曰派山"。氏天乃戊夫之误，派乃泒之讹。是泒阜山又得简称为泒山。明以后泒山又讹作孤山，有大小孤山之别，见《方舆纪要》。要之，由滹滹水所出山之与虖沱水所出山之相接，亦可证滹滹水即泒水，今大沙河。惟《汉志》《说文》泒河浊流入海，《山经》时代滹滹水自今新乐以下应东南流至晋县（今山西晋州市）西北注于虖沱水。

鲜于水 石山又有"鲜于之水出焉，而南（一本南上有西字）流注于虖沱"。鲜于水以地望推之，当即今源出五台山西、南流注于滹沱河之清水河。盖五台与泰戏、戊夫连峰接峦，故水源亦被目为石山之一部分。

皋涂水 渌液水 第三十六山"曰童戎之山，皋涂之水出焉，而东流注于渌液水"。待考。

滋水 第三十七山曰高是之山，"滋水出焉，而南流注于虖沱"。同《汉志》《水经》滋水。中上游同今滋河，下游应自今新乐县（今河北新乐市）南南流至藁城县（今河北石家庄市藁城区）北入滹沱河。按滋水源出今行唐县西北，在清水河、大沙河、滹沱河三源之南，高是山则远在此三源之北今灵丘县西北（《寰宇记》），滋水源不得在此，《山经》误。

滱水 高是山又有“滱水出焉，东流注于河”。即《汉志》《水经》滱水，今唐河。惟汉世滱水东南流至今蠡县南后，折北流会易水，又折东流入海；《山经》时代则汉之滱水自蠡县以下至入海乃当时大河经流，故滱水仅限于上游东南流一段，在今蠡县南注于河。

鄴水 第三十八山曰陆山，“鄴水出焉，而东流注于河”。此水不见《汉志》《水经》。今按《汉书·王子侯表》载有中山靖王子将梁侯朝平。《水经·滱水注》有堀沟，“上承清梁陂，又北径清凉城东，即将梁也。汉武帝元朔二年，封中山靖王子刘朝平为侯国。其水东北入博水”。是则将梁当得名于将水上有梁，将水即《山经》之鄴水。将梁城后讹为清凉城，在今清苑县（南大冉，今河北保定市清苑区）东南二十里。郦道元时清梁陂水东北流为堀沟入博水，此乃后世改道，古鄴水当出自今唐县或望都某山，东流偏北经今清凉城又东注于河。《清统志》保定府界河条载“又有清凉河，在清凉城北”，殆其遗迹。

般水 第三十九山“曰沂山，般水出焉，而东流注于河”。般水即《汉志》博水，般、博一声之转。今曰望都河。《汉志》中山国望都：“博水东至高阳入河。”汉世博水所注实为滱水，盖以此段滱水曾为《山经》河水经流，故流俗仍称为河。般水所出沂山，郭注音祁，即《水经·滱水注》苏水所出近山，沂、近形声皆近。此山约当在今唐县东北，苏水出其东北麓，博水即般水出其东南麓。今望都河东流经清苑县南合方顺河为府河，东北流至安新县南入白洋淀。《汉志》博水当在今安新县西部旧安州界（汉高阳县北境）入滱，《山经》般水即在此入河。

燕水　第四十山曰燕山，"燕水出焉，东流注于河"。燕、易音近，燕水应即《汉志》出中山国北新城西北、东入滱之易水，亦即《水经》受滱以前之易水。今雹河。其水出自今易县西南。《御览》卷四五引《隋图经》"燕山在易县东南七十里"，东南当系西南之误。据《水经·易水注》，易水东流至浑埿城南，东合滱水，《山经》燕水注于河亦当在此。浑埿城即今安新县治。

历虢水　第四十一山曰饶山，"历虢之水出焉，而东流注于河"。饶山，应即尧山，在今完县（今河北顺平县）西，一名伊祁山，则历虢水应即《汉志》濡水，今为源出伊祁山之祁水，下游为满城（今河北保定市满城区）、清苑（今保定市清苑区）境内之方顺河。《水经·滱水注》云：濡水"东北径乐城（今保定市东南三十里）南，又东入博水，自下博水亦兼濡水通称矣"。故《山经》般水入河，历虢水亦得作入河。饶山历虢水在燕山燕水之南，今本《山经》列在燕山燕水之北，当系错简。

第四十二山曰干山，"无水"。

伦水　第四十三山"曰伦山，伦水出焉，而东流注于河"。伦水即《汉志》涞水，《水经》巨马河，今拒马。伦山即《水经》巨马河所出涞山。沦、涞一声之转。伦水东流注于河，即《汉志》"涞水东南至容城（故城今河北容城县西北十五里）入河"。汉世涞水所注实为滱水，以其曾为《山经》大河故道，流俗仍称为河。涞水即伦水入河处，当在今容城县东。

绳水　第四十四山"曰碣石之山，绳水出焉，而东流注于河"。绳水即《水经》圣水，绳、圣一声之转。据《水经·圣水注》所叙圣水源流，碣石山应指圣水上游所出大防岭，即今房山县（今北京市房山区）大石河所出大房山，亦有可能指圣水东源广阳水所出西山，即今小清河所出北京西郊潭柘山。《史记·孟子荀卿列传》：驺衍如燕，昭王"筑碣石宫，身亲往师之"；《正义》："碣石宫，在幽州蓟县西三十里，宁台之东。"宫以碣石为名，殆当由于自宫西眺得见二十里外碣石山之景色。圣水东南流至今涿县。东有桃水即今北拒马河，首受涞水东流来会，自下盖桃、圣通称，故《汉志》不著圣水而系桃水于涿郡涿县之下云："首受涞水，分东至安次入河。"此所谓"入河"即入滱，而《山经》时绳水所注则确为大河。《水经》滱、易与巨马合流后称巨马河，则《水经》云圣水"东过安次县南，东入于海"，应解作过安次县南，合巨马而入海。

雁门水　第四十五山曰"雁门之山，无草木"。按《水经·灢水注》引此经作"雁门之水，出于雁门之山"，《北山首经》有少咸之山，"敦水出焉，东流注于雁门之水"，《北次二经》有梁渠之山，"修水出焉，而东流注于雁门"，皆可证经文"雁门之山"下本有"雁门之水出焉"句，传钞脱去。雁门水即今南洋河及洋河。敦水为阳高县境内南洋河一支流。修水即《汉志》于延水，今东洋河。

泰泽　雁门山北行"至于泰泽，其中有山焉，曰帝都之山"。此泽《海内西经》作大泽，疑即今凉城之岱海，亦得为察哈尔右前旗之苏木海子。不属于河水下游流域。

治水　第四十七山"曰锌于毋逢之山，北望鸡号之山……西望幽都之山，浴水出焉"。郭注："浴即黑水也。"郝懿行《山海经笺疏》："郭知浴水即黑水者，据《海内经》'幽都之山，黑水出焉'而为说也。"按此经谓浴出嶟于毋逢山，而《海内经》作"出幽都山"，二说有别。盖二山本连麓，水有二源，各出一山，此经浴水与《海内经》黑水虽同指一水而所指水源不同。水即《汉志》《说文》治水，《汉书·燕刺王传》作台水，此经当本作治水，治、浴形近，传钞致讹。《水经》作灅水，《水经注》又见桑干水之称，今上游曰桑干河，下游曰永定河。永定河宋辽以来有卢沟、卢沟河之称，卢意即黑，卢沟意即黑水。《汉志》治水"东至泉州（故城今天津市武清区旧武清县治东南四十里）入海"。《水经》灅水"东至渔阳雍奴县（故城今天津市武清区旧武清县治东）西入笥沟"，笥沟即沽水下游。《山经》不及治水流注何水，疑当入沽，说见湖灌水条。

湖灌水　《北次二经》自南而北第十四山曰湖灌之山，"湖灌之水出焉，而东流注于海"。此水当即《汉志》《说文》之沽水，《水经》之沽河。盖缓呼之为湖灌，急呼之则为沽。今上游曰白河，下游称北运河。湖灌水入海，与《汉志》沽水"东南至泉州入海"，《说文》沽水"东入海"同。湖灌水虽独流入海，但其在汉泉州县境内之河口段，与河水河口段相去甚近，河水必时或决入湖灌水，湖灌水于《水经》称沽河当由于此。沽有河称，而位于沽西之治水即灅水未尝称河，疑当由于《山经》时与《水经》时相同，治水在汉雍奴县境入沽，故河水北决时入沽而不入治。《北山经》云：北次二经"凡十七山"，北次三经"凡四十六山"，今本《二经》才十六山，《三经》则为四十七山，意者此二经之间颇有错乱。湖灌山偏东，疑当列在《三经》，而毋逢山、帝都山偏西，疑当列在《二经》，若然，则《二经》为十七山，

《三经》为四十六山，与经文合。

根据上面各条考证，综合起来可以清楚地看出《山经》时代河水下游的河道：

1. 从今河南荥阳广武山北麓起东北流，至今浚县西南古宿胥口，走的就是《汉志》《水经》《水经注》里的河水。中间在今武陟县东有沁水（今沁河），在今淇县东南有淇水即《汉志》《水经》淇水（今淇河）北来注之。

2. 从宿胥口北流至今河北曲周县东南会合西来漳水（上游即今漳河），走的是《汉志》的“邺东故大河”，中间洹水口以南、内黄县境内一段，是《汉志》的清河水，也就是《水经》的白沟。在今内黄县西有洹水（今安阳河）西来注之。

3. 会漳以后又北流，走的就是《汉志》《水经》里的漳水，在今曲周县东北有海泽即《水经注》澄湖水注之。在今平乡、广宗界上有洧水即《汉志》渪水（上游即今沙河）西来注之。在今广宗、巨鹿界上有汤水即《汉志》蓼水（今堙）西来注之。在今巨鹿县东北与折而东去的《汉志》漳水别，继续北流同《水经》漳水；有泰陆水即《汉志》及后世大陆泽水来会。

4. 自此以下，走的是《汉志》信都“故章河”即寖水下游，于《水经》仍为漳水。北流至今宁晋县东南有泜泽（旧宁晋泊西南部）水泄出注之；至今宁晋县东有皋泽（旧宁晋泊西北部）水泄出注之；又东北流至今深县（今深州市）南。

5. 自此以下与东去的《汉志》寖水、《水经》漳水别，北流至今蠡县南会西北来滱水即《汉志》《水经》滱水（上游即今唐河），这一段在《汉志》《水经》时代已淤断。中间在今安平县东，溇水即《汉志》《水经》虖池河（今堙），汇集西北来虖沱水

（今滹沱河）、滋水（上游即今滋河）、濩濩水即《汉志》《水经》
瓡水（上游即今沙河），西来注之。

6. 合瓡以下又北流，走的就是《汉志》《水经》的滱水，至
今安新县东南，燕水即《汉志》《水经》易水（今雹河）西来注
之。中间在今清苑（今河北保定市清苑区）高阳界上有鄚水（今
堙），在今安新县西有般水即《汉志》博水（今望都河），合历虢
水即《汉志》濡水（今祁水、方顺河）西来注之。

7. 合燕以下东北流仍走《汉志》滱水，至今容城县东南，
伦水即《汉志》涞水（今拒马河）自西北来注之，又东北流至今
霸县（今河北霸州市）附近，这一段在《水经》时代已淤断。

8. 又东走《汉志》滱水即《水经》巨马河至今天津市区入
海。中间在今安次县（今河北廊坊市安次区）南有绳水即《水
经》圣水（上游今北京市房山区大石河或小清河，下游今堙）自
西北来注之。

简括地说就是：宿胥口以上同《汉志》大河；宿胥口以下走
《汉志》邺东故大河，汉时除中间一段是当时的清河水外无水；
今曲周县东北以下走《汉志》漳水；今巨鹿县东北以下，隔一小
段《汉志》无水地段，接走《汉志》信都故漳河即窳水；今深县
（今河北深州市）至蠡县间一段《汉志》无水；自今蠡县南以下
走《汉志》滱水入海，下半段也就是《水经》的巨马河。

（三）《禹贡》河与《山经》河的关系

如上所述：《山经》河水近海一段是经由《汉志》滱水入海
的；而《禹贡》河的近海段，据《尔雅·释水》九河条和《汉
书·沟洫志》许商、韩牧等言，是九河中的最北一支徒骇河，也

就是汉代民间还保留着徒骇河古称的虖池河下游（见《汉书·地理志》勃海郡成平县条）。可见二者并不是一回事。二者的异同具体说来就是：自今深县南以上，二者相同；自此以下，《山经》河水流路见上述，《禹贡》河水折东与《山经》河水别，再走一段《汉志》滱水至今武邑县北，此下东北流走《汉志》虖池河至今青县西南，又东北走《汉志》虖池别河至今天津市区南部入海。

这两条见于汉以前文献的黄河故道，孰先孰后？我在探讨这个问题的过程中，时而认为《山经》河应在前，理由是：1.《山经》《禹贡》二书的著作时代，近代学者一般都认为《山经》在《禹贡》之前。2.《汉书·沟洫志》载西汉人论治河，多能言《禹贡》九河所在，应距汉较近；《山经》河则汉人无一语道及，盖距汉已远。时而又认为可能《禹贡》河在前，理由是：1.《山经》所载河水支流远较《禹贡》为详密，密者理应在疏者之后。2. 汉人言《禹贡》河而不言《山经》河，这是由于儒生尊重《禹贡》而忽视《山经》，不足以反映时代之后先。但后来在我对汉以前黄河故道再次作一番通盘考核之下，终于又得出了另一种结论：这两条见于汉以前文献的黄河故道孰先孰后，现在我们还找不到足够的资料可据以作出判断，而这个问题不解决，对全部黄河史而言并不太重要，因为这两条河谁也不是见于记载的最早的黄河故道。

三、《汉书·地理志》中的河水下游河道形成于什么时候？

第三条见于文献记载的黄河下游河道是《汉志》河，即见于《汉书·地理志》的河水。这条河道不仅见于《汉书·地理志》，又见于《汉书·沟洫志》，又见于《水经·河水注》，其具体径流是：宿胥口以上同《山经》《禹贡》；自宿胥口东北流至今濮阳县西南长寿津，即《水经注》里见在的河水；自长寿津折而北流至今馆陶县东北，折东经高唐县南，折北至东光县西会合漳水，即《水经·河水注》中的"大河故渎"（一称"北渎"，用别于《水经注》见在河水自长寿津东出；一称"王莽河"，因此渎至王莽时空，世俗遂有此称）；此下折而东北流经汉章武县（故治今黄骅市伏漪城），南至今黄骅市东入海。

这条河道是什么时候形成的？古今学者有三种说法：

1. 汉河即禹河说，这是两汉六朝时通行的说法。

汉武帝元光三年（前132），河决濮阳瓠子，历二十余年至元封二年（前109），武帝亲至瓠子，命从官督卒数万人筑塞决口，功成，《史记·封禅书》说是"复禹之故迹焉"，《河渠书》也说是"复禹旧迹"，《汉书·沟洫志》同。按，元光三年以前、元封二年以后的黄河，走的都是《汉志》河，可见司马迁、班固都认为《汉志》河（西汉大河）就是禹河，是大禹以来的旧迹。再从《汉书·沟洫志》所载从成帝时冯逡直到王莽时韩牧等人的议论看来，他们也同样认为当时的大河基本上就是禹河，只是由于下游九河已填灭，失其故道，因而决溢频仍。其后孟康注《汉书·沟洫志》，也以王莽河为禹河，郦道元注《水经·河水篇》，即引证了孟康的话，又说大河故渎所经元城县（治今大名县东）北的沙丘堰，是《禹贡》"播为九河"所自始，可见他也认为西汉河就是禹河。《河水注》篇末说"河之入海，旧在碣石，今川流所导，非禹渎也"，这是说郦时见在的河水即东汉后河水不是禹渎。下文又提到"周定王五年河徙故渎"和"汉武帝元光三年河又徙东郡，更注渤海"，但皆不言所徙为何道。

2. 始于周定王五年（前602）说，这是近二百七八十年来通行的说法。

《汉书·沟洫志》载王莽时大司空掾王横说："禹之行河水，本随西山下东北去。《周谱》云'定王五年河徙'，则今所行，非禹之所穿也。"这是最早一家否认汉河就是禹河的说法。根据这几句话虽然不能断言王横认为西汉河（今所行）始于周定王五年，至少可以说很有这种可能，因为"今所行非禹所穿也"这句话是紧接于"定王五年河徙"一句之后的。但王横这句话经历了千数百年并未引起学者们的重视。本横说而加以阐发，明确坐实"自黎阳以下，《水经》所称大河故渎，一名北渎，俗谓之王莽河者，即周定王时所徙，西汉犹行之，至王莽时遂空者也"（《禹贡锥指》卷十三中之下），并定此次河徙为历史上黄河第一次大改道的（同书卷十三下），是清康熙中叶时的胡渭。自此以后，大多数清代学者和近代学者，都采用了这种说法。

3. 始于汉武帝元光三年（前132）说。自宋至今学者，主此说者亦不乏其人。

《史记·河渠书》"同为逆河，入于勃海"，《集解》引瓒曰：

"《禹贡》云，夹右碣石入于海①，然则河口之入海，乃在碣石也。武帝元光二年，河徙东郡，更注勃海，禹之时不注勃海也。"按，《禹贡》"鸟（岛）夷皮服，夹右碣石入于河"，本意只是说鸟（岛）夷从海外来贡，航道右边经过碣石，再进入河口，不等于说河在碣石入海。即使作河在碣石入海理解，禹河穿河北平原东北流，所入的海当然也是渤海，怎么能说禹之时不注渤海？可见臣瓒于地理一无所知，其言本不足重视。但后人往往以元光河徙为黄河一大变，实滥觞于此。

《汉书·武帝纪》："（元光）三年春，河水徙从顿丘，东南流入勃海。"臣瓒所谓"元光二年，河徙东郡"本此。"二年"系三年之误，"东郡"系举顿丘县所属之郡名。臣瓒只是把此次河徙作为禹后改变禹河故道一大事，尚未明言《汉志》河水即肇始于此徙。至南宋程大昌撰《禹贡论》及《禹贡山川地理图》，才断言汉河起于元光顿丘的改流。宋末王应麟说"禹时河入海，盖在碣石……而河入勃海，盖汉元光三年河徙东郡所更注也"（《困学纪闻》卷十），仍然是臣瓒的旧说。清嘉庆间洪颐煊撰《汉志水道疏证》，采用了程大昌说。稍后焦循撰《禹贡郑注释》，乃大为程说张目，力反胡渭汉河始于周定王五年之说。胡渭"举十五证以明邺东故大河为禹河之旧"，焦循则以为"邺东之河不徙于定王五年，其证亦有九"。他的结论是："自春秋至于战国，大河皆行邺东，至汉武帝元光三年河始徙于顿丘东南，史文甚明……王莽河即武帝时顿丘之徙河。……必以定王之徙即在顿丘，实无文

---

① 《尚书》原文作"夹右碣石入于河"，《汉书·沟洫志》师古注引臣瓒亦作"入于河"，此作"入于海"系传钞之误。

献之征也。"在当代学人中，又有已故岑仲勉先生（《黄河变迁史》第八节）和史念海同志也采用此说。程、焦、岑、史四人对春秋战国乃至汉初的河道的看法虽各不相同，但一致认为元光三年顿丘河决是一件划时代的大事，《汉志》河水是从这一年才开始形成的。

上述这三种说法哪一种对？答案是都不对。

判定汉河不可能就是禹河（《禹贡》河），理由有三：

一是与《禹贡·导河》经文不合。《导河》说"至于大伾，北过降水"，《汉志》河水流经大伾后不是北流而是东流，不合者一。《导河》说"北过降水，至于大陆，又北播为九河"，《汉志》河水会合漳水处在勃海郡阜城县，不是在大陆南而是远在大陆之北，不合者二。《沟洫志》许商言九河在自鬲以北至徒骇间，《汉志》河北过降水处不仅反在大陆北，亦且已在九河区域之内，不合者三。郦道元认为"播为九河"始于元城、馆陶间的沙丘堰，则大陆、降水，转在九河之北，不合者四。

二是与《汉书·地理志》不合。《汉志》说魏郡邺县"故大河在东，北入海"，明说在西汉见行河水之外有一条在邺东的故大河。若汉河即是禹河，怎么会另有一条"故大河"？

三是胡渭、焦循列举了二十四证证明汉以前黄河曾经走过《汉志》所谓邺东故大河，这二十四证虽然有不少并不能成立，却也决不能说全都站不住。若汉河即是禹河，那么对这些史文将作何解释？

判定胡渭汉河始于周定王五年说不可信，理由有四：

第一，王横只说"《周谱》云'定王五年河徙'"，郦道元钞变作"周定王五年河徙故渎"，都没有讲到徙前走的是哪一条道，徙后走的又是哪一条道。说徙前走邺东故大河即禹河，徙后即改走《汉志》河，完全出于胡渭臆断，于文献无征。

第二，自宿胥口东流至长寿津，自长寿津北流至今大名县东，这一段汉河所经流的地方，周定王时都在卫国境内；长寿津稍东南，就是卫国国都濮阳所在。定王五年河徙若是从宿胥口溃决冲出这么一条新道，卫国必然遭受极大的灾难。周定王五年当鲁宣公七年，据《春秋》《左传》，这一年春天卫国曾遣使到鲁国会盟，冬天卫侯又亲自与鲁侯、晋侯、宋公、郑伯、曹伯会于黑壤，如果卫国当年曾遭此大灾，岂有"卫之君臣既不以灾告，诸侯亦不以灾吊"之理？这一点焦循指出在前，史念海同志又加以阐发在后，的确可以驳倒胡渭的说法。

第三，焦循所举定王五年后河仍在邺东诸证：其中第二证"春秋时设誓，必举当前之物……昭公三十一年在乾侯（今河北成安县东南）……地正在邺东，公居此而以河为誓，河必径于此邑"；第六证"《魏世家》魏文侯'任西门豹守邺，而河内称治'，《索隐》云：'按大河在邺东，故名邺为河内。'"都是确凿无可置疑的，可见并不能说定王五年黄河就离开了这条故道改走《汉志》河。

第四，五代北宋时凡河决浚、滑，决流必然是东下澶、濮、曹、单、郓、济，即从今濮阳继续东流进入山东境内；只有在澶州（濮阳）境内决口，才可能北流进入今河北境内。这是当地的地势所决定的。所以周定王五年河徙若果然是从宿胥口决而东流，那就应该从濮阳继续东流形成像东汉大河那样的河道，断不可能在长寿津出现一个接近九十度的拐角，折而北流走《汉志》河。

判定汉河始于武帝元光三年说不可信，也有如下四项理由：

第一，元光三年一年之内，黄河发生了两次决徙：第一次是"春，河水徙从顿丘东南流入勃海"，第二次是夏五月濮阳瓠子之决。第一次只见于《汉书·武帝纪》，《史记·河渠书》和《汉书·沟洫志》都是只字不提。第二次《武帝纪》记载了"河水决濮阳，泛郡十六，发卒十万救决河，起龙渊宫"二十个字。而《河渠书》的记载就相当详细：既点明了决口的具体地点是瓠子，又提到了决流的趋向是"东南注巨野，通于淮泗"；既提到了"天子使汲黯、郑当时兴人徒塞之"，又交代了塞河工程的结果是"辄复坏"；下面又接叙当时的丞相田蚡图私利劝阻武帝不要用人力强塞，"而望气用数者亦以为然，于是天子久之不事复塞也"。一共用了一百多字。《汉书·沟洫志》同。

要是顿丘之决真的是冲成了《汉志》河那么一条道，经历东郡、魏郡、清河、平原、信都、勃海等好几个郡好几十个县才入海，这是何等重大的灾难，何况就发生在司马迁活着的时代，《河渠书》中怎么会只字不及？顿丘之决若当真形成了后此百有余年的汉大河径流，那就要比瓠子之决在二十三年后即告堵塞重要得多，何以司马迁竟会对后者详哉言之，对前者反不缀一词，轻重颠倒一至于此？万一司马迁竟是由于一时疏忽而脱载了重要史事，班固的时代距此亦不过百数十年，他能够在《武帝纪》里记上有此一决，何以在《沟洫志》里对此也不给补叙上几句？总之，从《史》《汉》对元光三年两次河决记载的详略可以看出，顿丘之决不可能是一次重要的决口，更不可能由于有此一决就决成了《汉志》大河。

第二，瓠子决后二十三年，元封二年夏四月，汉武帝自临决河，"发卒数万人塞瓠子决"，从臣自将军以下"皆负薪填决河"，"于是卒塞瓠子"，司马迁称颂此役为"复禹旧迹"，若说《汉志》河就是元光三年的顿丘决流，司马迁何至于昏愦乃尔，竟会把二十三年前的另一条决流目为"禹迹"？竟会把仅仅堵塞二十三年前黄河在夏天的一条决流，使它改走春天的另一条决流的功绩，称为"复禹旧迹"？司马迁错得如此荒唐，班固又何以全文照抄，不予改正？

第三，瓠子初决，塞而复坏。"是时武安侯田蚡为丞相，其奉邑食鄃，鄃居河北，河决而南，则鄃无水菑，邑收多"，田蚡因而对武帝说："江河之决皆天事，未易以人力为强塞，塞之未必应天。"武帝遂"不事复塞"。鄃县故治在今平原县西南，地处《汉志》河的西北岸。元光三年以前河水必然早就是流经鄃县的东南，县境经常遭受河患，所以田蚡知道河决西南对他有利，若说这条流经鄃县东南的河水是二三个月前才形成的决流，那怎么能说"鄃居河北"，田蚡又怎么会知道不塞瓠子对他有利，塞瓠子对他有害？

第四，从秦汉之际到武帝元光三年以前，黄河经流地点见于记载者有：

《史记·秦始皇本纪》：始皇三十七年出巡，归途自山东半岛东端并海而西，"至平原津而病"。《淮阴侯列传》：汉三年，汉王使韩信将赵兵击齐，"信引兵东，未渡平原，闻汉王使郦食其已说下齐，韩信欲止。范阳辩士蒯通说信曰……于是信然之，从其计，遂渡河"（《汉书·韩信传》同）。这两条资料说明秦汉之际平原是黄河的一个渡口。

《史记·高祖本纪》：三年，汉王在河北，"使卢绾、刘贾将卒二万人、骑数百,渡白马津入楚地"(《荆燕世家》《汉书·高帝纪》《荆燕吴传》同)。这说明此时黄河流经白马津。

《史记·高祖本纪》:六年,田肯说高祖曰:"夫齐,东有琅邪、即墨之饶,南有泰山之固,西有浊河之限,北有勃海之利"(《汉书·高帝纪》同)。说明此时黄河在齐赵之间,是齐的西界。

《史记·高祖本纪》:十年,陈豨反;十一年,豨将张春渡河击聊城,汉使将军郭蒙与齐将击,大破之(《汉书·高帝纪》同)。说明此时黄河在聊城之西。

《汉书·武帝纪》:建元三年(前138)春,"河水溢于平原"。这一条说明黄河流经平原的史料,时间下距河徙顿丘仅仅六年。

总括以上这些史料,自秦皇至汉武初年的黄河自宿胥口以下东径白马津,北径齐赵之间聊城、平原之西,这不是很清楚说明了这条黄河是和《汉志》河水一模一样的吗?怎么能说这是一条元光三年顿丘决流所形成的新道呢?

由此可见,胡渭把河徙顿丘理解为只是黄河史上一次影响不大的、未几即塞的决口,的是不移之论,而岑仲勉说"那是极重要的变迁,应该列入胡渭所谓黄河大变之一",史念海同志也说"的确是一宗大事",却很难解释得通。

胡渭认为顿丘之决是从顿丘东北"至东武阳夺漯川之道,东北至千乘入海者也。漯川狭小不能容,故其夏又自长寿津溢而东以决于濮阳,则东南注巨野,通淮泗,而北渎之流微,漯川之水涸矣。及武帝塞宣房[1],道河北行二渠,则正流余归北渎,余波仍

---

[1] 塞宣房即指塞瓠子。元封二年卒塞瓠子,筑宫其上,名曰宣房宫,见《河渠书》《沟洫志》。

为漯川，顿丘之决口不劳而塞，故志（《沟洫志》）略之"（《禹贡锥指》卷十三下）。虽然并无史料依据，却是合情合理的推断。

附带提一提关于《武帝纪》"河水徙从顿丘东南流入勃海"这一句的句读问题。渤海在顿丘东北，从顿丘东南流不可能注入渤海。故《通鉴》引此文仅作"河水徙从顿丘东南流"，删去"入勃海"三字。又在《考异》里列有一条："《汉书·武帝纪》云：'东南流入勃海。'按顿丘属东郡，勃海乃在顿丘东，此恐误，今不取。"这是认为错在"入勃海"。胡渭、阎若璩则认为史文不错，而是东南二字应当连上读，即决处在顿丘的东南，不提决河的流向而只提决河的归宿是注入渤海（《禹贡锥指》卷十三下，《潜丘札记》卷三）。后此治黄河史者一般都沿用了阎、胡二氏这种读法。其实这种句读法是违反古人的行文惯例的。说班固会写出这样的句子来，未免太奇怪了。看来《通鉴》认为《汉书》这句话有错误是对的，不过不应删去"入勃海"三字，应该改"南"字为"北"字，因为不是入渤海而误作入渤海的可能性是很小的，而误北为南的可能性则很大。读点应从一般行文惯例放在"丘"字之下。从顿丘东北流入渤海，正应该如胡渭所指出那样夺漯川入海。

前人的三种说法都不对，那么，《汉志》河形成于什么时代这个问题究竟应该怎样解答才算正确？这需要和《禹贡》河、《山经》河的时代问题合起来一起探索。

四、春秋战国时代的黄河下游

西周以前的黄河下游，我们只知道它和东周、秦、汉一样，也是流经河北平原注入渤海的，至于具体流路，由于文献不足征，已无法推断。要讲具体流路，只能从春秋战国讲起。

《山经》《禹贡》是战国时代的著作，《汉志》是汉代的记载，但我们不能说战国著作中的河道，就是在战国时才形成的，也不能说，《汉书》中的河道，就是在汉代才形成的。河道形成的时代，一般都要比它见于著录的时代早若干时间。就这三条河道而言，我们至少可以把它们上推到春秋时代，这是有史料足资印证的。

《汉志》河在这三条河道中见于著录最晚，但它在历史记载中出现却最早。《左传》僖公四年（前656）管仲曰："昔召康公……赐我先君履，东至于海，西至于河，南至于穆陵，北至于无棣。"管仲说西周初期齐太公时齐的四履已东至于海西至于河，那是不可信的；却说明了管仲说这句话的齐桓公时代，齐国的西境已到达了黄河。齐国在二十八年前（鲁庄公十年，前684）才灭掉谭国（今山东济南市历城区东），此时到达的黄河当然只能是今山东境内的《汉志》河，约当为流经高唐、平原的那一段①，不可能是远在今河北中部的《禹贡》《山经》河。这条资料说明至迟在春秋前期，《汉志》河业已形成。

---

① 史念海同志认为管仲所说齐地西至于河的河水在濮阳附近，这是不可能的。春秋时自濮阳北至今大名，东至今鄄城、莘县皆卫地，齐地西止今聊城，距离濮阳、馆陶间一段《汉志》河尚远。

又据《左传》襄公十四年（前 559）和哀公二年（前 493），当时在今濮阳县北七里的戚是临河之邑；据《水经·河水注》，戚城正位于大河故渎的东岸。这说明了春秋中、后期的河水也就是《汉志》河。

又据《水经·河水注》引《竹书纪年》，梁惠成王十二年（前 358），楚师在白马口"出河水以水长垣之外"。《史记·田敬仲完世家》威王二十四年（前 333）威王曰："吾臣有盼子者，使守高唐，则赵人不敢东渔于河。"白马、高唐，都是《汉志》河流经的地点。

又《史记·赵世家》武灵王十九年（前 307）王谓公子成曰："吾国东有河、薄洛之水，与齐、中山同之。"按，汉晋时经县（故城今广宗县东）西有漳水津，名薄洛津，见《续汉书·郡国志》、《史记集解》引徐广曰、《水经·浊漳水注》。薄洛之水和薄洛津，是水以津得名，还是津以水得名虽不可知，要之，薄洛之水必流经薄洛津。这条水道于汉晋南北朝时是漳水，在《禹贡》《山经》里则为"北过降水，至于大陆"那一段河水。赵武灵王不称这条水道为河水而别称为薄洛之水，与河水并举，可见其时的河水应别有所在。到哪里去了呢？不可能有别的道，只能是在走《汉志》河的河道。其时薄洛之水上游在赵国境内，下游为中山国地，河水即《汉志》河的西岸是赵地，东岸是齐地，所以武灵王说这两条水是赵"与齐、中山同之"的水。

以上三条，说明战国中期的河水也是《汉志》河。

又据《史记·乐毅列传》《田单列传》，乐毅下齐七十余城，独即墨与莒未下，会燕昭王卒，子惠王立（前 279），惠王使骑劫代乐毅，田单攻杀骑劫，"转战逐燕，北至河上，尽复得齐城"。河以南都是齐城,这只能是《汉志》河。田单若一直打到《禹贡》河或《山经》河,那史文就该提到他侵夺了赵地和燕地,但事实上并无其事。

又《国策·秦策》黄歇说秦王[①]:齐地"东负海,北倚河",时在昭王三十四年(前273)。韩非以秦始皇十四年(前233)入秦,《韩非子·初见秦》篇有曰:"决白马之口以沃魏氏。"这两条又说明战国后期的黄河走的也是《汉志》河河道。

此外在先秦文献特别是战国文献中,还可以找出若干条资料足以说明当时的黄河下游与《汉志》河水相同,兹不一一列举。

那么,我们能不能说司马迁以汉河为"禹迹"是正确的,春秋战国时代的黄河始终就是这条《汉志》河呢?当然不能。首先,记载禹迹的《禹贡》篇中的河水就与《汉志》河不同,这一点上文业已阐明。再者,春秋战国时有些史事中提到的"河",也显然不同于《汉志》河而符合于《禹贡》河、《山经》河。

上文提到过的《左传》昭公三十一年(前511),在乾侯以河为誓,《史记·魏世家》魏文侯任西门豹守邺而河内称治(亦见《河渠书》)。这两条,焦循用以证周定王五年后河水仍在邺东,我们当然也能用以证春秋后期和战国初期的黄河,曾经走《禹贡》河、《山经》河而不走《汉志》河。

又一条是胡渭提到过的《礼记·王制》篇"自东河至于西河,千里而近"。西河指今山陕间黄河,东河应指宿胥口以北的《禹贡》河、《山经》河,才符合"千里而近";若指长寿津以北

---

① 此篇《国策·秦策》作"张仪说秦王曰";按篇中有张仪之后事,《秦策》误。

的《汉志》河，那就超过千里了。胡渭以此作为周定王五年以前的材料虽未必确，但《王制》篇出自汉初儒生之手，所依据的应是春秋战国时期的资料，用以证实春秋战国时黄河确曾走过《禹贡》《山经》中的河道，则是一条站得住的论据。

春秋战国时记载中出现的河水既有许多是与《汉志》河相同的，又有一些是符合于《禹贡》《山经》河的，那么，河水取道这两条河道中的每一条的具体起讫年代，应该是从什么时候到什么时候？由于资料不足，对这个问题我们无法作出明确的答复。估计有两种可能：一是在这四五百年中，黄河以经流《汉志》河为常，但曾不止一次决而改走《山经》《禹贡》河。一是有一个相当长的时期自宿胥口以下同时存在着一股东流如《汉志》河，一股北流如《山经》《禹贡》河。若确是后一种情况，那么当然又有可能时而以东股为干流，时而以北股为干流。常态应是以东股为主，故见于记载者较多，但却并没有一种先秦文献把它的具体经流记载下来，而只见于秦以后的《汉书·地理志》和《水经注》。以北股为主应是变态，故见于记载者较少，可是《山经》《禹贡》作者所根据的恰好是这种资料。

《山经》河与《禹贡》河自今深县（今河北深州市）以上相同，自今深县以下不同。上引三条资料中所提到的河水都是二者相同部分，所以无法判断此时河水自今深县以下走的是二者中的哪一条道。

马王堆汉墓帛书《战国纵横家书·谓起贾章》："且使燕尽阳地，以河为境。"《韩非子·有度》：燕昭王"以河为境"。这两句话都是极言燕昭王后期（前三世纪八九十年代）燕幅员之广。这里所谓"以河为境"的"河"，依当时形势推度，不会是《山经》

河，因为《山经》河以北原是燕的腹心之地，燕若以这一线为境，不值得夸耀。也不像是《汉志》河，因为《禹贡》河以南、《汉志》河以北是赵国的"河间"地，其时"燕赵共相，二国为一"，燕不会去侵占赵地。所以此时的河很可能是介于《山经》河与《汉志》河之间的《禹贡》河。

现在还找不到一条先秦史事记载中的"河"是符合于今深县（今河北深州市）以下的《山经》河水的。根据《山经》所载河水所受支流极为详确，和《汉志》博水"东至高阳（治今县东）入河"（中山国望都），卢水"亦至高阳入河"（中山国北平），涞水"东南至容城（治今县北）入河"（代郡广昌），桃水"东至安次（治今河北廊坊市安次区西）入河"（涿郡涿县）这几条志文中的"河"在汉代实际已是滱水的经流而竟被称为"河"这两点看来，估计这一河段虽不知其始，理应在去汉不远的战国某一时期还是一条见在的河道。

既然《汉书·地理志》中有如上四条以滱为河的志文，那么能不能说《山经》河到汉代还是见在的黄河的一股呢？不能。这可以用《汉书·沟洫志》和《地理志》的记载来予以证明：

必须先有自今浚县西南古宿胥口北至今深县南的《山经》河上游，才可能有高阳、容城、安次的《山经》河下游。浚县、濮阳一带是西汉一代治河的重点区域，但《沟洫志》备载武帝以来时人治河诸计议，绝无一人提到过当时或汉初存在着这么一股河道。贾让《治河三策》中的上策是"徙冀州之民当水冲者，决黎阳遮害亭（亭在宿胥口侧，见《水经·河水注》），放河使北入海，河西薄大山，东薄金堤，势不能远泛滥，期月自定"。这条起自遮害亭、西薄大山、东薄金堤的贾让理想中的河道，基本上就是《禹贡》《山经》中的河道，但他却不说这是一条故道，只作为理想提出。王横说"禹之行河水，本随西山下东北去"，也只是模模糊糊说西山下有一条故道，推之于遥远的大禹时代。若这条河道在西汉当代曾经是见在的河水，汉廷议河诸臣包括贾让在内何至于昏蒙无识至此？

《汉书·地理志》载：洹①水"东北至信成（治今河北清河县西）入张甲河"（河内郡隆虑）；漳水"东北至阜城（治今县东）入大河"（上党郡沾）②；滹水"东北至东昌（治今河北武强县南）入虖池河"（魏郡武安）；虖池河"东至参户（治今河北青县南）入虖池别河"③；泒河"东至文安（治今县东北）入海"（代郡卤城）④；滱水"东至文安入大河"（代郡灵丘）⑤。从这几条志文看来，可知这几条发源于太行山自西而东的水道，在汉代是穿越河北平原直到平原东部才以河水、虖池等河和海为其归宿的，这是《禹贡》河、《山经》河当时已不存在的确证。若还存在，哪怕是"残破不全"，当然不可能有这么多条水横绝河水流到平原东部去。

《汉志》博、卢、涞、桃四水不作入滱而作入河，当由于当地民间对这一段滱水仍然沿袭着《山经》时代的旧称称为"河"，

---

①　编者按：洹，今本《汉志》误作"国"，谭其骧先生已径改。

②　阜城，今本《汉志》作"邑成"。《尚书》孔《疏》、《史记·索隐》引此条并作阜。汉无邑成县，阜城县位于河水西岸，知作阜是。

③　户，今本《汉志》误作"合"，据齐召南《官本考证》改。

④　泒，今本《汉志》误作"从"，据杨守敬《晦明轩稿·汉志从河为泒河之误说》改。

⑤　"入大河"应作入海。汉大河在章武（今河北黄骅）入海，远在文安东南百数十里，文安境内不得有大河。且其南泒河、虖池别河入海，其北治水、沽水亦入海，滱水夹在其中，自应入海。详见拙撰《历史时期渤海湾西岸的大海侵》（《人民日报》1965 年 10 月 8 日，收入《长水集》下册）。

班固不事考核，径予采录之故。这种情况在《汉志》里是经常出现的，不单是这四条而已。如斯洨水"东至鄡（治今河北辛集市东）入河"（真定国绵蔓），此"河"指的是《汉志》信都县北的"故章河"，实为篡水的下游。这是《山经》《禹贡》时代的河水故道，河徙后为漳水所经流，其后漳水又南移如《汉志》漳水，这段河道即被称为故漳河，民间仍径称为"河"。又如泜水"东至堂阳入章河"①，此"章河"指的也是故章河，是《禹贡》《山经》时代的河水，非《汉志》漳水，更非《汉志》河水。可见不能认为凡《汉志》提到的"河"，都是西汉当时的"河"，包括有若干汉以前的旧河在内，实际虽已非"河"，民间却还沿袭旧称称之为"河"。《汉志》这些资料不能用以证明在章武入海的河水正流之外，当时另有被称为"河"的河水支津或岔流，却可用以证实在春秋战国时的确存在过《禹贡》河和《山经》河。

《禹贡》河、《山经》河存在时代的下限虽无文献可征，估计应断流于战国齐、赵、魏沿河筑堤之时。见于汉代记载的金堤，都在《汉志》河的两岸，可见齐、赵、魏所筑河堤是沿着《汉志》河筑的。自筑堤以后，此前的东（《汉志》河）西（《禹贡》《山经》河）二股河同时存在、迭为主次之局，当即不再存在。

《史记·项羽本纪》载项羽救赵之役，先"遣当阳君、蒲将军将卒二万渡河救巨鹿"，已而"乃悉引兵渡河"。前二年我曾经以此为据，认为《禹贡》《山经》河在秦汉之际时还未断流。其实这条记载并不能证实这一看法。当时流经巨鹿之东的漳水，原

---

① 泜，今本《汉志》误作"沮"；章，今本《汉志》误作"黄"：据王念孙《读书杂志》改。

是《禹贡》《山经》时代的河水，当地人自然还会沿用着"河"的旧称，我们实在没有理由说可以断言用"河"字就是一定是见在的黄河。张守节《正义》在"渡河"下注云"漳水"，这是有道理的。

以上讲的是春秋战国时代黄河下游的正流干流。用几句话概括起来是：战国筑堤以前，常走东股即《汉志》河，有时走西股即《禹贡》《山经》河；西股自今深县以下有时走南支《禹贡》河，有时走北支《山经》河。筑堤以后，西股断流，专走东股，一直沿袭到汉代。

但春秋战国时代河北平原上出现过的黄河河道不光是这两股三支正流干流而已，除此而外，还有若干决流和岔流，虽或存在的时间较短，或容纳的黄河水只是一小部分，却也构成了当时黄河下游河道的一部分。这些河道有的是黄河决流所冲刷成的，有的则是被黄河占夺的邻近水道的一部分。

何以知道在正流干流之外，还出现过若干岔流、决流？这是我们从《汉志》《水经》里除当时的河水以外另有一些河北平原水道也被称为河这一点看出来的。

岑仲勉认为河是水道的通称，"北方有水便是河"（《黄河变迁史》第四节）。我们认为这句话只能通用于唐宋以后。唐宋以前，"河"是黄河的专称、正称，"黄河"或"浊河"只在文人笔下偶一用以形容其黄浊，只能算是一种别称或雅称。那时河既然是一条水道的专称，当然不可能又用作通称。唐宋以后"黄河"代替了"河"成为这条水道的专称、正称，别的水道才可能也称为河。

古代"河"既是黄河的专称，那么《汉志》《水经》里为什么会出现别的水道被称为"河"？这只能是由于这些水道或其一部分曾经是黄河或其岔流的一部分，因而被称为"河"或××河，后来黄河虽然离开了这条水，河的称呼却被沿用到了后代。

《汉书·地理志》中除河水外，河北平原水道称河的计有十二条：

清河水（魏郡内黄）　　屯氏河（魏郡馆陶）

鸣犊河（清河郡灵县）　屯氏别河（清河郡信成）

张甲河（清河郡信成）　笃马河（平原郡平原）

故章河（信都国信都）　滹池河（代郡卤城）

滹池河，民曰徒骇河（勃海郡成平）

滹池别河（河间弓高）　瓠河（代郡卤城）

又滱水自高阳以下或称滱（中山国北新成易水），或称河（中山国望都博水、北平卢水，代郡广昌涞水，涿郡涿县桃水）

《水经》中河水外称河之水有七条[1]：

巨马河（专篇）　沽河（专篇）　瓠子河（专篇）

滹沱河（即滹池河，本有专篇，今本佚）

商河（见河水篇）清河（见淇水篇）潞河（见沽河篇）

在这十多条被称为"河"的水道中，屯氏河、鸣犊河、瓠子

---

[1]　此外又有叶榆河篇，叶榆河即今云南洱海。这个"河"字不是汉语，是采用了当地少数民族的语言，意即湖泽，与黄河无关。

河是西汉黄河决流所形成的，见《汉书·沟洫志》。屯氏别河出屯氏河，张甲河又出自屯氏别河，见《地理志》《水经·河水注》，其形成自当在屯氏河之后。除这五条以外，具余诸河，估计都应该曾经是春秋战国时代黄河干流或其岔流的故道。

诸河具体经流年代已无可稽考，只能作出如下一些推断：

先秦黄河经行《汉志》河道时，时或在平原、高唐一带决口，决流便走《汉志》笃马河或《水经》商河东流入海。又据《水经·河水注》，漯水于高唐城南"上承于河，亦谓之源河"，亦应为黄河走《汉志》河时的决流或岔流。

走《山经》《禹贡》河道的那一股黄河，时或在内黄以北决出东北流，便形成了《水经》里的清河，下游东光以下仍循《汉志》河水入海。清河屡见战国记载（《赵策》苏秦从燕之赵始合从说赵王、张仪为秦连横说赵王，《齐策》苏秦为赵合从说齐宣王），约当前四世纪后期。黄河流经此道当然在这一时期之前，至是河已改走《汉志》河，这一河道不再为黄河水所灌注，水源仅限于内黄以南的洹、荡等水，浊流变成了清流，因而被称为清河。

黄河全流毕出《汉志》河时，《山经》《禹贡》河水故道自宿胥口北出一段断流，这就是《水经·淇水注》中的"宿胥故渎"。稍北一段有黎阳诸山之水循河水故道北流至内黄会合洹水，这就是《汉志》出内黄县南的清河水。内黄洹口以北至今曲周南会漳一段故道断流，《汉志》魏郡邺"故大河在东"指此。

《汉志》滱水下游原先是漳水的一段，《山经》《禹贡》时代曾为河水所夺，因而在《汉志》信都国下又有"故章河"之称。

《汉志》虖池河（《水经》滹沱河）和虖池别河的下游，曾经是《禹贡》河水下游的一段。

《汉志》滱水下游和《水经》巨马河下游，就是《山经》河水下游的一部分。

《山经》河东决或《禹贡》河北决，曾走过㳚河下游。

《山经》河北决，曾经过沽河下游。

五、结论十二点

本文论述所及的问题比较多，为了帮助读者理清头绪，所以在结束本文之前，不嫌辞费，再把全文所有论点简括列举如下：

1. 汉以前至少可以上推到新石器时代，黄河下游一直是取道河北平原注入渤海的；岑仲勉东周前黄河下游即济水之说，极不可信。

2. 黄河下游在战国筑堤以前，决溢改道是屡见不鲜的事。其时河北平原中部是一大片人烟稀少、荒芜寥落的地图上的空白地区，黄河在这里决溢改道，对人民生活的影响很小，因而也就为一般古代文献记载所不及。

3. 见于《周谱》记载而为王莽时王横引用过的周定王五年那一次"河徙"，是汉以前唯一的被记载下来的一次改道，但决不能说事实上汉以前只改过这一次道。

4.《周谱》只说"定王五年河徙"，没有说在何处决口，从何道徙向何道，我们没有任何理由可以否定这条记载的可靠性，不能因为胡渭对这一次河徙所作的解释不可信，就连带把《周谱》这条记载根本否定了，从而得出春秋战国时黄河从没有改过道的结论。

5. 黄河下游河道见于先秦文献记载的有两条：一《禹贡》河，二《山经》河。这两条河道自宿胥口北流走《水经注》的"宿胥故渎"，至内黄会洹水，又北流走《汉志》的邺东"故大河"，至曲周会漳水，又北流走《水经》漳水至今深县南，二河相同；自此以下，《禹贡》河走《水经》漳水东北流经交河（今

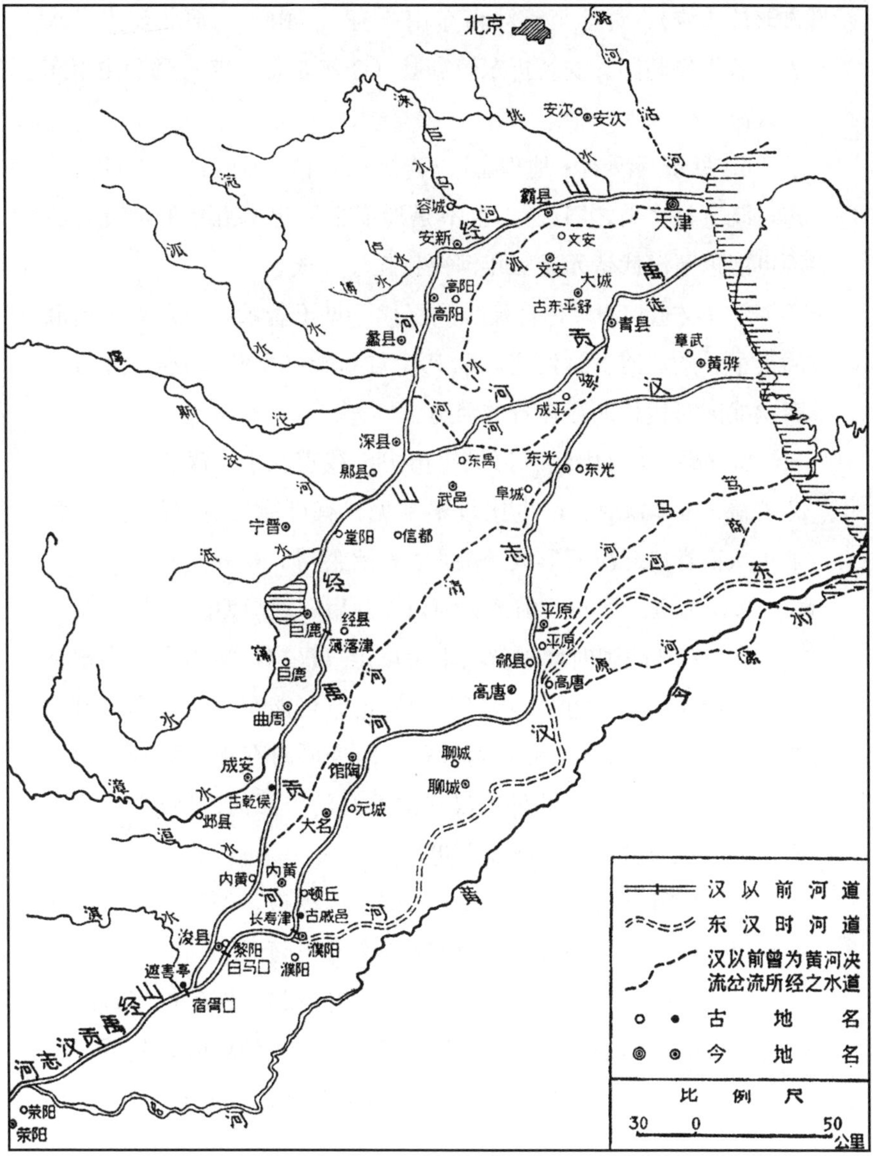

图 7-3 汉以前黄河下游河道形势图

河北泊头市）、青县至天津市东南入海，《山经》河北流走《汉志》滱水经高阳、安新折东经霸县（今河北霸州市）至天津市东北入海。

6. 见于《汉书·地理志》《沟洫志》和《水经注》的西汉河道，既不是"禹之旧迹"，也不是形成于周定王五年的河徙，更不可能迟至汉武帝元光三年河决顿丘才形成。

7.《汉志》河具体经流虽到汉代才见于著录，却是见于记载的最早一条黄河下游河道（始见于前七世纪中叶记载），并且是春秋战国时代长期存在着的河道。

8.《禹贡》《山经》河见于历史记载较晚于《汉志》河（始见于前六世纪后叶），也比较不常见。有可能先有《汉志》河，某年从宿胥口北决而形成《禹贡》《山经》河。

9.《禹贡》河与《山经》河孰先孰后，现尚无法作出判断。

10. 春秋战国时代，黄河下游以走《汉志》河为常，也曾不止一次走《禹贡》河、《山经》河；也有可能东（《汉志》河）、西（《禹贡》《山经》河）两股曾长时期同时存在，两股迭为干流，而以东股为常。此外，汉代的笃马河、滹河、沽河、清河、商河等，也应曾为黄河决流所走过。

11. 战国筑堤以前，黄河下游曾多次改道，先后走过上述这些河道，但黄河流经每一条河道的确年已不可考。

12. 约在前四世纪四十年代左右，齐与赵、魏各在当时的河道即《汉志》河的东西两岸修筑了绵亘数百里的堤防，此后《禹贡》河、《山经》河即断流，专走《汉志》河，一直沿袭到汉代。

第八讲

何以黄河在东汉以后
会出现一个长期安流的局面

——从历史上论证黄河中游的土地合理利用是
消弭下游水害的决定性因素

本讲原为作者在1961年复旦大学科学报告会上的讲演词，1962年1月改写定稿，刊于《学术月刊》1962年第2期，收入《长水集》下册。本次选编删去原书附邹逸麟《读任伯平〈关于黄河在东汉以后长期安流的原因〉后》，仅取作者本人文字，作为第八讲。

一、历史上黄河水灾的阶段性特点

提起黄河，人人都知道它在解放以前是一条灾害性很严重的河流，经常闹漫溢、决口、改道。这是历史事实。但从整个历史时期看来，黄河水灾的频率与严重性并不是前后一律的。

现在让我们先把唐以前即前期黄河决溢改道的具体情况叙述一下。在这一期中，又可以分为三期：

第一期，从有历史记载即殷商时代起，到秦以前。在这一千几百年的长时期内，关于黄河决溢改道的记载很少。商代屡次迁都，过去有人认为与黄河决溢有关；实际上这只是一种推测，并无充分论据。西周时代，也并没有这方面的记载。春秋时代有一次改道，就是周定王五年那一次，通常称为黄河第一次大改道。战国时代溢了一次（见《水经·济水注》引《竹书纪年》），决了三次（见《水经·河水注》引《竹书纪年》，《史记·赵世家》肃侯十八年、惠文王十八年）；而三次决口都不是黄河自动决，都是在战争中为了对付敌人用人工开挖的。这时期河患记载之所以如此之少，一方面应该是由于上古记载缺略，一方面也是由于那时地广人稀，人民的耕地居处一般都选择高地，虽有决溢，不成灾害之故。再有一方面也不容否认，那就是其时森林、草原、支津、湖泊还很多，事实上在一般情况下，也确乎不会轻易决口改道，除非是遇到特大洪水。

第二期，西汉时期。从汉文帝十二年（前168）起到王莽始建国三年（11）止一百八十年中，黄河决溢了十次之多，其中五次都导致了改道，并且决后往往听其漫流，历久不塞。要是决后即塞，从当时情况看来，决溢次数势必更多。决溢所造成的灾害很大，泛滥所及往往达好几个郡，好几十个县，坏官亭民居以数万计，浸灌良田至十余万顷。当时下游滨河十郡，每郡治堤救水吏卒多至数千人，岁费至数千万（见《汉书》之《文帝纪》《武帝纪》《成帝纪》《沟洫志》《王莽传》）。可见西汉一代的河患是很严重的。因而也就引起历史学家的重视，司马迁写了《河渠书》，班固写了《沟洫志》。这两篇书的内容虽不是完全讲黄河，但主要是讲黄河；从篇后的"太史公曰"和"赞"看来，作者载笔的动机也显然是有感于河患的严重。

若是单把第一和第二两期比较起来看，虽然中间的变化太大，未免觉得有点突然，毕竟还是合乎原来所假定的河患日趋严重的规律的，还不容易看出问题。问题显示在：到了第三期，河患却又大大地减轻了。

第三期，东汉以后。黄河自王莽始建国三年决后不塞，隔了将近六十年之久，到东汉明帝永平十二年（69）夏天，才发动了数十万人，在我国历史上著名水利工程师王景的主持之下，大致按着始建国以来的决河经流，从荥阳（故城在今河南荥阳市东）到千乘（故城在今山东邹平市苑城北）海口千有余里，大规模地予以修治。到第二年夏天，全部工程告竣（见《后汉书》之《明帝纪》《王景传》。两汉以前黄河在今河北境内入海，此后即改由山东入海）。从此以后，黄河出现了一个与西汉时期迥不相同的局面，即长期安流的局面。从这一年起一直到隋代，五百几十年中，见于记载的河溢只有四次（专指发生在下游地区的，在中上游的不计）：东汉一次（见《后汉书·桓帝纪》永兴元年、《五行志》），曹魏二次（见《晋书·傅祗传》、《三国志·魏书·明帝纪》太和四年、《宋书·五行志》），西晋一次（见《晋书·武帝纪》泰始七年、《五行志》，《宋书·五行志》）；河水冲毁城垣一次，晋末（见《水经·河水注》《元和志·郓州卢县》）。到了唐代比较多起来了，将近三百年中，河水冲毁城池一次，决溢十六次，改道一次（见两《唐书》之《五行志》，高宗、武后、代宗、宪宗、文宗、懿宗、昭宗《纪》；《元和志·郓州》；《寰宇记·滨州》）。论次数不比西汉少，但从决溢的情况看来，其严重程度显然远不及西汉。就是景福二年（893）那次改道，也只是在海口地段首尾不过数十里的小改道而已。总之，在这第三期八百多年中，前五百多年黄河安稳得很，后三百年不很安稳，但比第二期要安稳得多。

在河患很严重的第二期之后，接着出现的是一个基本上安流无事的第三期，这一重大变化应如何解释？历史记载有所脱略吗？东汉以后不比先秦，流传至今的文献极为丰富，有些小范围内的决溢可能没有被记录下来，较大规模的决徙不可能不见于记载。从《后汉书》到两《唐书》所有各种正史都没有河渠或沟洫志，这当然是由于自东汉至唐黄河，基本上安流无事，无需专辟一篇之故；否则《史记》《汉书》既然已开创了这一体制，后代正史皆以其为圭臬，决不至于阙而不载。再者，成书于东汉三国时的《水经》和北魏的《水经注》、唐代的《元和郡县志》中所载的黄河经流，几乎可以说完全相同，并无差别，更可以证实在这一时期内的黄河确乎是长期安流的。

东汉以后黄河长期安流既然是事实，所有讲黄河史的人，谁也没有否认过，那么，我们要讲通黄河史，当然就有必要把导致这一局面出现的原因找出来。我个人过去一直没有找出来，因此在 1955 年那次讲演里只得避而不谈[①]。前代学者和当代的历史学家与水利学家谈到这一问题的倒很不少，可是他们的解答看来很难令人信服。诸家的具体说法虽不完全相同，着眼点却是一致的。他们都着眼于王景的治导之法，都认为东汉以后黄河之所以"千年无患"[②]，应归功于王景的工程技术措施"深合乎治导之原理"。清人如魏源、刘鹗（《再续行水金鉴》卷一五四、一五八引），近人如李仪祉（《科学》第 7 卷第 9 期。《水利月刊》第 9 卷第 2 期，1935 年），以及今人如岑仲勉（《黄河变迁史》第八节七），都是如此看法。《后汉书·王景传》里所载关于王景治河之法，只有"商度地势，凿山阜，破砥绩，直截沟涧，防遏冲要，疏决壅积，十里立一水门，令更相洄注"三十三个字。诸家为这三十三个字所作的解释，估计至少在万言以上。直到最近，1957 年出版的黄河水利委员会所编的《人民黄河》，也还是如此看法。只是加上了这么一句："当然"，黄河在王景后数百年间"决溢次数少的原因可能还另有一些"。只说"可能"，并未肯定。到底另有一些什么原因，也未交代。

　　我认为这种看法是不符合于历史真实情况的。即令王景的治导之法确乎比历史上所有其他治河工作者都远为高明（其实未必），他的工程成果顶多也只能收效于一时。要说是一次"合乎治导之理"的工程竟能使黄河长期安流，"功垂千载"，这是无论

---

　　① 编者按：1955 年 5 月，谭其骧先生为中国地理学会作了一次题为《黄河与运河的变迁》的讲演，整理稿载《地理知识》1955 年第 8—9 期。

　　② 五代宋初黄河决溢次数虽已很多，灾害很严重，但或仅小改道，或改后不久即恢复故道。到宋仁宗庆历八年（1048）才大改道至今天津入海，从永平十三年（70）算起，至此将近一千年。

如何也讲不通的。

首先，这次工程的施工范围只限于"自荥阳东至千乘海口"，即只限于下游。工程措施只限于上引三十三个字，这三十三个字用现代语概括起来，无非是整治河床，修固堤防，兴建水门。稍有近代科学知识的人都知道，黄河的水灾虽然集中于下游，要彻底解除下游的灾害，却非在整个流域范围内采取全面措施不可，并且重点应在中上游而不在下游。单靠下游的修防工程，只能治标，谈不上治本。王景的工程正是一种治标工作，怎么可能收长治久安之效呢？

其次，就是下游的防治工程，也必须经常不断地予以养护、培补、加固，并随时适应河床水文的变化予以改筑调整，才有可能维持久长。试问，在封建统治时代，有这个可能吗？何况，王景以后的东汉中后叶，不正是封建政权最腐朽无能的时代吗？东汉以后的魏晋南北朝时代，不正是长期的割据混乱时代吗？在这样的时代里，难道有可能始终维持着一套严密而有效的河防制度吗？

工程技术因素说讲不通，那么，能不能用社会政治的因素来解释呢？我们不否认社会政治因素有时会对黄河的安危发生巨大的作用。最明显的例子是：解放以前经常决口，甚至一年决几次；解放以后，就没有决过。过去还有许多人把五代、北宋的河患归罪于五代的兵祸，把金、元、明的决徙频仍推咎于宋金、金元间的战争，听起来似乎也还能言之成理。可是，我们能拿西汉来比之于解放以前，拿东汉来比之于解放以后吗？即使勉强可以说唐代的政治社会情况比西汉强，总不能说东汉、魏、晋、南北朝比西汉、唐强吧？魏晋南北朝跟五代、宋金之际同样是乱世，为什么黄河的情况又截然不同呢？可见社会政治因素说同样讲不通。

　　前人并没有解决得了这个问题，而这是一个黄河流域史里必须要解决的问题，对整个中国史而言，也是一个很重要的问题。

二、黄河下游决溢改道的根本因素

要解决这个问题，必须先从黄河下游决溢改道的根本因素讲起。稍有地理常识的人都知道：降水量集中在夏秋之季特别是夏季，河水挟带大量泥沙，是黄河善淤善决的两个根本原因。近几十年来的水文实测资料又证明：决溢改道虽然主要发生在下游，其洪水泥沙则主要来自中游。因此，问题的关键应该在中游，我们应该把注意力转移到中游去，看看中游地区在各个历史时期的地理条件是否有所不同，特别是东汉以后数百年间，比之前一时期和后一时期是否有所不同。

黄河中游上起内蒙古河口镇大黑河口，下迄河南秦厂沁河口。就河道而言，可分为三段：第一段，自河口至山西禹门口；第二段，自禹门口至河南陕县（今河南三门峡市）；第三段，自陕县至秦厂。就流域而言，相应可分为三区：第一区，包括内蒙古河套东北角的大黑河、沧头河流域和晋西北、陕北东北部、伊盟东南部的山陕峡谷流域；第二区，包括山西的汾水、涑水流域，陕甘二省的渭水、泾水、北洛水流域和河南弘农河流域一角；第三区，包括豫西伊洛河流域和晋东南沁丹河流域。

根据黄河沿岸各水文站近几十年来的实测记录，这中游三区跟下游水灾之间的关系大致是这样的：

（一）洪水 下游发生洪水时的流量来自上游的向不超过10%，90%以上都来自中游。中游三区夏秋之际经常有暴雨，由于地面蓄水能力差，雨后立即在河床中出现洪峰。三区的暴雨都经常能使本段黄河河床里产生一万秒立方米以上的洪水。如两区或三区暴雨后所形成的洪峰在黄河里碰在一起，那就会使下游河床容纳不了，发生危险。而这种洪峰相遇的机会是很多的，尤以产生于第一第二两区的洪峰相遇的机会为最多。

（二）泥沙　情况与洪水有同有不同。同的是中下游河床中来自上游的泥沙很少。在流经陕县（今河南三门峡市）的巨量泥沙中，来自河口镇以上的只占11％。在河口上游不远处的包头市，每立方米河水中的多年平均含沙量只有6千克。不同的是中游三段河流的输沙量极不平衡。第一段由于该区地面侵蚀剧烈，干支流的河床比降又很大，泥沙有冲刷无停淤，故输沙量多至占陕县总量的49％，河水的含沙量则自包头的6千克到禹门口骤增至28千克。第二段由于泾、渭、北洛的含沙量虽很高，但各河下游都流经平原地区，禹门口至陕县的黄河河谷也相当宽阔，有所停淤，故流域面积虽远较第一段为大，而输沙量反而较少，占陕县总量的40％，河水含沙量到陕县增为34千克。陕县是全河沙量最多的地点。此下的第三段，伊、洛、沁、丹各河的含沙量本来就比第一第二段各支流少，并且各河下游有淤积，黄河自孟津以下也有淤积，故输沙总量即不再增加。

如上所述，可见中游三区中，第三区对下游的关系比较不重要，它只是有时会增加下游一部分洪水，而并不增加泥沙。对下游水患起决定性作用的是第一第二两区，因为淤塞下游河道的泥沙，十之九来自这两区，形成下游暴涨的洪水也多半来自这两区。

因此，问题的关键就在于这两区的水土流失情况，在于在整个历史时期内，这两区的水土流失是直线发展，一贯日渐严重化的呢，还是并不如此？

　　一地区的水土流失严重与否，决定于该地区的地形、土壤和植被。黄河中游除少数山区外，极大部分面积都在黄土覆盖之下。黄土疏松，只有在良好植被保护之下，才能吸蓄较多的降水量，阻止地面径流的冲刷。植被若经破坏，一雨之后，土随水去，水土流失就很严重。加以本区的黄土覆盖极为深厚，面蚀很容易发展成为沟蚀，原来平坦的高原，很快就会被切割成崎岖破碎的丘陵，水土流失也就愈益严重。所以历史上各个时期的水土流失严重与否，又主要决定于植被的良好与否。

　　历史时期一地区的植被情况如何，又主要决定于生活在这地区内的人们的生产活动，即土地利用的方式。如果人们以狩猎为生，天然植被可以基本上不受影响。畜牧与农耕两种生产活动同样都会改变植被的原始情况，而改变的程度后者又远远超过前者。因为人们可以利用天然草原来从事畜牧，只要放牧不过度，草原即可经久保持，而要从事农耕，那就非得先把原始森林和原始草原予以斫伐或清除不可。

　　但同样从事农耕，其所引起的水土流失程度，却又因各地区的地形、土壤条件不同而有所不同。就黄河中游第一第二两区而论：第一区的河套东北角地区和第二区的关中盆地和汾、涑水流域，大部分面积是冲积平原和土石山区。冲积平原由于地势平坦，土石山区由于石厚土薄，不易形成沟壑，故开垦后所引起的水土流失一般比较轻微。第一区的山陕峡谷流域和第二区的泾、渭、北洛河上游地区，几乎全部是黄土高原或黄土丘陵，黄土深厚，地形起伏不平，故一经开垦，面蚀与沟蚀同时并进，水土流失就很严重。

　　由此可见，在这对黄河下游水患起决定性作用的中游第一第二两区之中，最关紧要的又在于山陕峡谷流域和泾渭北洛上游二地区；这两个地区在历史时期的土地利用情况的改变，是决定黄河下游安危的关键因素。

三、战国以前：畜牧为主的生产方式

在进入有历史记载的早期，即战国以前，山陕峡谷流域和泾渭北洛上游这二地区基本上应为畜牧区；射猎还占着相当重要的地位，农业想必不会没有，但很不重要。这二地区与其南邻关中盆地、汾涑水流域在地理上的分界线，大致上就是当时的农牧分界线。在此线以南，早自西周以来，即已进入农耕时代，在春秋战国时代是以农为主的秦人和晋人的主要活动地区。在此线以北，迟至春秋，还是以牧为主的戎狄族活动地区；自春秋中叶以至战国，秦与三晋逐渐并吞了这些地区，但畜牧仍然是当地的主要生产事业。产于晋西北今吉县、石楼一带的"屈产之乘"①，在春秋时是有名的骏马。战国末至秦始皇时，乌氏倮在泾水上游的乌氏地方（今甘肃平凉市崆峒区西北），以畜牧致富，其马牛多至用山谷来计量（《史记·货殖列传》）。

《史记·货殖列传》虽作于汉武帝时，其中关于经济区域的叙述则大致系战国至汉初的情况。它把全国分为山西、山东、江南、龙门碣石北四个区域，山西的特点是"饶材、竹、榖、纑②、旄、玉、石"，龙门碣石北的特点是"多马、牛、羊、旃裘、筋角"。当时所谓山西本泛指函谷关以西，关中盆地和泾渭北洛上游西至黄河皆在其内。但篇中下文既明确指出其时"自

---

① "屈产"二字，《公羊传》僖公二年何休注解作产马地的地名，《左传》杜预注解作产于屈地。今石楼县有屈产水。古屈邑在今吉县境内。

② 《史记·货殖列传》司马贞《索隐》："榖，木名，皮可为纸。纑，山中纻，可以为布。"

汧、雍以东至河、华"的关中盆地是一个"好稼穑，殖五谷"的农业区域，可见此处所提到的"材、竹、穀、纑、旄"等林牧业特产，应该是泾渭北洛上游及其迆西一带的产物，这一带在当时的林牧业很发达。龙门碣石北的特产全是畜产品。碣石指今河北昌黎县北碣石山。龙门即今禹门口所在的龙门山，正在关中盆地与汾涑水流域的北边分界线上。可见自龙门以北的山陕峡谷流域，在当时是一个以畜牧为主要生产活动的区域。

同传下文又云："天水、陇西、北地、上郡……西有羌中之利，北有戎翟之畜，畜牧为天下饶。"天水、陇西二郡位于渭水上游，北地郡位于泾水上游，上郡位于北洛水上游和山陕峡谷流域。下文又云：杨与平阳"西贾秦、翟，北贾种、代。种、代，石北也。地边胡，数被寇。人民矜懻忮，好气，任侠为奸，不事农商。……故杨、平阳陈掾（犹言经营驰逐）其间，得所欲"。杨在今山西洪洞县东南；平阳在今临汾县（市）西南；秦指关中盆地；翟指陕北高原故翟地；种、代在石北，"石"指今山西吉县北石门山，"石北"约相当于现在的晋西北。这条记载生动地说明了当时晋西北人民的经济生活与风俗习惯。试和它的近邻晋西南汾涑水流域即当时所谓"河东"的"土地小狭，民人众，都国诸侯所聚会，故其俗纤俭习事"一对比，很显然前者是畜牧射猎区的情况，后者是农业商业高度发展地区的情况。正由于石北跟河东是两个迥然不同的经济区域，因而通货于这二区之间的杨与平阳二地的商人，能得其所欲，杨与平阳也就发展成了当时有名的商业城市。

《汉书·地理志》篇末朱赣论各地风俗，也提到了渭水上游的天水、陇西二郡"山多林木，民以板为室屋"，泾洛上游和山陕峡谷流域的安定、北地、上郡、西河四郡"皆迫近戎狄，修习战备，高上气力，以射猎为先"，用以印证作于西周末至春秋初的《国风》秦诗中所描述的当地人民经常以"车马田狩"为事的风气。这种风气并且还一直维持到"汉兴"以后，西汉一代的名将即多数出身于这六郡的"良家子"。

战国以前黄河下游的决徙很少，我以为根本原因就在这里。那时的山陕峡谷流域和泾渭北洛上游二区还处于以畜牧射猎为主要生产活动方式的时代，所以原始植被还未经大量破坏，水土流失还很轻微。

四、秦与西汉：汉族移民及农业开垦

到了秦与西汉时代，这二区的土地利用情况就发生了很大变化。

秦与西汉两代都积极地推行了"实关中"和"戍边郡"这两种移民政策。"实关中"的目的是为了"强本弱末"。所谓"本"就是王朝的畿内，即关中地区；把距离较远地区的一部分人口财富移置到关中，相对地加强关中，削弱其他地区的人力物力，借以巩固封建大一统的集权统治，就叫作"强本弱末"。"实关中"当然主要把移民安顿在关中盆地，但有时也把盆地的边缘地带作为移殖目的地。例如秦始皇三十五年徙五万家于云阳，汉武帝太始元年、昭帝始元三年、四年三次徙民于云陵，云阳和云陵都在今淳化县北，即已在泾水上游黄土高原范围之内。"戍边郡"就是移民实边，目的在巩固边防。当时的外患主要来自西北方的匈奴，所以移民实边的主要目的地也在西北边郡；所包括的地区范围至为广泛，黄河中游全区除关中盆地、汾涑水流域以外都包括在内，黄河上游、鄂尔多斯草原和河西走廊地带也都包括在内，而其中接受移民最多的是中游各边郡和上游的后套地区。

秦汉两代"戍边郡"的次数很多，每次规模都很大。秦代是两次：

第一次，始皇三十三年，蒙恬"西北斥逐匈奴"，"悉收河南地"，"筑四十四县"，"徙谪戍以充之"[①]。这次移民历史记载上

[①] 见《史记·始皇本纪》《匈奴列传》。"四十四县"本纪作"三十四县"，此从《匈奴列传》《六国年表》。

虽没有提到人数，既然一下子就置了几十个县，想来至少也得有几十万。所谓"河南地"应该不仅指河套地区即当时的九原郡，迤南的陕甘北部即当时的上郡和北地二郡也应包括在内。其时蒙恬统兵三十万，负责镇守北边，即经常驻扎在上郡。

第二次，始皇三十六年，"迁北河榆中三万家"。"北河"指今河套地区的黄河，榆中指套东北阴山迤南一带。

这两次移民实边规模虽大，对边地的影响并不太大。因为始皇一死，蒙恬即被杀，接着就爆发了农民大起义，"诸秦所徙谪戍边者皆复去"，匈奴"复稍度河南，与中国界于故塞"。

此后约四十年，汉文帝听从了晁错的计议，又"募民徙塞下"。这次是用免罪、拜爵、复除等办法来劝募人民自动迁徙的，所收效果可能相当大，因而"使屯戍之事益省，输将之费益寡"。其时汉与匈奴以朝那（今宁夏彭阳县西）、肤施（今陕西榆林市榆阳区南）为塞，此线之南，正是泾洛上游和山陕峡谷流域。

此后又四十年，汉武帝元朔二年，卫青复取河南地，恢复了秦代故土。就在这一年，"募民徙朔方十万口"。此所谓"朔方"，亦当泛指关中盆地以北地区，即后来朔方刺史部所部上郡、西河、北地、朔方、五原等郡，而不仅限于朔方一郡。

此后元狩三年又徙"关东贫民"于"陇西、北地、西河、上郡"，"及充朔方以南新秦中，七十余万口"[1]。元鼎六年，又于"上郡、朔方、西河、河西开田官，斥塞卒六十万人戍田之"。陇西郡辖境相当渭水上游西至洮水流域，北地郡相当泾水上游北至

① 见《汉书·武帝纪》《食货志》。《武帝纪》在"上郡"下又有"会稽郡"，疑衍。

银川平原，西河、上郡相当北洛水上游及山陕峡谷流域。"新秦中"含义与"河南地"略同。

此外，元狩五年又曾"徙天下奸猾吏民于边"，很可能有一部分被迁到黄河中游一带。天汉元年"发谪戍屯五原"，五原郡辖境相当今河口镇上游包头市附近的黄河两岸。

这么许多内地人民移居到边郡以后，以何为生？可以肯定，极大多数是以务农为本的。汉族是一个农业民族，凡汉族所到之处，除非是其地根本不可能或极不利于开展农耕，不然就不会不以务农为本。反过来说，若不是可能开展农耕的区域，也就不可能使大量的习惯于农业生产的汉族人民移殖进去。山陕峡谷流域、泾渭北洛上游及其迤北的河套地区，除鄂尔多斯草原西部外，就其地形、土壤、气候等自然条件而言，本是一个可农可牧的区域。而当时的统治者，也正是采用了"先为室屋，具田器"的措施来强迫或招募人民前往。城郭的建立与人民的定居生活是密切联系着的，有了以务农为本的定居的人民，才有可能建立城郭，从而设置郡县。秦汉时代在这一带设置了好几个郡，数以百计的县（西汉西河、上郡、北地、安定、陇西、天水六郡领县一百二十六，云中、定襄、五原、朔方四郡领县四十九。秦县确数无考，从始皇三十三年在河南地一次置县四十四推算起来，总数当不少于一百），也可以充分证明当地的人民主要是定居的农民（汉武帝后凡归附游牧族居于塞内者，别置属国都尉以统之，这一带共置有五个。一个属国的人口数估计不会比一个县多）。

从未开垦过的处女地在初开垦时是很肥沃的，产量很高，因而当时的"河南地"又被称为"新秦中"。"新秦中"的得名不仅由于这一地区在地理位置上接近秦中（渭水流域），主要还是由于它"地肥饶"，"地好"，在农业收成上也不下于秦中。苍茫广漠的森林草原一经开垦，骤然就呈现了一片阡陌相连、村落相望的繁荣景象。这一事件显然引起了当时社会上普遍的注意，"新秦"一词因而又被引申作"新富贵者"——即暴发户的同义语，一直沿用到东汉时代。

正因为在这一带从事农业开垦的收益很好，所以垦区扩展得很快。汉武帝复取河南地初次募民徙朔方事在元朔二年（前127），到了二十年后的元封年间，竟已"北益广田，至眩雷为塞"。眩雷塞在西河郡的西北边，约在今伊克昭盟（今内蒙古鄂尔多斯市）杭锦旗的东部。杭锦旗东部在今天已属农牧过渡地带，自此以西，即不可能再从事农业生产活动。汉代的自然条件可能跟今天稍有不同，但差别不会很大，可见当时的垦区事实上已扩展到了自然条件所容许的极限。

汉武帝以后至西汉末百年之间，这一带的人口日益增殖，田亩日益垦辟；尤其是在宣帝以后约七十年内，匈奴既降，北边无事，发展得当然更快。兹将《汉书·地理志》所载平帝元始二年（2）时这一带各郡的户口数，分区表列如下：

地　区		郡	户	口
黄河中游	大黑河沧头河流域	云中、定襄	76 862	336 414
		雁门 1/4①	18 286	73 363
	总　数		95 148	409 777

① 按县数计算。如雁门郡领县十四，一县今地无考，可考者十三县中，郡治善无及沃阳、中陵三县在沧头河流域，即作1/4计。

续 表

地区		郡	户	口
黄河中游	山陕峡谷流域	西河	136 390	698 886
		上郡 2/3	69 122	404 439
		河东 1/3	39 482	160 485
	总 数		244 994	1 263 760
	泾渭北洛上游	上郡 1/3	34 561	202 219
		冯翊、扶风 1/5	90 295	350 778
		北地、安定 3/4	80 390	265 484
		天水、陇西 2/3	76 223	332 115
	总 数		281 469	1 150 596
	关中盆地	京兆尹	195 702	682 468
		冯翊、扶风 4/5	361 183	1 403 114
	总 数		556 885	2 085 582
	汾涑水流域	太原 3/4	127 398	510 366
		河东 5/6	194 414	802 427
	总 数		321 812	1 312 793
黄河上游	河套地区	朔方、五原	73 660	367 956

山陕峡谷流域和泾渭北洛上游二区户数各达二十余万，合计五十余万，口数各达百万以上，合计二百四十万，这在两千年前

的生产技术条件之下，是很了不得的数字！试看自周秦以来农业即已高度发展，在当时又为建都所在，并在郑、白等渠灌溉之下，被誉为"膏壤沃野千里"的关中盆地亦不过五十余万户、二百多万口，就可以知道这两个户口数字对这两个新开发地区而言，是具有何等重大的意义了。

　　这二区从此以畜牧射猎为主变为以农耕为主，户口数字大大增加，乍看起来，当然是件好事。但我们若从整个黄河流域来看问题，就可以发现这是件得不偿失的事。因为在当时的社会条件之下，开垦只能是无计划的、盲目的乱垦滥垦，不可能采用什么有计划的水土保持措施，所以这些地区的大事开垦，结果必然会给下游带来无穷的祸患。历史事实也充分证实了这一点：西汉一代，尤其是武帝以后，黄河下游的决徙之患越闹越凶，正好与这一带的垦田迅速开辟，人口迅速增加相对应；也就是说，这一带的变牧为农，其代价是下游数以千万计的人民，遭受了百数十年之久的严重的水灾。

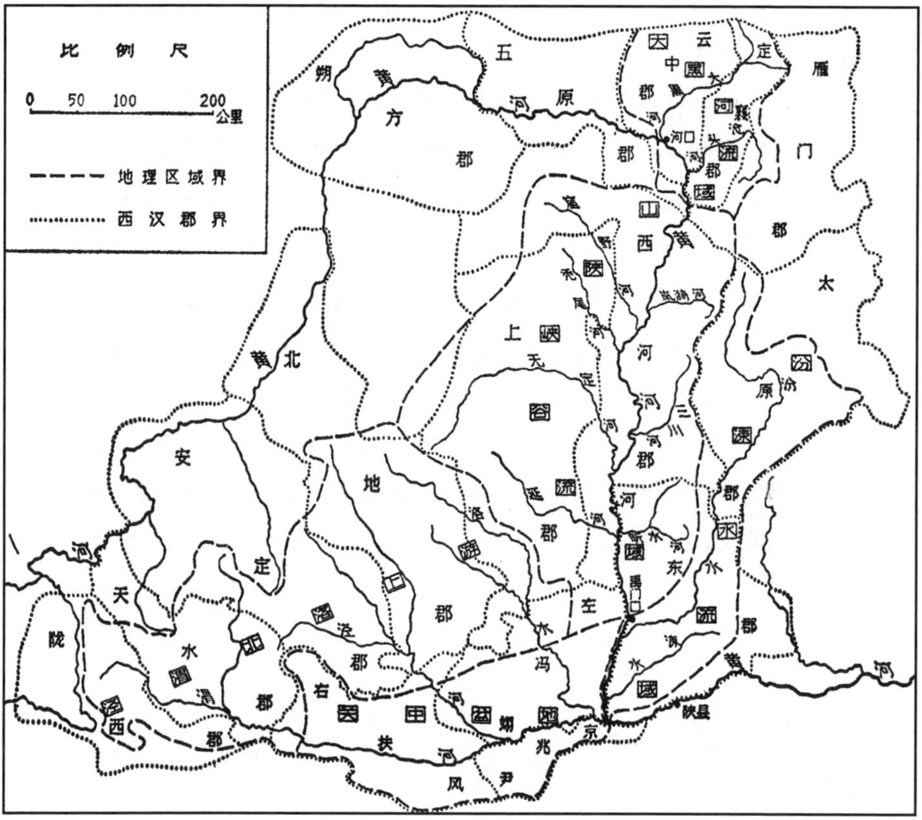

图8-1　两汉时期黄河中上游地区图

五、东汉：汉族人口的急剧衰退和羌胡人口的迅速滋长

王莽时边衅重开，宣帝以来数世不见烟火之警的边郡，从此陷入兵连祸结的厄运。不久，内地又爆发了农民大起义和继之而起的割据战争。东汉初年统治者忙于对付内部问题，无力外顾，只得放弃缘边北地、朔方、五原、云中、定襄、雁门、上谷、代八郡，徙人民于内地。匈奴遂"转居塞内"，"入寇尤深"，以致整个"北边无复宁岁"。一直到建武二十六年（50），上距王莽开边衅已四十年，才由于匈奴南单于的降附，恢复了缘边八郡，发遣边民"归于本土"。但自此以后，边郡的建制虽是恢复了，西汉时代的边区旧面目却再也没有恢复过来。终东汉一代，这一带的风物景象，跟西汉迥不相同。

就在恢复缘边诸郡这一年，匈奴南单于率领了他的部众四五万人入居塞内；单于建庭于西河的美稷县（今内蒙古鄂尔多斯市准噶尔旗），部众散居在西河、北地、朔方、五原、云中、定襄、雁门、代等郡。到了章帝、和帝时代，又有大批北匈奴来降，分处北边诸郡。永元初年南单于所领户至三万四千，口至二十三万七千，胜兵五万；新降胡亦多至二十余万。已而新降胡叛走出塞，但不久还居塞内者仍以万计。除匈奴外，东汉时杂居在这一带的又有羌、胡、休屠、乌桓等族，其中羌人为数最多。西汉时羌人杂居塞内的只限于湟水流域。王莽末年和隗嚣割据陇右时内徙者日多，散居地区日广。东汉建武、永平中又屡次把边塞的降羌安插在渭水上游的陇西、天水和关中盆地的三辅。此后日渐孳

238 / 第八讲 何以黄河在东汉以后会出现一个长期安流的局面

息，中叶以后，除陇西、汉阳（即甘肃天水）、三辅外，泾洛上游和山陕峡谷流域的安定、北地、上郡、西河亦所在有之。当时在黄河中上游的羌人共有八九十种之多，每种大者万余人，小者数千人。顺帝时单是"胜兵"即"合可二十万人"，可见总人数至少也得有五六十万人，比匈奴还要多些。胡、休屠、乌桓等人数虽少，但他们有时也能聚众起事，攻略城池，那么每一股总也得有那么几千或万把人。把所有这一带的边疆部族合计起来，总数当在百万左右。

这么多入居塞内的边疆部族以何为生？当然因部族与所处地区的不同而有所不同。但总的说来，无疑是以畜牧为主。匈奴恐怕根本没有什么农业生产可言。《后汉书》里记载那时汉与匈奴之间或匈奴内部的战争，经常提到的战果除斩首或首虏若干人外，只是说获马牛羊若干头，从未提到有什么其他财物。说到匈奴的居处也都是用的庐落或庐帐，而不用室屋或庐舍等字样。正因为他们在入居塞内后仍然保持着在塞外时的原有生活方式，所以才有可能在一旦被迫举起反抗汉朝统治的旗帜后，往往就举部出塞，甚或欲远度漠北。可以设想，要是农业对他们的经济生活已经占有一定比重的话，那么他们在反汉后就不可能再想到走上回老家这条路了。羌人部落中是存在着农业生产的，《后汉书·西羌传》里曾四次提到羌人的禾谷。但同传提到马、牛、羊、驴、骡、骆驼或畜产的却多至数十次，每一次的数字少者数千或万余头，多者至十余万头或二十余万头；《段颎传》末总结他对镇压羌人起义的战功是凡百八十战，斩三万八千六百余级，获牛、马、羊、骡、驴、骆驼四十一万七千五百余头。可见畜产是羌人的主要财富，牧业在他们经济生活中的重要性远过于农业。

历次羌人起义之所以使东汉朝廷无法应付，重要原因之一是"虏皆马骑"而汉兵"以步追之"，所以汉羌之战和汉匈之战一样，基本上也是农业族与游牧族之间的战争。

以畜牧为主的边疆部族有这么许多，现在再让我们来看看以务农为本的汉族人口有多少？

西汉边郡汉族人口之所以能够繁殖，原因有二：（一）移入了大量的内地人口；（二）边境长期安宁无事。这两个条件东汉都不存在。（一）东汉从没有推行过移民实边政策，就是在建武年间恢复边郡之初，也只是发遣原有的边民归于本土而已。而原来的边民在经历了四十年之久的流离死亡之余，能够归于本土的当然是不多的。（二）通东汉一代，尤其是安帝永初以后，大规模的"羌乱"和较小规模的匈奴的"反叛"，鲜卑、乌桓的"寇扰"，几乎一直没有停止过。因此，东汉边郡的汉族人口，不仅不可能日益繁息，相反，倒很可能在逐渐减少。《续汉书·郡国志》所载的是顺帝永和五年（140）的户口数，其时还不过经历了第一次大羌乱（107—118），第二次大羌乱（140—145）才刚刚发生，已经少得很可惊了。兹将黄河中游及河套诸郡户口表列于下，并用括号附列西汉户、口，以资比较。

郡　名	领　县	户	口	
朔方、五原	16（26）	6 654（73 660）	30 800（367 956）	边区
云中、定襄	16（23）	8 504（76 862）	40 001（336 414）	

续　表

郡　名	领　县	户	口	
西河、上郡	23（59）	10 867（240 073）	49 437（1 305 494）	边区
北地、安定	14（40）	9 216（107 186）	47 697（353 982）	
汉阳、陇西	24（27）	33 051（114 334）	159 775（498 172）	
京兆、冯翊、扶风	38（57）	107 741（647 180）	523 860（2 436 360）	内地
河东、太原	36（45）	124 445（406 759）	770 927（1 643 400）	

据表，有两点很值得注意：

1. 至少在边区十郡范围之内，汉人已变成了少数族，因为十郡的总口数不过三十二万，而这一带正是总数在百万左右的羌胡等族的主要分布区。

2. 比之西汉的编户，各郡全都减少了好几倍，甚至一二十倍，而减少得最厉害的，正是与黄河下游河道安危关系最为密切的西河、上郡、北地、安定等郡。

第一次大羌乱时，汉廷曾内徙陇西、安定、北地、上郡寄治于汉阳、三辅，至延光、永建时乱定复归本土。第二次大羌乱爆发后，又徙上郡、北地、安定寄治三辅，朔方寄治五原，并将西河郡治自平定（今内蒙古鄂尔多斯市东胜区附近）南徙离石（今山西吕梁市离石区）。此后战乱日亟，除安定外，其他四郡就一直未能迁还旧治。可见自永和五年以后，这一带的户口不会有所增加，只会更加减少。

以务农为本的汉族人口的急剧衰退和以畜牧为生的羌胡人口的迅速滋长，反映在土地利用上，当然是耕地的相应减缩，牧场的相应扩展。黄河中游土地利用情况的这一改变，结果就使下游的洪水量和泥沙量也相应地大为减少，我以为这就是东汉一代黄河之所以能够安流无事的真正原因所在。

六、东汉末年：变农为牧的成熟阶段

黄河中游边区和河套地区的变农为牧，在东汉末年以前，还不过是开始阶段；到东汉末年黄巾起义以后，才是这一变局的成熟阶段。

自永和以来，东汉政权对这一带边郡的统治，本已摇摇欲坠。勉强维持了四十多年，等到灵帝中平年间内地的黄巾大起义一爆发，终于便不得不把朔方、五原、云中、定襄、西河、上郡、北地七郡的全部和安定郡的一部分，干脆予以放弃（同时又放弃了桑乾河上游代郡、雁门二郡各一部分）。汉政权一撤退，在当时的历史条件下，即在汉廷与羌胡之间进行了长期的战争从而制造了尖锐民族矛盾的情况之下，汉民是无法再在这些地区留住下去的。于是"百姓南奔"，出现了"城邑皆空"，"塞下皆空"（见《元和志》关内道、河东道缘边诸州）的局面。其实"城邑皆空"应该是事实，整个儿"塞下"是不会空的，只是由原来的胡多民少的王朝边郡，进一步变成了清一色的羌胡世界的"域外"而已。所以在此后不满十年的献帝初平中，蔡文姬被掳入胡，竟在她的《悲愤诗》里，把她途经上郡故地说成是"历险阻兮之羌蛮"，把西河故地匈奴单于庭一带的景象说成是"人似禽兮食臭腥，言兜离兮状窈停"。

自此以后，黄河中游大致即东以云中山、吕梁山，南以陕北高原南缘山脉与泾水为界，形成了两个不同区域。此线以东、以南，基本上是农区；此线以西、以北，基本上是牧区。这一局面维持了一个很长的时期，极少变动。晋西北虽在曹魏时即已恢复了今离石县（今山西吕梁市离石区）以南地区的郡县建置，但其地迟至南北朝晚期，仍系以畜牧为生的"山胡"根据地，汉人想必只占少数（详下文）。陕北则直至十六国的前、后秦时代，才在北洛水中游设置了洛川、中部（今陕西黄陵）等县，其时上距汉末撤废边郡已二百余年。实际二秦的版图所届远在洛川、中部之北，其所以不在那里建置郡县，正反映了生活在那里的极大多数人民，还是居无常所的牧民，没有什么村落邑聚，因而也就不够条件设置郡县。姚秦末年赫连勃勃在这一带建立了夏国，还是不立郡县，只有城堡；直到后来取得了关中盆地，夏国境内才算有了郡县。

当然在这条线以东、以南，那时并不是就没有牧业。事实上自东汉末年以来，此线以东的今山西中部南部，也变成了匈奴的杂居地；此线以南的关中盆地的氐羌人口，只有比东汉末年以前更多。牧业的比重，想必也是有所增加的。但这些地区的自然条件毕竟更适宜于农耕，汉族人口毕竟还占着多数，因此，羌胡等族人入居到这里以后，往往很快就会弃牧就农。匈奴在黄巾起义时入居太原一带，后五六十年，在曹魏末年，当地的世家豪族即"以匈奴胡人为田客，多者数千"（《晋书·王恂传》），就是一个很好的例子。西晋末五胡起事首领之一、上党羯人石勒，出身于"为人力耕"的雇农，也是一个例子。（石勒又善于相马，可见仍不脱游牧族本色。）所以这些地区尽管在民族成分上杂有不少羌胡，但在经济上则始终是以农耕为主的区域。

同样，在这条线以西、以北，也并不是完全没有农业。一方面是汉人有时会被逼徙到这里。例如赫连勃勃破关中，就曾虏其人筑城以居之，号吴儿城，在今陕北绥德县西北（《元和志·绥州》）。另一方面是羌胡等族当然也有一部分会渐渐转业农耕。例如赫连勃勃的父亲卫辰在苻秦时代曾经遣使"请田内地"（《晋书·苻坚载记》），可见农业在卫辰统治下的部族经济中已占有一定的重要性。但迁来的汉人为数既不多，又由于这里的自然条件和社会条件跟汾水流域、关中盆地大不相同，羌胡等族的转业农耕极其缓慢，所以在北魏道武帝初年击破卫辰时，见于历史记载的俘获品仍然是"马牛羊四百余万头"（《魏书·铁弗传》《食货志》），而没有提到粮食。后四十余年，太武帝灭夏，将陕北陇东等地收入版图，仍然是"以河西（指山陕间的黄河以西）水草善，乃以为牧地，畜产滋息，马至二百余万匹，橐驼将半之，牛羊则无数"（《魏书·食货志》）。可见这一区域直到入魏之初，上去汉末已二百四十余年，畜牧还是当地的主要生产事业。

　　历史上的魏晋十六国时代是一个政治最混乱、战争最频繁的时代，而在黄河史上的魏晋十六国时代，却偏偏是一个最平静的时代。原因在哪里？依我看来，原因就在这里。

七、北魏至隋：农耕区域逐渐向北扩展

全面突破汉末以来所形成的那条农牧分界线，使农耕区域比较迅速地向北扩展，那是北魏以后的事。北魏在灭夏以后百年之间，就把郡县的北界推到了今银川平原、无定河、窟野河、蔚汾河一带。此后又历七八十年，经西魏、北周到了隋代，一方面在北魏原来的范围内增建了许多郡县，一方面又向北扩展，在河套地区设立了丰、胜等州。东汉中叶以前在这一带的政区建置规模，至此便基本上得到了恢复。据《隋书·地理志》所载，大业五年（609）设置在黄河中游边区和河套地区的十八个郡①的总户数共约有五十五万，也几乎赶上了西汉末年的六十余万户。

郡县的增建、户口的繁殖，当然反映了农耕区域的扩展。但我们能不能根据隋代在这一带郡县的辖境和户口的数字已接近于西汉，就说这一带的土地利用情况大致上也恢复了西汉之旧呢？不能。事实上自北魏至隋，这一带的牧业经济比重始终应在西汉之上。原来这一带在秦与西汉时的由牧变农，是一下子把牧人——戎狄赶走了，迁来了大批农民——汉人，所以变得很快，并且比较彻底（当然牧业还是有的）。北魏至隋这一时期内的农牧变化可跟秦汉不一样。这时原住本区的稽胡——一种以匈奴后裔为主体，杂有东汉魏晋以来曾经活动于本区的其他部族血统的

---

① 陇西、天水、平凉、安定、北地、弘化、盐川、上郡、延安、雕阴、朔方、榆林、定襄、五原、灵武、文城、龙泉、离石。

混合族——绝无向邻区或塞外迁出的迹象，相反，在本区内的稽
胡族一直繁衍昌盛，遍布于全区。"自离石以西，安定以东，方
七八百里……种落繁炽"（《周书·稽胡传》）。所以本区在这一
时期内的由牧变农，主要不是由于民族迁移——汉族的迁入，而
是由于民族同化——稽胡的汉化。而这一转化过程是极其缓慢
的，并且在这方七八百里的广大地区之内，各部分的进展速度也
极不平衡。

　　汉族迁入本区，在十六国时代即已有之，已见上述。约至北
魏晚期，稽胡的大部分由于"与华民错居"，已转入定居生活，
"其俗土著"，"分统郡县，列于编户"。但毕竟仍"有异齐民"，
故不得不"轻其徭赋"。一部分居于"山谷阻深者"，则犹"未尽
役属"。土著列于编户的，"亦知种田"，也就是说，会种田，不
过种田并不是他们的主要生产活动。至于"山谷阻深者"，大致
仍依畜牧为生，所以北齐初年高洋平石楼（今山西石楼县）山胡
（即稽胡），所虏获的还是杂畜十余万（《北齐书·文宣纪》）。到
了隋代，据《隋书·地理志》所载各地风俗，自今鄜县、合水、
泾川以南一带，才算是"勤于稼穑，多畜牧"，到达了农牧兼重
阶段；自今宜川、甘泉、庆阳以北，则还是由于"连接山胡，性
多木强"，显然其农业比重又不及鄜县、合水、泾川以南。

　　以语言与生活习惯而言，北周时"其丈夫衣服及死亡殡葬与
中夏略同，妇人则多贯蜃贝以为耳及颈饰"，"然语类夷狄，因译
乃通"。到了隋代，丹州（今陕西宜川县）的白室（即稽胡）因
使用了汉语，"其状是胡，其言习中夏"，被称为"胡头汉舌"
（《元和志·丹州》引《隋图经》）。自丹州以北的稽胡族中，想
必还保留着不少的"胡头胡舌"。一直到唐初，历史上还出现拥

有部落数万的稽胡大帅，可见其汉化过程还没有彻底完成^①。

正由于稽胡的汉化过程——在经济生活上就是由牧变农的过程——极其缓慢，到唐初还没有完成，所以自北魏至隋，这一带的郡县虽续有增建，户口虽日渐繁殖，但黄河下游安流无事的局面仍能继续维持。

当然，尽管这一过程极其缓慢，对下游河道不会不发生一定的影响；尤其是到了隋代，户口数字既已接近于西汉，尽管是半农半牧，水土流失的程度必然已远远超过魏晋南北朝时代。隋祚若不是那么短促，再能延长几十年，那么西汉或五代以后的河患，很可能在隋代也会出现。

---

① 据《旧唐书·吐蕃传》，大历中郭子仪部下犹有稽胡。此后即不再见于记载。

八、唐：安史之乱前后土地利用的变化

有唐一代二百九十年，这一带的土地利用情况及其对下游河患的关系，应分为安史乱前、乱后两个时期来讲。

安史之乱以前土地利用的基本情况是：

1. 设置郡县的地区有超出隋代原有范围之外的，如在窟野河流域设立了麟州一州三县。郡县数字也有所增加，从隋大业的十八郡九十四县，到天宝元年增为二十六郡①一〇八县。这反映了农垦区域的分布较前稍有推广。

2. 公私牧场占用了大量土地。

自贞观以后，唐朝在这一带设置了许多牧监、牧坊，由公家经营以养马为主的畜牧业，其规模之大，远远超过西汉时代的牧苑。西汉牧苑养马总数不过二三十万匹。唐代单是陇右群牧使所辖四十八监，以原州为中心，跨秦、渭、会、兰四州之地，"东西约六百里，南北约四百里"，"其间善水草腴田皆隶之"。麟德中马至七十万六千匹；天宝中稍衰，十三载，总马牛羊凡六十万五千六百匹、头、口。自陇以东，岐、邠、泾、宁间设有八坊，"地广千里"，开元十九年有马四十四万匹。夏州亦有群牧使，永隆中"牧马之死失者十八万四千九百九十"，总数当不止此。又盐州设有八监，岚州设有三监②。

① 秦、渭、泾、原、宁、庆、鄜、坊、丹、延、灵、会、盐、夏、绥、银、宥、麟、胜、丰、慈、隰、岚、石二十四州，单于、安北二都护府。
② 《元和志·原州》、《全唐文》卷三六一《岐邠泾宁四州八马坊颂碑》、《册府元龟》卷六二一、《新唐书·兵志》。

牧监、牧坊以外，据《新唐书·兵志》说："天宝后诸军战马动以万计，王侯将相外戚牛驼羊马之牧布诸道，百倍于县官。"这几句话说得当然有些夸大，但当时军队和贵族都畜养着相当数量的牛驼羊马应该是事实。这些牧场虽然遍布于诸道，本区由于自然条件适宜于畜牧，地理位置外接边防军驻地，内近王侯将相外戚麇集地的京畿，所占比例也应该比之于其他地区为特多。

3. 人民的耕地初期远比隋代少，极盛时也不比隋代多。

唐初承隋末农民大起义与割据战争之后，户口锐减，贞观初全国户不满三百万（《通典·食货典·户口》），不及隋大业时的三分之一。本区一方面在梁师都、刘武周、郭子和、薛举割据之下，统一最晚，一方面又遭受了突厥的侵扰，当然不会比其他地区情况好，只会减少得更多。经百余年到了天宝极盛之世，本区二十六郡在天宝元年的总户数仍不过三十三万（《新唐书·地理志》）。安史乱起前夕的天宝十三四年，全国总户数比天宝元年约增百分之六七（据《通典》《唐会典》所载天宝元年与十三年、十四年户数比较而得），则本区约有户三十五万左右，较之隋大业有户五十五万，相差很远。其时人民为逃避赋役而隐匿户口的很多，据杜佑估计，实际数字要比入籍数字多二分之一强（《通典·食货典·户口》），依此推算，仍不过略与大业户数相当。郡县编户基本上就是农业人口，所以贞观天宝间本区的编户始终不比隋代多，可以反映其时的耕地面积大致上也并未扩展。

总上三点，正好用以解释同时期黄河下游的情况：1. 由于这一带基本上成为农业区，跟东汉以后北朝中叶以前基本上是牧区不同，北朝中叶以来的变牧为农，对下游河道已发生了一定的影响，而唐承其后，因而下游也就不可能完全免于决溢之患，先后出现了九次。2. 初年编户锐减，故自武周以前，有溢无决；其后生齿日繁，就出现了开元年间的两次决口。3. 由于编户始终没有超过隋代，又有大片土地被用作公私牧场，未经开垦，因而虽有决溢，并未改道，河患的严重性远不及西汉。

安史乱以后，各方面的情况都有变动，最明显的是：1. 郡县建置有所减缩。广德初，陇右为吐蕃所占领，历八十余年，至大中初始收复。唐末又放弃了河套地区的丰、胜等州。2. 编户锐减。建中初全国户数仅三百万（《资治通鉴》建中元年），开成、会昌间仍不足五百万（《唐会典》卷八四，开成四年、会昌五年）。《元和志》中本区只有十州载有户数，较之天宝，有的只剩下了几十分之一，最多亦不过三分之一（隰州元和户反多于天宝，应有讹误）。

既如此，那么安史以后的下游河患何以非但不见减少，仍有九次之多，并且还出现了改道？

要解答这个问题，首先，得懂得编户数字并不等于实际户口数字。一般说来，编户数字总比实际数字少，而历史上各个时期由于生产关系不同，赋役制度不同，编户数字与实际数字的距离又有所不同。安史前后均田制的彻底崩溃，租庸调之变为两税法，使唐代后期民户的隐匿逃亡，有过于开元、天宝时。因此，安史乱后编户大减，在肃、代之际应该是实际情况，到了开成、会昌时代，全国编户数已接近五百万，从当时各处逃户往往达三分之二[①]推算起来，实际户数恐怕已不会比天宝年间的千三四百

---

① 据《册府元龟》卷四八六，元和六年李温奏；《旧唐书·李渤传》元和十五年疏。

万①少。本区地处边陲，比较难于恢复，但也不会少得太多。

其次，得看看耕地到底是增是减？农牧比重有何改变？

安史乱后被日益剧烈的土地兼并和苛政暴敛赶出自己原来的田地的农民，除了一部分变成庄园主的佃户，一部分潜窜山泽，"聚为寇盗"外，又有一部分逃往他州外县，依靠垦辟"荒闲陂泽山原"为生。对于这种垦荒的农民，政府为安集逃散、增辟税源计，明令五年之内不收税，五年后再收税。农民在这一法令之下的对付办法很妙：免税限期之内，努力垦辟，一到满期，又复逃弃，另辟新荒②。就是这样一逃再逃，以致这一时期的农业尽管是较前衰退了，而耕地却在不断地扩展。

再者，安史乱后陇右陷于吐蕃，至大中初收复，听百姓垦辟③，即不再恢复原来的牧监。岐、邠、泾、宁间的牧坊，乱后"皆废，故地存者，一归闲厩。旋以给贫民及军吏，间又赐佛寺、道馆几千顷"。元和中一度收原来的岐阳坊地入闲厩，"民失业者甚众"（《新唐书·兵志》），长庆初复"悉予民"。其时本区著名的牧监只有银州的银川监和岚州的楼烦监，养马仅数千匹（《通鉴》中和二年）。可见本区（不包括河套地区与鄂尔多斯草原）原来的牧监、牧坊，至是极大部分都变成了耕地，存者无几；耕地不是减缩了，而是增加了。就农牧比重而言，已自乱前的以农为主、农牧兼营，变而为几乎是单纯的农业区。

末了，还得让我们想一想，其时扩展的耕地可能在什么地方？在那样的社会条件之下，平原地带富于灌溉之利的好田地当

① 《通典·食货典·户口》，此系杜佑估计数字。
② 《唐会要》卷八四，《陆宣公奏议·均节赋税恤百姓》。
③ 《册府元龟》卷五〇三。

252 / 第八讲　何以黄河在东汉以后会出现一个长期安流的局面

然是属于各级地主的，逃户和一般小农所得而垦辟的，当然只能是原来的牧场和弃地，包括坡地、丘陵地和山地。而这些地区一经垦辟，正是水土流失最严重的地区！

至于郡县的减缩，由于陇右陷于吐蕃时汉民并未撤退，唐末放弃的丰、胜二州又在河套地区，所以对下游河道不会发生多大影响。又，武周时内徙党项于庆州、夏州一带，至唐末形成割据势力，但党项本"土著有栋宇"，农牧兼营，所据区域大部分在黄河上游与鄂尔多斯草原，汉民亦未迁出，对下游的影响也不大。

明白了上述这一番道理，不仅唐代后期郡县缩、编户减而河患不减这一问题得到了解答，并且还可以用以解释五代以后出现的类似情况，例如元代。

九、结论及对未来的瞻望

　　唐代后期黄河中游边区土地利用的发展趋向，已为下游伏下了祸根。五代以后，又继续向着这一趋势变本加厉地发展下去，中游的耕地尽"可能"地无休止地继续扩展，下游的决徙之患也就无休止地愈演愈烈。国营牧场随着政治中心、边防重心的东移而移向黄河下游和河朔边塞。农民在残酷的封建剥削之下，为了生存，唯有采取广种薄收的办法，随着原来的地势起伏，不事平整，尽量扩大垦种面积。黄土高原与黄土丘陵地带在这样的粗放农业经营之下，很快就引起严重水土流失，肥力减退，单位面积产量急剧下降，沟壑迅速发育，又使耕种面积日益减缩。还是为了生存，农民唯有继续扩展垦地，甚或抛弃旧业，另开新地。就这样，"越垦越穷，越穷越垦"，终至于草原成了耕地，林场也成了耕地，陂泽洼地成了耕地，丘陵坡地也成了耕地；耕地又变成了沟壑陡坡和土阜。到处光秃秃，到处千沟万壑。农业生产平时收成就低，由于地面丧失了蓄水力，一遇天旱，又顿即成灾。就这样，当地人民的日子越过越穷，下游的河床越填越高，洪水越来越集中，决徙之祸越闹越凶。就这样，整个黄河流域都陷于水旱频仍、贫穷落后的境地，经历了千有余年之久，直到解放以后才见转机。

　　总之，王景不是神仙，宋元明清的治河人员也不会都是低能儿；下游河防工事的技术和经验应该是跟着时代的演进而逐步提高、丰富的，贾鲁、潘季驯、靳辅等这一班人，只会比王景高明，不会反而比他差。这一班人的每一次努力之所以只能收功见效于三年五载，至多不过一二十年，而王景之后竟能出现千年之久长期安流的局面，关键不在于下游修防工事的得失，而在于中游土地利用情况的前后不同。这就是我对于今天这个讲题的答案，也可以说是我对于整个历史时期黄河安危的总看法。这看法到底是不是讲得通，是不是符合于历史真实，谨请诸位指教！

话讲到这里还不能就此结束，我们还得结合历史经验谈一谈当前黄河中游的土地利用规划，并稍稍瞻望一下黄河流域的前景，这应该是同志们所最关心的。

黄河中游山陕峡谷流域和泾渭北洛上游这两区，按其自然条件而言，本来是应该农、林、牧兼营的地区。农耕只应该在不容易引起水土流失的平地上精耕细作地进行，不应该扩展到坡地、台地上去，这是地理学家、水利学家、农学家们早就作出的科学结论。我们在上面所讲的历史事实更充分证实了这一点：什么时期的土地利用合乎此原则，那么本区与下游同受其利；反之，则同受其害。因此，当前我们建设社会主义新中国，要根治黄河水害，开发黄河水利，繁荣整个流域经济，那就必须对中游这二区的土地利用予以充分的注意，作出缜密合理的安排与规划。否则，不仅当地人民的生活无法改善提高，下游也不可能单单依靠三门峡水库就获得长治久安。因为三门峡水库的容积不是无限的，中游的水土流失问题不解决，要不了一百年，泥沙就会把水库填满。

那么，我们现在是怎样地在对付这一问题的呢？请诸位放心，像这样的大事，党和政府当然是极为关心注意着的，并且多年来早就采取了一系列的具体措施，正在有效地把千年以来的不合理现象予以改正。

　　采用了什么措施？是不是把所有非平坦地区的耕地一下子全部或大批予以退耕，还林还牧？不，这是不可能的。当地人民的粮食必需自给自足，不能依靠外援，此其一。当地农民的生活水准原来就很低，不能再使农民因耕地退耕而受到损失，此其二。因此，健全的方针应该不是消极地单纯地耕地退耕，而是积极地综合地发展农、林、牧，结合着农、林、牧生产的提高和收益的增加，逐步移转或减缩耕地，变土地的不合理利用为合理利用。具体的措施是四化：1. 山区园林化。封山育林，同时利用所有荒坡、荒沟、荒地，大量植树种草。这样做不仅增加了林、牧业收入，并且对蓄水保土、调节气候、改良土壤都发生良好作用。2. 沟壑川台化。在沟壑中打坝淤地，制止沟蚀，变荒沟为良田。这样做既有效地控制了水土流失，又为逐步停耕坡地，把耕地从山上坡上转移到沟川准备了条件。3. 坡地梯田化。用培地埂的办法，起高垫低，把坡地修成一台台的梯田。4. 耕地水利化。打井，挖泉，开渠，修水库，天上水、地面水、地下水一齐抓，节节蓄水，层层灌溉。3、4 二项都是改造现有耕地，提高产量，减少水土流失的有效措施。

　　用一句话概括四化，就是改进农业生产，并从单纯的农业经济逐步向农、林、牧综合经营发展。短期内虽然还不能不以农为主，远景规划则以达到土地充分合理利用、水土流失基本消灭为目标。我们完全有理由相信，在党的英明领导之下，依靠群众，发动群众，彻底解决黄河中游的土地利用问题，从而永远保障下游免于决溢之害，将是在不久的将来就可以做到的事！

第九讲

云梦与云梦泽

本讲原载《复旦学报·历史地理专辑》（复旦大学出版社，1980 年），收入《长水集》下册。

　　"云梦"一词，屡见先秦古籍；但汉后注疏家已不能正确理解其意义，竟与云梦泽混为一谈，因而又产生出许多关于云梦和云梦泽的误解。云梦泽汉世犹见在，故汉人言泽地所在，虽简略而基本正确；晋后随着云梦泽的消失，对《经》《传》"云梦"一词的普遍误解，释经者笔下的泽地所在，乃愈释愈谬，积久弥甚，达到了极为荒谬的地步。本文的写作，目的即在于澄清这些传统的谬说，并从而对云梦泽的演变过程作一探索，希望能为今后科学地阐述历史时期江汉平原的地貌发育过程打下一个比较可靠的基础。

一、"云梦"不一定指云梦泽

　　古籍中有的"云梦"所指确是云梦泽，那就是见于《周礼·职方》荆州"其泽薮曰云梦"，见于《尔雅·释地》、《吕氏春秋·有始览》十薮、《淮南子·地形训》九薮中的"楚之云梦"。但另有许多"云梦"，指的却不是云梦泽，如《左传》宣公四年载：令尹子文之父在郧时私通郧子之女，生下了子文。初生时其母"使弃诸梦中。虎乳之。郧子田，见之"。昭公三年载：郑伯到了楚国，楚子与郑伯"田江南之梦"。"梦"是云梦的简称①。

----

　　① 此从《尚书·禹贡》篇孔颖达疏。一说江北为云，江南为梦，云梦是云和梦的连称，这是错误的。郧在江北，宣四年明明用的是梦字。昭三年曰"江南之梦"，可见江北也有梦；若江北为云，梦全在江南，则梦上无需着"江南"二字。定四年楚王从睢东江北的郢城"涉睢"，到了睢西；"济江"，到了江南；入于云中，可见江南之梦也可以叫云。此事在《史记·楚世家》中记作王"亡走云梦"，可见云即云梦。

这两个"梦中"既然是虎所生息可供田猎的地方，就不可能是一些湖泊沼泽，应该是一些山林原野。又定公四年载：吴师入郢，楚子自郢出走，"涉睢，济江，入于云中。王寝，盗攻之，以戈击王"。"云"也是云梦的简称。这个"云中"有盗贼出没，能危及出走中的楚王，也应该是一片林野而非水面。

在《战国策》《楚辞》等战国时代记载中，凡是提到"云梦"的，都离不开楚国统治者的游猎生活。《国策·宋策》："荆有云梦，犀兕麋鹿盈之。"犀兕麋鹿，全是狩猎的对象。又《楚策》："于是楚王游于云梦，结驷千乘，旌旗蔽天。野火之起也若云霓，虎嗥之声若雷霆。有狂兕牂车依轮而至，王亲引弓而射，一发而殪。王抽旃旄而抑兕首，仰天而笑曰：乐矣，今日之游也。"这里所描写的是楚宣王一次大规模的田猎活动。又《楚辞·招魂》："与王趋梦兮课后先，君王亲发兮惮青兕。"屈原说到他曾追随楚怀王的猎队在梦中驰骋，怀王亲自射中了一头青兕。可见这三处所谓"云梦""梦"，当然也是山林原野而非湖沼池泽。

从这些史料看来，显然先秦除云梦泽外，另有一个极为广阔的楚王游猎区也叫"云梦"。因此我们不能把凡是于见古籍的"云梦"一概看作是云梦泽，应该看这两个字出现在什么样的历史记载里。上引《左传》宣公四年条下杜预注"梦，泽名"；定公四年条"云中"下注"入云梦泽中"；《楚策》条"云梦"下高诱注"泽名"；《招魂》"与王趋梦兮"王逸注"梦，泽中也，楚人名泽中为梦中"：这些汉晋人的注释，显然都是错误的。这是由于杜预等只知道《职方》《释地》等篇中有一个泽数叫"云梦"，对史文竟贸然不加辨析之故。

可能有人要为杜预等辩护，说是：《说文》"水草交厝曰泽"。

泽的古义本不专指水域，所以杜等对上引《左传》等文字的注释不能算错。但从上引史文可以看出，这些"云梦"地区不仅不是水域，也不是什么水草交厝的低洼沮洳之地，而是一些基本上保持着原始地貌形态的山林和原野。所以放宽了讲，杜预等的注释即使不算全错，至少是很不恰当的。其实杜预等的注释若把"泽名"或"泽中"改为"薮名"或"薮中"那倒是比较强一些。因为"薮"有时虽解作"大泽"①，有时又解作"无水之泽"②，若从后一义，还勉强可以说得通。不过也只是勉强可通而已，恰当是谈不上的。因为作为春秋战国时楚王游猎区的"云梦"，很明显不光是一些卑湿的无水之泽，而是一个范围极为广阔的包括山林川泽原隰多种地貌形态的区域。

比《左传》《国策》《楚辞》更能反映"云梦"的具体情况的先秦史料是《国语》里的一条。《楚语》载，楚大夫王孙圉在讲到楚国之宝时，说了这么几句："又有薮曰云连徒洲③，金木竹箭之所生也。龟、珠、齿、角、皮、革、羽、毛，所以备赋用以戒不虞者也，所以供币帛以宾享于诸侯者也。"这个"云连徒洲"应即《左传》《国策》等书中的"云梦"。王孙圉所引举的云连徒洲的十二字产品中，只有龟、珠是生于泽薮中的，其他十字都是山野林薄中的产品，可见这个云连徒洲虽然被称为薮，实际上是一个以山林原野为主，泽薮只占其一小部

① 《说文》："薮，大泽也。"《周礼·职方》郑玄注："大泽曰薮。"
② 《周礼·大宰》："四曰薮牧，养蕃鸟兽"，郑注："泽无水曰薮。"《周礼·地官》："泽虞，每大泽大薮……"郑注："泽，水所钟也，水希曰薮。"
③ 韦昭注："梦有云梦，薮泽也。连，属也。水中之可居曰洲；徒，其名也。""薮"下读断，解作薮名为"云"，有洲曰徒洲与相连属。但清人如孙诒让《周礼·正义》，近人徐元诰《国语集解》等薮下皆不断，径以"云连徒洲"为薮名，谓即《禹贡》之"云土"，较韦说为胜。

262 / 第九讲 云梦与云梦泽

分的区域。

古文献中对"云梦"所作描述最详细的是司马相如的《子虚赋》。司马相如虽是汉武帝时代的人，但他所掌握并予以铺陈的云梦情况却是战国时代的。因为汉代的楚国在淮北的楚地即西楚，并不在江汉地区；而《子虚赋》里的云梦，很明显依然是江汉地区战国时的楚王游猎区。

据《子虚赋》说："云梦者，方九百里。"其中有山，高到上干青云，壅蔽日月；山麓的坡地下属于江河，有各种色彩的土和石，蕴藏着金属和美玉。东部的山坡和水边生长着多种香草。南部"则有平原广泽"，"缘以大江，限以巫山"。高燥区和卑湿区各自繁衍着无数不同的草类。西部"则有涌泉清池"，中有"神龟、蛟鼍、玳瑁、鳖鼋"。北部有长着巨木的森林和各种果林；林上有孔雀、鸾鸟和各种猿类；林下有虎豹等猛兽。楚王游猎其中，主要以驾车驱驰，射弋禽兽为乐，时而泛舟清池，网钩珍鳖；时而到"云阳之台"① 等台观中去休息进食。

《子虚赋》里的话有些当然是赋家夸饰之辞，不过它所反映的云梦中有山，有林，有平原，而池泽只占其中的一部分这一基本情况，该是无可置疑的。至于篇首说什么"臣闻楚有七泽……臣之所见，盖特其小小者耳，名曰云梦"，那是虚诞到了极点。把这个既有山林又有原野的云梦称为"泽"，更属荒唐。这篇赋就其史料价值而言，其所以可贵，端在于它把这个到处孕育繁衍着野生动植物的未经开发的游猎区"云梦"，形象地描述了出来。

_____

① 《文选》注引孟康曰："云梦中高唐之台，宋玉所赋者，言其高出云之阳。"按：《高唐赋》作"云梦之台，高唐之观"。又《左传》昭公七年"楚子成章华之台"，杜注"今在华容城内"，于先秦亦当在云梦中。

《子虚赋》里所说的"云梦"东部,当指今武汉以东的大别山麓以至江滨一带;西部的涌泉清池,当指沮漳水下游的一些湖泊;北部的高山丛林,当指今钟祥、京山一带的大洪山区;南部的平原广泽,当指分布在郢都附近以至江汉之间的平原湖沼地带,平原之西限以广义的巫山即鄂西山地的边缘,广泽之南则缘以下荆江部分的大江,这才是"云梦"中的泽薮部分,其中的广泽才是《周礼》《尔雅》等列为九薮十薮之一的"云梦泽"。

我们根据《子虚赋》推定的这个"云梦"范围,却可以包括先秦史料中所有有地望可推的"云梦"。《左传》宣四年在郧地的"梦"应在今云梦县境。昭三年的"江南之梦"亦即定四年的"云中",应在郢都的大江南岸今松滋、公安一带。《招魂》的"梦"在庐江之南、郢都之北,约在今荆门县(今湖北荆门市)境。也可以包括所有下文将提到的,在古云梦区范围内见于汉代记载的地名:云杜县在今京山、天门一带;编县故治在今荆门、南漳之间;西陵县故治在今新洲县(今湖北武汉市新洲区)西。这些地方都是非云梦泽的云梦区。云梦泽见于汉以前记载的只有华容县一地,也和《子虚赋》所述广泽在云梦的南部符合。

春秋战国时的云梦范围如此广大,估计东西约在八百里以上,南北不下五百里,比《子虚赋》所说"方九百里"要大上好几倍。实际"方九百里"应指云梦泽的面积,司马相如在这里也是把云梦和云梦泽混为一谈了。

在这么广大的范围之内,并不是说所有的土地全都属于"云梦";这中间是错杂着许多已经开发了的耕地聚落以及都邑的。解放以来考古工作者曾在这个范围内陆续发现了许多新石器时代和商周遗址①。见于记载的，春秋有轸、郧（䢵）、蒲骚、州、权、那处，战国有州、竟陵等国邑②。《禹贡》荆州"云梦土作乂"③，就是说这些原属云梦区的土地，在疏导后已经治理得可以耕种了。汉晋时的云杜县，也有写作"云土"的，当即云梦土的简称。云杜县治即今京山县（今湖北京山市）治④，辖境跨汉水南北两岸，东至今云梦，南至今沔阳，正是云梦区的中心地带。

这一地区本是一个自新石器时代以来早已得到相当开发的区域，其所以会迟至春秋战国时代还保留着大片大片的云梦区，那当然是由于楚国统治者长期霸占了这些土地作为他们的游乐之地——苑囿，阻挠了它的开发之故。因此，春秋战国时楚都于郢，而见于记载的郢都周围今湖北中部江汉平原一带的城邑，反而还不如今豫皖境内淮水两岸那么多。

云梦游猎区的历史大致到公元前278年基本结束。这一年，秦将白起攻下郢都，楚被迫放弃江汉地区，举国东迁于陈。从此秦代替楚统治了这片土地。秦都关中，统治者不需要跑到楚地来游猎，于是原来作为楚国禁地的云梦被开放了，其中的可耕地才逐步为劳动人民所垦辟，山林中的珍禽猛兽日渐绝迹。到了半个世纪后

① 新石器时代遗址有京山屈家岭、京山石龙过江水库、京山朱家嘴、天门石家河、武昌洪山放鹰台、汉口岱家山盘城等；商周遗址有黄陂盘龙城、洪湖瞿家湾等。
② 轸、郧、蒲骚、州见《左传》桓十一年，郧见宣四年，权、那处见庄十八年。轸在今应城县（市）西。郧（䢵）在今云梦县。蒲骚在今应城县（市）西北。州在今洪湖县东北。权、那处在今荆门县（市）东南。州见《楚策》。竟陵见《秦策》，在今潜江县（市）西北。
③ "云梦土"，今本《尚书》作"云土梦"。古本或土在梦下，或梦在土下。二者哪一种符合于《禹贡》的原文，是一个长期争论不决的问题。这里用不着详辨，我们认为应该是土在梦下。
④ 汉云杜县故城，即今京山治；约汉魏之际移治汉水南岸今沔阳县（今湖北仙桃市）沔城镇西北。《后汉书·刘玄传》注、《通典》、《清一统志》等并作汉县即在沔阳，误。别有考。

秦始皇建成统一的封建王朝时，估计已有靠十个县建立在旧日的云梦区。因此，《史记·秦始皇本纪》载始皇三十七年（前210）南巡"行至云梦"（指安陆县的云梦城，即今云梦治，详下），仅仅望祀了一下虞舜于九疑山，便浮江东下，不再在此举行田猎。此后九年（前201），汉高祖用陈平计，以游云梦为名，发使者告诸侯会于陈，诱使韩信出迎被擒（《高祖本纪》《淮阴侯列传》）。这一次所谓出游云梦，只是一个借口而已，实际上云梦游猎区罢废已将近八十年，早就面目全非，哪里还值得帝王们路远迢迢赶到这里来游览？

先秦的云梦游猎区到了西汉时代，大部分业已垦辟为邑居聚落，但仍有一部分山林池泽大致上保持着原始面貌。封建王朝在这里设置了专职官吏，对采捕者征收赋税，这种官吏即被称为云梦官。云梦官见于《汉书·地理志》的有两个：一个设在荆山东麓今荆门、南漳之间的编县，一个设在大别山南麓今麻城、红安、新洲一带的西陵县[①]。又，东汉时云梦泽所在的华容县设有云梦长，见应劭《风俗通义》，这很可能也是秦汉以来的相传旧制，而为《汉书·地理志》所脱载。编县的云梦官一直到西晋时还存在（见《晋书·地理志》）。估计云梦区的全部消失，当在永嘉乱后中原流民大量南移之后不久。

以上指出汉晋人对《左传》《国策》《楚辞》中"云梦"所作的注释是错误的，阐明"云梦"是一个包括多种地貌，范围极为广阔的楚王游猎区，"云梦泽"只是"云梦"区中的一小部分，并大致推定"云梦"区的地理范围及其消失过程。

---

① 一本两"官"字俱误作"宫"。洪迈《容斋随笔》、王应麟《玉海》皆引作"宫"，本志南海郡有洭浦官，九江郡有陂官、湖官，知作"官"是。

二、云梦泽在什么地方

作为先秦九薮之一的云梦泽，在《周礼》《尔雅》等书中只说在荆州，在楚地，没提到它的具体位置。汉后有多种说法，随时在变，大致可以分为三个阶段：

（一）两汉三国时代，或作在江陵之东，江汉之间，或作在华容县境。前者如《史记·河渠书》载，春秋战国时的楚，曾"通渠汉水、云梦之野"，这是说从郢都凿渠东通汉水，中间经过云梦泽地区。又，同书《货殖列传》论各地风俗有云"江陵故郢都，西通巫、巴，东有云梦之饶"，指明云梦在江陵之东。后者如班固《汉书·地理志》、应劭《风俗通义》都说云梦泽在华容南，并且还指明这就是《职方》的荆州薮。郑玄《周礼》注、高诱《战国策》《吕氏春秋》《淮南子》注、张揖《汉书音义》（《文选·高唐赋》注引）、韦昭《汉书音义》（《汉书·高帝纪》注引）都说泽在华容而不及方位。《水经·禹贡山水泽地》作泽在华容东。华容故城在今潜江县（今湖北潜江市）西南[①]，正好在江陵之东，大江、汉水之间，所以这二说在实质上是一样的。华容在汉代是南郡的属县，所以《后汉书·法雄传》说迁南郡太守，"郡滨带江沔，又有云梦薮泽"。这个泽直到东汉末年犹以见在的泽薮见于记载，建安十三年曹操赤壁战败后，在《三国志》裴松

---

① 《清一统志》谓在监利县西北。今按：《左传》昭公七年杜预注云，章华台"今在华容城内"；《括地志》台在荆州"安兴县东八十里"，安兴故城在今江陵县东三十里；《渚宫旧事》注台在江陵东百余里；以方位道里计之，则台与县故址当在今潜江县西南。若监利县西北，则于江陵、安兴为东南而非东，去安兴当在百里以上矣。

之注引乐资《山阳公载记》里作"引军从华容道步归，遇泥泞，道不通"，在《太平御览》卷一五一引王粲《英雄记》里作"行至云梦大泽中，遇大雾，迷失道路"，二书所记显然是同一事件，正可以说明云梦泽在华容道中。

《水经注》虽然是南北朝时代的著作，其所采辑的资料则往往兼包前代，关于云梦泽的记载，其中有一段即与两汉三国说基本相同，只是未著所本。《夏水注》在经文"又东过华容县南"下接着写道："夏水又东径监利县南……县土卑下泽，多陂池；西南自州（当作"江"，见杨守敬《水经注疏》）陵东界，径于云杜、沌阳，为云梦之薮矣。"监利县，孙吴置而旋省，晋太康中复立，故城在今县（市）北，汉晋华容县治东南。云杜县，汉置，治今京山县（市）治，魏晋之际移治今沔阳县西。沌阳县，晋置，故城在今汉阳县（今湖北武汉市汉阳区）南。这里所述云梦位置比上引汉魏人所说来得详细，但在江陵之东，江汉之间，在华容县治的南方和东方是一样的。

这种通行于两汉三国时代的说法，不仅时代距先秦不远，并且与《子虚赋》里所说平原广泽在"缘以大江，限以巫山"的云梦区的南部也是符合的，所以我们认为这是正确的说法，先秦云梦泽正该在这里。当然，先秦时代与两汉三国时代可能稍有不同，但差别不会很大。

（二）从西晋初年的杜预开始，云梦泽就被说成是"跨江南北"的（《左传》昭公三年、定公四年注），在江南的就是巴丘湖亦即洞庭湖，在江北的在当时的安陆县即今云梦县境。江南的云梦泽，杜预在其《春秋释例·土地名》昭公三年"江南之云梦中"条下说："南郡枝江县西有云梦城，江夏安陆县东南亦有云梦城。或曰：南郡华容县东南有巴丘湖，江南之云梦也。"杜预是认为春秋时江南江北都有云梦泽，又知道江南的枝江县、江北的安陆县都有一个云梦城，但其地都并没有泽，而巴丘湖即洞庭湖位于华容县的东南方位，是一个大泽，有人认为就是江南的云梦泽，他便采用了这种说法，但又觉得没有把握，所以加上"或曰"二字。

杜预的说法能否成立，是否可信？

首先我们要指出：《左传》昭公三年的"江南之梦"、定公四年在江南的"云中"，从《左传》文义看来，都应该是山林原野而不是湖沼水泽，这一点上文业已阐明。再若，郑伯到了楚国，楚王和他一起"田江南之梦"，这里的梦当然应该在郢都附近的江南今松滋、公安一带，不可能跑到老远的洞庭湖那边去。所以杜预这种说法是不能成立的。春秋时云梦游猎区虽然跨江南北，江南北都有，但云梦泽则不然，江南并没有云梦泽。到了战国，《国策》《楚辞》都既见云梦，又见洞庭，洞庭在江南是很明显的，但绝无洞庭就是云梦的迹象。

再者，把位于华容县东南方位的巴丘湖作为云梦泽，表面上似乎符合于《汉志》《水经》等汉魏人的说法，其实不然。《汉志》《水经》所谓在某县某方位，都是说的就在这个县的辖境之内。而从《汉志》沅水至益阳入江（牂柯郡故且兰）、资水至益阳入沅（零陵郡都梁）、澧水至下隽入沅（武陵郡充）看来，洞庭湖显然在长沙国益阳、下隽县境内，不属于南郡的华容。可见《汉志》《水经》中的云梦泽，不可能就是，也不可能包括洞庭湖。巴丘湖即云梦泽之说，显然是一种不符合于先秦两汉古义的、魏晋之际新起的说法，这一方面是由于读古书不细而妄加附会所致，一方面也应该是由于当时洞庭湖的宽阔浩渺已远过于日就埋灭的云梦泽之故。

杜预在"或曰"之下提出这种说法，还比较谨慎。到了东晋郭璞注《尔雅》，就干脆用肯定的口气："今南郡华容县东南巴丘湖是也。"《尚书》伪《孔传》也说"云梦之泽在江南"，指的当然也是洞庭湖。从此之后，南朝几种《荆州记》都跟着这么说（《初学记》卷七《御览》卷三三引）；《水经·夏水注》在正确阐述了云梦之薮的所在地区（见上文）后，还是引用了郭说而不加批驳；《元和志》在巴丘湖条下也说是"俗云古云梦泽也"（岳州巴陵县）；洞庭湖是古云梦泽的一部分这一谬说，竟成为长期以来很通行的一种说法。

江北的云梦泽在今云梦县之说，杜预除在上引《春秋释例·土地名》中提到了一下外，又在《左传》宣公四年"邧夫人使弃诸梦中"句下注称"梦，泽名。江夏安陆县城东南有云梦城"。这是因为他既把"梦"解释为泽名，但在安陆[①]一带又找不到一个相当的泽，所以只得指出县东南有一个云梦城，意思是说既有云梦城在此，春秋时云梦泽亦应在此。

杜预所指出的云梦城是靠得住的。此城地当南北要冲，上文提到的秦始皇南巡所至云梦应指此，东汉和帝、桓帝两次因南巡章陵（今湖北枣阳东，东汉皇室的祖籍）之便所到的云梦亦应指此（《后汉书·本纪》永元十五年、延熹七年）。到了西魏大统年

[①] 旧说汉晋安陆故城即今安陆县（市）治，一作在今安陆县（市）北，皆误。据1975年云梦睡虎地秦墓出土秦简《大事记》，并经湖北省博物馆调查，可以确定今云梦县城东北郊的楚王城废址，即汉晋安陆县故城。

间，便成为从安陆县分出来的云梦县的治所①。但他认为春秋时有云梦泽在这里是靠不住的。不仅他自己无法指实泽在哪里，上文业已指出，从《左传》原文看来，春秋时这里是虎狼出没的可以从事田猎的场所，也不是沼泽地带。可是杜预这种说法到唐宋时却得到了进一步的发展。杜预只说这里有一个云梦城，没有说云梦泽还见在。唐宋时则云梦城附近确有一个泽就叫作云梦泽。这个泽在安陆县东南五十里，云梦县西七里，阔数十里，见《括地志》（《史记·楚世家》正义引）、《元和志》《寰宇记》。《通鉴》载晋天福五年晋兵追败南唐兵于安州（治安陆）南云梦泽中，指的也应该就是这个泽。但这个泽被命名为云梦显然是杜预以后的事，否则杜预注《左传》，就该直说泽在安陆县某方位，不该只提云梦城不提云梦泽。这个杜预以后新出现的"云梦泽"，当然和先秦列为九薮之一的云梦泽完全是两码事。

（三）杜预还只说云梦"跨江南北"，江南江北各有一个云梦泽。从郦道元开始，便把他所看到的见于记载的所有"云梦"都看成是连成一片的云梦泽的一部分。这种看法为后人所继承，到了清朝，随着考据学的发展，有关云梦的史料搜集得日益齐备，云梦泽的范围也就愈扩愈大，终于差不多把整个江汉洞庭平原及其周遭部分山区都包括了进去。这本来应该是古代云梦游猎区的范围，却被误解为二千几百年前的云梦泽数是如此之广大。

① 故城在今县东南约十里，据《元和志》，唐云梦县治（即汉晋云梦城）北去安州（治安陆）七十里，而《寰宇记》中的云梦县，在安州东南六十里，与今县（市）同。故知唐以前故城去今县约十里。据湖北省博物馆调查，今云梦县城在汉晋安陆县（楚王城）西南郊，而《左传》宣四年杜注乃云云梦城在安陆县东南，故知故城应在今县（市）东南。

郦道元在《水经·夏水注》里搜集了四种关于云梦泽方位的资料：第一种就是上面提到的符合于先秦古义的西至江陵东界，东至云杜、沌阳说；第二种是韦昭的华容说；第三种是郭璞的巴丘湖说；第四种是杜预的枝江县、安陆县有云梦说（杜注原文两处"云梦"下有城字，郦引脱落）。郦在一一称引之后，却无法判断孰是孰非（也不知道韦说与第一说实质上并无差异）；所以最后只得用"盖跨川亘隰，兼苞势广矣"二语作为结束。意即诸家的说法都不错，但都不全，应该是从云杜、华容到巴丘湖，从枝江到安陆，到处都有云梦泽。这是最早的兼包势广说。

唐孔颖达的《尚书疏》和宋蔡沈的《尚书集传》，承袭了郦道元的兼包说，然而他们所看到的资料并不比郦道元多，所以他们笔下的云梦泽也不比郦说大。孔综合《汉志》华容南，杜预枝江县、安陆县、巴丘湖和《子虚赋》"方八九百里"（按原文无"八"字）三项资料，结论是"则此泽跨江南北，每处名存焉"。蔡又以杜预、孔颖达为据，结论是"华容、枝江、江夏安陆皆其地也"。

到了清初顾祖禹著《读史方舆纪要》，他注意到了《汉书·地理志》编县下"有云梦官"四字，又根据荆门（古编县地）西北四十里有云梦山，当地有"云梦之浸，旧至于此"的传说（承天府、荆门州），把云梦泽扩展到了荆门，得出了"今巴陵（洞庭湖所在，今岳阳）、枝江、荆门、安陆之境皆云有云梦，盖云梦本跨江南北，为泽甚广，而后世悉为邑居聚落，故地之以云梦名者非一处"的结论（德安府安陆县）。

稍后于顾氏的胡渭著《禹贡锥指》，才把《汉书·地理志》一个云梦泽、两个云梦官、《水经·夏水注》所引四种资料和

《沔水注》里提到的云杜东北的云梦城合在一起，把云梦泽的范围扩大到了"东起蕲州，西抵枝江，京山以南，青草以北"① 那么一个最高峰（卷七）。

此后诸家有完全信从胡说的，如孙诒让《周礼正义》（卷六三）。但也有不完全信从的，如顾栋高《春秋大事表》（卷八下）、齐召南《水道提纲》（卷一三）、《清一统志》（德安府山川）和杨守敬所绘《春秋列国图》《战国疆域图》；他们大概都觉得胡渭所说的范围过于广阔了，各自酌量予以减缩，而取舍又各有不同。

所有各种兼包说不管包括了多大范围，他们都不问史料上提到的"云梦"二字能否作泽薮解释，也不问该地的地形是否允许存在大面积的水体，也不问后起的说法是否符合于早期的史料，所以他们的结论都是错误的。胡渭说包括的范围最大，错误也最大。

综上所述，我们的结论是：过去千百年来对先秦云梦泽所在所作的各种解释，只有汉魏人的江陵以东、江汉之间的说法是正确的。晋以后的释经者直到清代的考据学家把云梦泽说到大江以南、汉水以北，或江陵以西，全都是附会成说，不足信据。

---

① 青草，洞庭湖的南部。"东抵蕲州"是因为胡渭以蕲州（今蕲春县）为汉西陵县地。今按：汉西陵县治在今新洲县（今武汉市新洲区）治西，辖境相当于今新洲、红安、麻城三地及黄陂县（今武汉市黄陂区）一部分地；迤东今黄冈（今黄冈市黄州区）、浠水、罗田、蕲春等县在汉代系邾、蕲春二县地，不属于西陵。所以按照胡氏的兼包法，"东起蕲州"这句话也不能成立。

三、云梦泽的变迁

湖泽这种地貌的稳定性是很差的，特别是冲积平原中的湖泽，变化更为频数。云梦泽当然不会例外。由于历史记载极为贫乏，要详细阐述云梦泽的变迁是不可能的，在这里只能以少数几条资料为线索，结合当地地貌条件，作一些粗略的推断。

（一）战国以前

上节我们说到先秦云梦泽的位置基本上应与两汉三国时代的位置相同，在江陵之东，江汉之间，华容县的南方和东方。此所谓先秦，主要指的是距汉不远的战国时代。至于战国以前的云梦泽该是怎么样的？我们可以从下面两条资料中窥见一些不同的情况：

一条是《尚书·禹贡》篇里的"荆及衡阳惟荆州；江汉朝宗于海，九江孔殷，沱潜既道，云梦土作乂"。这是说荆州地区在经过大禹一番治理之后，江与汉合流归海了，江流壮盛得很，江的岔流沱和汉的岔流潜都得到了疏导，一部分云梦泽区积水既被排除，成为可耕地被开垦了。这一部分被垦辟了的云梦泽区，据《史记·夏本纪》"云梦土作乂"下《索隐》引韦昭《汉书音义》："云土今为县，属江夏"，《水经》沔水"又东南过江夏云杜县东"，《注》："《禹贡》所谓云土梦作乂，故县取名焉"，都说就是汉晋的云杜县。土杜二字古通用，其说可信。汉云杜县治即今京山县（市）治，辖境当兼有今应城、天门二县（市）地。今京山县（市）虽多山地丘陵，应城、天门则地势低洼多湖沼。如此说来，则今应城、天门等县地，多半就是《禹贡》所说"作乂"了的"云梦土"。这一地区在《禹贡》著作时代业已开垦了，但在前一个时期应该还是云梦泽的一部，所以《禹贡》作者认为它之变湖泽为可耕地，是大禹治水所取得的成果。这"前一个时期"估计不应距《禹贡》写作时代太近，也不会太远，把它推定为春秋中叶以前，可能是恰当的。

还有一条就是前引《史记·河渠书》里的楚"通渠汉水、云梦之野"。《史记》虽然没有说清楚这是哪一条渠道，叫什么名字，核以《水经注》，当即见于《沔水注》的杨水和子胥渎。《注》云：杨水上承纪南城即楚之郢都城西南西赤湖，一名子胥渎，"盖吴师入郢所开"，"东北出城，西南注于龙陂……又径郢城南，东北流谓之杨水"。又东北路白湖水上承中湖、昏官湖水注之，"又东北流，东得赤湖水口，湖周五十里，城下陂池，皆来会同"。"又东入华容县，有灵溪水，西通赤湖，水口已下多湖……又有子胥渎，盖入郢所开也，水东入离湖，湖在县东七十五里，《国语》所谓楚灵王阙为石郭陂，汉以象帝舜者也。湖侧有章华台……言此渎灵王立台之日，漕运所由也。其水北流注于杨水"。杨水又东北，柞溪水上承江陵县北诸池散流，东径船官湖、女观湖来会。"又北径竟陵县西……又北注于沔，谓之杨口"。寻绎这一段《水经注》文，可知通渠郢都汉水之间，盖创始于楚灵王时，本名杨水。至吴师入郢之役，伍子胥曾疏凿其一部分，遂改称子胥渎。子胥渎和杨水两岸的陂池以及路白等三湖、赤湖、离湖以及船官、女观等湖，当即这条渠道所经过的云梦泽的残留部分。这部分云梦泽也在江陵以东，但不在华容县的东南而在县西北，由此可见，春秋中叶以前的江汉之间的云梦泽，也要比汉代仅限于华容东南方位的云梦泽来得大一些。

以上说的是大约在春秋中叶以前，汉水北岸今天门、应城一带也有一片云梦泽，汉晋华容县西北，今沙市（今湖北荆州市沙市区）以东，约当今江陵、潜江、荆门三县市接壤地带，也有一片云梦。汉水北岸那一片，在战国中期《禹贡》写作时代业已由汉水所挟带的泥沙充填成为"云梦土"；华容西北那一片，则直到司马迁写《史记》的汉武帝时代，大概还保留着云梦泽的名称。

（二）战国两汉时期

现在让我们再寻究一下在战国两汉时期内云梦泽的变迁。《子虚赋》里说在云梦区的南部是"缘以大江，限以巫山"的平原和广泽。根据江汉地区的地貌形态和古文化遗址分布，我们可以作出如下推断。

郢都附近跨大江两岸是一片平原：北岸郢都周遭约三五十里内是一片由江水和沮、漳水冲积成的平原；南岸今公安县和松滋县（市）的东半部是一片由江水，油、浪水冲积成的平原，即"江南之梦"；其西约以今松滋县（市）治北至老城镇，南至街河市一线鄂西山地边缘为限，即所谓"限以巫山"。郢都以东就是那片杨水两岸的湖泽区。泽区东北是汉水两岸一片由汉水泛滥冲积成的，以春秋郧邑、战国竟陵邑为中心的平原。其北岸今天门、京山、钟祥三县（市）接壤地带则是一片在新石器时代业已成陆的平原，上面分布着许多屈家岭文化遗址。自此以东，便是那片成陆不久的"云梦土"。杨水两岸湖泽区之南，是一片由江水及其岔流夏水和涌水冲积而成的荆江东岸陆上三角洲。三角洲以"夏首"（今湖北荆州市沙市区稍南）为顶点，向东南展开，其边缘去夏首一般约在百里以上。楚灵王所筑章华台，即位于夏首以东约百里处。这个三角洲和竟陵平原以东以南，才是大片的湖泽区"方九百里"的云梦泽，北以汉水为限，南则"缘以大江"，约当今监利全县（市）、洪湖西北部、沔阳（今湖北仙桃市）大部分及江陵、潜江、石首各一部分地。云梦泽以东，大江西北岸，又有一片由大江在左岸泛滥堆积而成的带状平原，其北部是春秋州国的故土，于战国为州邑，也就是《楚辞·哀郢》的"州土"（州城故址在今湖北洪湖市东北新滩口附近）；其南部乌林、柳关、沙湖等处，近年来发现了多处新石器时代遗址。

　　战国时代云梦区南部平原和广泽的分布略如上述。到了汉代，大江在江陵以东继续通过夏水、涌水分流分沙把上荆江东岸的陆上三角洲进一步向东向南推进，从而导致了华容县的设置；汉水在南岸的泛滥也使竟陵平原进一步扩展，把杨水两岸的云梦泽区填淤分割成为若干不复以云梦为名的湖泊陂池，结果使这片汉水冲积土和南面的荆江陆上三角洲基本上连成了一片。此时限于华容以南的云梦泽，其宽广应已不足九百里。泽区主体西汉时主要在华容县南，已而三角洲的扩展使水体逐步向南向东推移，向东略无阻拦，向南则为大江北岸自然堤所阻，亦被挤迫转而东向，因而泽的主体到了东汉或三国的《水经》时代，已移在华容县东。随着江汉输沙日益在江汉之间堆积填淤，泽区逐步缩小淤浅，所以到了东汉末年曹操自乌林败走华容道时，他所经行的正是华容县东原来的云梦泽主体，但到此时步兵已可通过，只不过是泥泞难走而已。

　　江汉间平原的日益扩展，云梦泽区的日益填淤东移，到了魏晋时期更充分地显示了出来。荆江东岸分流夏、涌二水所塑造的

图 9-1　古云梦泽位置图

三角洲以"首尾七百里"的"夏洲"著称于世①。七百里的夏洲和汉水南岸正在伸展中的平原，把九百里的云梦泽水面侵占了很大一部分，结果是在汉魏之际先把原在沔北的云杜县移到了沔南（治今仙桃市西），接着孙吴、西晋又在三角洲的东南部分华容县先后增设了监利（治今市北）、石首（治今市东）二县，接着东晋又在汉南平原与夏洲的接壤地带增设了惠怀县（治今仙桃市西南）；江汉之间云梦以西在汉代原来只有华容、竟陵二县，至是增加到了六县。云梦泽的东端至是也一直伸展到了大江东岸的沌阳县（治今武汉市汉阳区南）境。

夏洲东南的云梦泽主体，步杨水两岸的云梦泽的后尘，由于大面积泽体被填淤分割成许多湖沼陂池，从而丧失云梦泽的称号，这大概是东晋或南朝初期的事。郦道元在《夏水注》里说到监利县多陂池，"西南自江陵东界径于云杜、沌阳，为云梦之薮矣"。这是一段释古的话，不是在叙述现状。他只是说这个分布着许许多多陂池的地区就是古代的云梦之薮，至于这些陂池在当时的名称是什么？还叫不叫云梦泽？在这里他没有提到，而在《沔水注》和《江水注》里提到的大浐、马骨等湖和太白湖，其位置却好像是在这里所说的云梦之薮的东部云杜、沌阳县境内，由此可见，云梦泽在此时当早已成为历史名词。

（三）"云梦泽"之名消失后的演变过程

如上所述，说明了先秦云梦泽三部分：沔北部分在战国中期

---

①　《太平御览》卷六九、《太平寰宇记》卷一四六引盛弘之《荆州记》："二水之间，谓之夏洲，首尾七百里，华容、监利二县在其中矣。"盛弘之，刘宋人，七百里夏洲之说至迟应起于魏晋时。

以前已由泽变成了土，江陵、竟陵之间杨水两岸部分约在西汉后期填淤分割为路白、东赤、船官、女观等湖，华容东南的主体部分则在渐次东移之后，终于也在东晋南朝时变成了大浐、马骨、太白等湖和许多不知名的陂池。叫做云梦泽的那个古代著名泽薮，其历史可以说至此已告结束。现在让我们再简单阐述一下云梦泽主体部分在"云梦泽"这一名称消失以后的演变过程。

南朝时代，江汉之间以大浐、马骨二湖为最大。《初学记》卷七引盛弘之《荆州记》："云杜县左右有大浐、马骨等湖，夏水来则渺瀰若海。"《水经·沔水注》："沔水又东得浐口，其水承大浐、马骨诸湖水，周三四百里；及其夏水来同，渺若沧海，洪潭巨浪，萦连江沔。"大浐湖约在今沔阳县（今湖北仙桃市）西境，马骨湖约相当于今洪湖县西北的洪湖。此外又有太白湖，位于今汉阳县（区）南，《水经注》里虽然没有提到周围有多少里，从《江水注》《沔水注》两处都要提到它看来，应该不会小。

到了唐代，大浐、太白二湖不再见于记载，马骨湖据《元和志》记载则"夏秋泛涨"虽尚"淼漫若海；春冬水涸，即为平田，周回一十五里"，面积与深度都已远远不及南朝时代。

到了宋代，连马骨湖也不见记载了①。南宋初期陆游自越入蜀，范成大自蜀返吴，在经过今湖北中部时，舟行都取道于沌，躲开自今武汉至监利间一段大江之险。这条沌所经流之地，正是古云梦泽的东部，《水经注》中马骨、太白等湖所在，

---

① 《舆地纪胜》复州下有马骨湖条，文字与《元和志》全同，显然是从《元和志》抄下来的，不是当时的情况。《寰宇记》中已不见马骨湖而有一条马骨坂，更可证入宋马骨湖已悉成平陆。又《舆地纪胜》汉阳军下有"太白湖，在汉阳县西南一百二十里"，亦当录自前代地志，否则不应不见于《元和志》《寰宇记》《入蜀记》《吴船录》。

今监利、洪湖、沔阳（今湖北仙桃市）、汉阳等县（市、区）之地。二人经过这里时正值夏历八九月秋水盛涨时节，但在二人的记程之作《入蜀记》和《吴船录》中，都绝没有提到有什么巨大的湖泊。而在自东西行进入沌口（今湖北武汉市汉阳区东南沌口）不远处，"遂无复居人，两岸皆葭苇弥望，谓之百里荒"（《入蜀记》）；"皆湖泊茭芦，不复人迹，巨盗之所出没"（《吴船录》）。自东而西入沌后第四日，"舟人云：自此陂泽深阻，虎狼出没，未明而行，则挽卒多为所害"（《入蜀记》）；"两岸皆芦荻……支港通诸小湖，故为盗区"（《吴船录》）。据程途估算，百里荒应为太白湖故址，第四日后所经行的陂泽深阻处应为马骨湖故地。由此可见，南朝时那些著名大湖，至是已为葭苇弥望、荒无人烟的沼泽地所代替。继云梦泽名称消失之后，连大面积的水体也都不存在了。

可是，这种陆地逐步扩大、水面逐步缩小的地貌变迁趋势，却并没有在自宋以后的江汉之间继续下去。根据明清两代的记载和舆图，这一地区的湖泊不仅为数很多，其中有的面积还很大。相当于宋代的百里荒故地，在明代和清初又出现了一个周围二百余里的太白湖，春夏水涨，更与附近一些较小湖泊连成一片，是当时江汉间众水所归的巨浸（《方舆纪要》、《清一统志》引《汉阳府志》）。到了十八世纪中叶的乾隆《内府舆图》里，太白湖改称赤野湖，周围还有一百二三十里。赤野湖之西，在今沔阳西境有白泥、西、邋遢等湖，周围各有数十里。在今洪湖县南境又出现了自西至东、首尾连接的上洪、官、下洪三湖，面积不大，东西约六七十里，南北十里左右。又百余年后到了十九世纪后期的光绪《湖北全省分图》里，太白湖又基本消失了，只剩下几个周围不过十里左右的小湖，而洪湖竟又扩大成为一个和今图差不多的周围不下二百里的大湖。至今在江陵以东江汉之间这几个县里，除洪湖外，仍然还存在着许许多多小湖泊。其中如洪湖一县（市），湖泊面积竟高达占全县（市）面积的 55%，湖泊之外，陆地中还夹杂着许多旱季干涸、雨季积水的低洼区。所以合计全区水体总面积，大致决不会比千年以前的宋代小，比之二千数百年前的云梦泽全盛时代，虽然要小得多，但也只是相差几倍而已，而不是几十倍。

（四）变迁的规律

两千多年来江汉间古云梦泽区的地貌变迁过程，略如上述。把这种变迁过程和该地区的地质地貌因素结合起来，可以看出变迁的规律大致是这样的：

大江和汉水的含沙量都很巨大，历史时期随着江汉上游的逐步开发，江汉所挟带下来沉积在江汉盆地上的物质也与日俱增，所以总的趋势是水体逐渐缩小，陆地逐渐扩展。但是，江汉地区的近代构造运动是在不断下降。这一因素抵消了一部分泥沙堆积的造陆运动，所以水体缩小陆地扩展这种趋势并不是发展得很快的，也并不总是直线发展的。有时在局部地区甚至会出现相反的现象，即由陆变水、由小湖变大湖的现象。有些地区还会出现由水变陆又由陆变水，由小湖变大湖，又由大湖变小湖反复多次的现象，太白湖地区和洪湖地区便是两个很好的例子。这两个湖在战国两汉时都不在云梦泽范围内，在长江左岸泛滥平原内，南北朝时出现了太白湖，到宋代消灭，明清时再度出现，近百年来又归消灭。近年来在洪湖内发现了许多新石器时代和宋代遗址，说明在那些年代里是陆地，而在南朝时这里却是渺若沧海的马骨湖所在，在近代又是极为宽阔的洪湖所在。

　　长江含沙量一般说来与日俱增，但其在荆江段的泛滥排沙则有时主要在北岸，有时主要在南岸，这对于江汉之间的地貌变迁影响极大。自宋以前，荆江段九穴十三口多数都在北岸，洪水季节水沙主要排向北岸，所以古云梦泽区的变迁倾向主要是水体的缩减，陆地的扩张，而同时期在大江南岸的洞庭湖区则由于下降速度超过填淤速度，相应地便由战国两汉时期夹在沅湘之间一个不很大的面积，扩大到《水经注》时代的周围五百里，更进一步扩大到宋代的周围八百里。元明以后，北岸穴口相继一一堵塞，南岸陆续开浚了太平、调弦、藕池、松滋四口，荆江水沙改为主要排向南岸，由四口输入洞庭湖。自此洞庭湖即迅速填淤。北岸江汉间则由于来沙不多，淤积速度赶不上下沉速度，以致近数百年来，水体面积又有所扩展。

第十讲
上海的建镇、得名年代和
海陆变迁

本讲由三部分组成：《上海得名和建镇的年代问题》，原载 1962 年 6 月 21 日《文汇报》；《上海市大陆部分的海陆变迁和开发过程》，原载《考古》1973 年第 1 期；《〈上海市大陆部分的海陆变迁和开发过程〉后记》，原载《上海地方史资料（一）》（上海社会科学院出版社，1982 年 12 月内部发行）。三文均收入《长水集》下册。本次选编综合了第一篇全文、第二篇的海陆变迁部分和第三篇的大部分，标题新拟。

一、建镇年代

旧籍所载上海建镇年代，除极笼统的"宋时"说外，共有三说，即嘉靖《上海县志》等的宋末说，《沪城备考》、嘉庆《上海县志》等的熙宁七年说和《大清一统志》的绍兴中说。熙宁、绍兴二说尽管明确指出了年号甚或某年，却绝不可信，证据是：

1. 成书于熙宁之后元丰年间的《元丰九域志》，县下例载属镇，而秀州华亭县下只载青龙一镇，可见其时上海确未设镇。

2. 成书于绍兴之后绍熙年间的《云间（即华亭）志》，卷上专立镇戍一目，所载还是只有青龙一镇，可见其时上海仍未设镇。

宋末说虽嫌笼统，倒应该是可信的。因为弘治《上海志》在卷五《儒学》下，提到咸淳中已有"监镇"董楷，已称作为"诸生肄习所"的古修堂为"镇学"，又在卷七《惠政》下称董楷以咸淳中"分司上海镇"，可见宋末咸淳年间上海确已建镇。

可是根据弘治《上海志》的记载，我们只能推定上海建镇于董楷到上海上任那一年即咸淳三年（见卷五董楷《受福亭记》）之前，并不能确定在此前究竟哪一年。黄苇同志根据卷四《庙貌》"文昌祠，宋咸淳中邑士唐时措立"，和下引元人屠性所撰《文昌祠记略》"上海始为镇时，东有文昌祠"这两条记载，说是上海设镇在宋咸淳年间或咸淳年间以后，决不会在咸淳年间以前，"因为上海开始设镇时，其东面已有文昌祠，而文昌祠又是邑士唐时措在宋咸淳中建立的"，并从而得出了上海设镇于咸淳元年或二年的结论，那是误解了《文昌祠记略》的文义。《记略》

在"东有文昌祠"下接着说，"镇既升县，遂改为学宫"，它的原义只是说：上海在从前作为镇的时候，镇署的东面有一个文昌祠，等到镇既升县，就把文昌祠改作县的学宫。这句话只说明了县学的前身就是上海镇时代的文昌祠，并没有明确交代先建镇还是先有文昌祠，因而我们也就不能据此便断定设镇时东面已有文昌祠，并由于文昌祠建立于咸淳中，便认为建镇不可能在咸淳以前。

所以就目前我们所掌握的史料而言，我们还只能笼统地说上海建镇于宋末，上限是《云间志》书成之年即绍熙四年（1193），下限是董楷任监镇之年即咸淳三年（1267）。黄苇同志的咸淳元、二年说的论据虽不能成立，但他所提出的具体年代距实际建镇年代当不会太远。

洪铭声同志主熙宁七年说，他的有力论据是《宋会要辑稿·酒曲杂录》中一条记载。可是这条记载只提到熙宁十年以前秀州十七酒务中有上海一务而已，并没有说其时上海已经建镇。宋制凡设有监当官掌茶盐酒税的所在称场或务，凡人烟繁盛处设有监官掌巡逻盗窃及火禁之事的称镇（参《宋史·职官志》镇寨官、监当官，《文献通考·职官志》镇戍关市官），设酒务跟建镇是两回事；所以《宋会要》这条记载，只能说明熙宁十年前已有上海务，不能证实其时已有上海镇。洪铭声同志认为嘉庆《上海县志》明确而肯定地说熙宁七年建镇，决不能无中生有。看来无中生有大致不会，前人跟今人一样，误以上海设酒务与上海建镇混为一谈，倒是很可能的。

嘉庆《上海县志》这一条记载，在"熙宁七年"之下，系以四事：1."改秀州为平江军"；2."缘通海，海艘辐辏，即于华亭

海设市舶提举司及榷货场"；3."为上海镇"；4."上海之名始
此"。除上海建镇不在此年外，末了一点也是错的，等下文讲上
海得名时再讲，现在让我们来看看第一、二两点是否可靠。

宋制州分四等：节度、防御、团练、军事。只有节度州才有
军额。秀州在北宋一代始终是军事州，不可能有军额。何况平江
军是苏州的军额，苏、秀二州壤地相接，秀州怎么可能也叫起平
江军来（参《元丰九域志》《舆地广记》《宋史·地理志》）？第
一点完全错误。

《宋会要辑稿·职官四十四》中有《市舶司》一章，详细记
载了从北宋开国到南宋嘉定以前有关市舶的建置沿革，不仅提到
了所有设置市舶司的地点，连设有市舶司所领市舶务的地点也都
提到了，但全篇绝未提到上海二字。可见在上海设置市舶司只可
能在嘉定以后的宋末，不可能在北宋的熙宁年间。第二点也
不确。

嘉庆《上海县志》的记载是如此的不可靠，我们怎能因为它
措辞明确而肯定，就轻易置信？

旧时代修地方志的人多数是乡曲陋儒，学识极为有限，既不
懂得处理史料的方法，也不懂得前代典章制度，原始资料一经他
们编纂，往往会造成许多错误；所以我们采用地方志记载考订史
事，必须善于鉴别，十分审慎。但这样当然不等于说我们可以忽
视地方志的史料价值。方志里一般都辑录了许多不见于其他载籍
的前人作品，这是最可宝贵的第一手资料；就是出于纂修人之手
的方志本文，极大部分毕竟还是有所依据的，尽管跟原始资料可
能已有些出入。正因为如此，研究历史而不注意搜集地方志资
料，显然也会犯错误。关于宋代曾在上海设置市舶一事，就是一

个很好的例子。

日本藤田丰八著《宋代之市舶司与市舶条例》一书，他只看到了明末曹学佺《名胜志》里有"宋即其地，立市舶提举司及榷货场，曰上海镇"这么一句，而此事不见于宋代官书《宋会要》，也不见于正史中的《宋史》，因而他就认为《名胜志》这句话出于明人传说，不足置信，实际上海在宋代并未设置过市舶官。我想藤田氏要是仔细翻检一下上海的地方志，便不会得出这一错误的结论。原来《名胜志》之说当本于方志，而方志中有此说，却是有确凿可信的史料依据的，并非出于悠谬的传说。弘治《上海志》卷五《堂宇》载有宋人董楷在咸淳五年所作两篇文章，一篇叫《古修堂记》，篇中提到了"前分司缪君相之"，一篇叫《受福亭记》，篇首就说"咸淳五年八月，楷忝命舶司，既逾二载"，这岂不是无可置疑地证实了宋末咸淳年间上海确已设有市舶官？《宋会要》只修到宁宗朝为止，元人所修《宋史》以实录为据，而《宋实录》亦惟宁宗以前有完书，故《宋史》于理、度二朝事多阙略。所以在《宋会要》《宋史》里找不到关于在上海设置市舶机构的记载，这一点只能据以证明上海市舶置于熙宁说或绍兴说之不可信，自不能连宋时说和宋末说也一概予以否定，认为终宋一代绝无其事。

镇和市舶本来是两种不同性质的机构。全国各地都设有镇，是县以下的一种地方行政机构。市舶则只设在为数不多的沿海州、县或镇，掌海上贸易；虽然有时不一定设有专职人员，可由地方官或转运使、提刑兼任，但其职务本身则不属于地方行政系统（参《宋史·职官志》提举市舶司、《文献通考》提举市舶）。所以在一般情况下，建镇和设置市舶应该是两回事。不过上海的情况似乎比较特殊。上海镇和上海市舶司都不见于咸淳以前记载，而咸淳初年任市舶分司的董楷又被称为监镇，据此看来，很可能上海在设置市舶之前并未建镇，还是为了要设置市舶才建镇的，因而监镇之职即由市舶兼领，也就是说，这两件事在上海实际上是一回事。这只是一种假定，究竟是否合于史实，当然还有待于进一步研究。上海镇于元至元二十九年（1292）升为县；市舶则在此后六年即大德二年（1298）并归庆元路（今浙江宁波市），见《元史·百官志》。

丘祖铭同志认为上海在宋代并未正式设镇，理由是：唐承隋制设置镇将，宋收镇将之权归于县，旧镇多所废罢，"以不建镇为原则"，咸淳中南宋小朝廷正在风雨飘摇、朝不保夕的状态中，更不可能"违背祖宗的前规，忽而把上海设立为镇"。这倒是一种独特的创见，可是历史事实并不如此。宋代的镇虽渊源于唐与五代，但性质迥不相同。唐与五代的镇长官是武职人员的镇将、镇副，其任务是镇捍防守；宋代的镇长官是文职人员的监管，其任务是巡逻盗窃及火禁之事，或兼征税榷酤（参两《唐书·百官志》、《宋会要辑稿·职官》卷四八）。宋初为了把旧时代军政性质的镇改变成为民政、财政性质的镇，因而采取了收镇将之权归于县、诸镇多所罢废的措施，这怎么能就说宋以不建镇为原则，为祖规呢？事实上有宋一代随着地方经济的发展，各处增置的镇很多，单是见于《宋会要辑稿·方域》之《市镇》篇中不完全的记载，即数以百计，试问不建镇的原则何在？祖规何在？

丘祖铭同志又说：《大明一统志》说上海在"宋时商贩积聚，曰上海市"，弘治《上海志》说"当宋时蕃商辐辏，乃以镇名"，可见为镇为市，"不过是人民群众这样称呼罢了"，并没有经过政府批准公布的手续。这可能是由于他没有注意到弘治《上海志》里又有称董楷为监镇、称古修堂为镇学这两条记载之故。

二、得名年代

黄苇、洪铭声两位同志都认为上海旧名华亭海，建镇时才改名上海；换言之，即上海之得名与设镇同时。这一看法的史料依据是明以来各种地方志和取材于地方志的《大明一统志》《读史方舆纪要》和《大清一统志》等。这么许多种旧籍对这一点的说法是一致的，黄、洪两位因而就深信不疑。其实识别旧籍记载之是否可信，主要应依靠我们自己的分析研究，不能取决于记载之是否一致；旧籍关于这一点说法之所以一致，只是以讹传讹而已，绝不可信。

为什么不可信？华亭海不可能是一个聚落名，说古人会用华亭海三字作为华亭县境内滨海许多聚落中某一聚落的专称，尤其是不可思议的事，此其一。上海最初兴起于上海浦岸上，聚落一经形成，即以浦名名聚落，那是很自然的事，说这一聚落初期不叫上海，一直要等到建镇时才得名上海，也是不合于常情的怪事，此其二。

那么旧籍中这一说法是无中生有的吗？倒也不是。我在《再论关于上海地区的成陆年代》一文（原载1961年3月10日《文汇报》，收入《长水集》下册，下文简称《再论成陆年代》）中已经指出：唐宋时确有所谓华亭海，但原意本泛指华亭县的全部海面；后来的上海县城所在地在未成陆以前也确是华亭海的一部分，但不能说旧华亭海就等于后来的上海县。总之，华亭海是海名，不是聚落名。可见"华亭海"三字是有来历的，华亭海跟上海也是有关系的，修地方志的人只是误解了这种关系而已。

　　旧说的错误一经交代清楚，现在我们就可以正确地解答上海得名年代这一问题了，那就是："上海"是上海这一聚落的原始名称，换言之，即上海之得名与形成聚落同时；华亭海不是这一聚落的旧名，而是这一带地方在未成陆以前的海面名。

　　但单是这样从事理上推论也许还不足令人信服，好在洪铭声同志已为我们在《宋会要辑稿·食货十九·酒曲杂录》中找到了一条明确可靠的史料：

　　　　秀州旧在城及青龙、……上海、……十七务，岁……贯；

　　　　熙宁十年，祖额…贯……文；买扑……贯……分。

　　上文已考定上海设镇在宋末，而这条记载又告诉我们在北宋熙宁十年以前已经有了上海务，这不是有力地证实了上海在设镇以前早就叫做上海了吗？

　　按宋代历次纂修会要，第一次奏上于庆历四年，记事截至庆历三年止，书名《国朝会要》，第二次奏上于元丰四年，记事截至熙宁十年止，书名《元丰增修五朝会要》。今本《宋会要辑稿》，《商税》《酒曲》两篇各州下皆载有"旧"与熙宁十年两种岁额，《盐法篇》则只载一种税额，末云"以上国朝会要"。可见《商税》《酒曲》二篇当录自《元丰增修五朝会要》，其中熙宁十年额系新额，而所谓"旧"，当系《国朝会要》中旧额，亦即庆历三年（1043）以前的旧额。又《辑稿·食货·酒曲杂录》载天圣元年诸处酒务"以大中祥符元年至乾兴元年内取一年课高者为额"，则《国朝会要》中的岁额，可能即天圣元年（1023）所定。这样说来，上海设酒务应在天圣以前。从聚落的最初形成到发展得够资格设置酒务，又当有一段不太短的过程，因此，上海聚落的最初形成亦即上海之得名，估计至迟当在五代或宋初，即公元第十世纪，下距宋末建镇约三百年。

三、海陆变迁

上海市的大陆部分可分为四个成陆过程迥然不同的区域：

1. **冈身地带**　远古时代太湖原是一个海湾。其后长江南岸的沙嘴自西北逐渐向东南伸展，在到达杭州湾后，由于受强潮影响，折而向西南推进，终于和钱塘江口的沙嘴连成一气，将太湖与大海隔开，沙嘴的外缘就成了江南地区第一条基本上连续的海岸线。其时沙嘴外侧的海水远较后世近岸处的海水为深而且清，因而生长着大量的介壳类动物，波浪颇为强烈。强烈的波浪将近海泥沙与介壳动物的残骸堆积在沙嘴的边缘，其堆积高程达到最高潮水位的高度。后人因其高出于附近的地面，故称之为"冈身"（始见北宋郏亶《水利书》、朱长文《吴郡图经续记》）。

冈身在松江（今吴淞江）故道以北并列着五条：第一条即最西一条相当于太仓、外冈、方泰一线，第五条即最东一条相当于娄塘、嘉定、马陆、南翔一线，东西相距在太仓境内宽约八公里，东南向渐次收缩，至嘉定南境减为六公里；松江故道以南并列着三条，第一条相当于马桥、邬桥、胡桥、漕泾一线，第三条相当于诸翟、新市、柘林一线，宽度一般不过二公里，狭处仅一公里半，南端近海处扩展至四公里左右[①]。

1959年发现在冈身地带上的马桥古文化遗址，当时考古工

---

①　松北冈身见范成大《吴郡志》、淳祐《玉峰志》、各太仓州志、嘉定县志；松南冈身见绍熙《云间志》、各松江府志。松北五冈各书所载名称不同。松南三冈曰沙冈、紫冈、竹冈，各志同。诸冈位置各书所载亦多出入，且不明确，兹据详细地图推定其东西二条大致方位，中间各条姑置不问。

作者对其年代所作的估计是"不会迟于两千年前"。因此我在《成陆年代》（《关于上海地区的成陆年代》，原载《文汇报》1960年11月15日，收入《长水集》下册）一文中说：过去有人认为冈身是一世纪时的海岸线，这个遗址的发现，证明了冈身的形成"不始于一世纪，至少应上推一二千年"，即距今三四千年。近年来的考古发现进一步证明冈身地带的成陆，更应向上推一个时期。因为马桥遗址共有四层：最上层是唐、宋时代的遗存；次为春秋、战国时代的遗存；再下一层根据它的陶器形制和花纹，可以断定属于商、周文化遗址；所以最下层的新石器时代遗存，当然要比三千年前左右的商、周时代更早。就其石器、陶器的形制而言，都属于良渚文化型，而良渚文化的年代，一般说来，正该在距今四千多年前。遗址位于马桥镇东、俞塘村北，在松江故道以南三条冈身中西边的一条，即沙冈和中间一条紫冈之间，则沙、紫二冈的形成，自应更在此遗址之前，估计不会迟于五六千年前。

原先我认为沙、紫二冈间的陆地形成于三四千年前，而四世纪时海岸线仍在东边一条冈身即竹冈以外不远处，所以我估计全部冈身地带的成陆过程，即古海岸自西首一条冈身推移到离开最东一条冈身，约经历了两千多年。新的考古资料一方面既说明了沙、紫二冈间陆地的形成应上推约两千年；另一方面，由于冈身以东绝无魏、晋以前的遗址，又证明了海岸线离开竹冈迅速东进，的确不会很早，约在四世纪以后一说仍可采用，但改为从四世纪开始更确切。依此推算，则此宽度不过一公里半至八公里的冈身地带，其形成过程，竟长达约四千余年之久。这是四区中成陆最慢的一区，平均约五百年以上乃至三千年才伸展一公里。

这几千年中海岸伸展之所以如此之慢，那是由于古代长江流域森林茂密，植被良好，为地表径流冲刷到长江大小支流中的泥沙本来就不多；这些泥沙的绝大部分又都在干支各流中、下游的湖泊与河床里停积了下来，能为江流携带到江口以外东海之滨的为数更少。在这几千年里，冈身以外的泥沙沉积量有时与本地区的地体下沉量和所受海潮的侵蚀量略相平衡，海岸即在原有的冈身上停滞不前。有时沉积量超过了下沉量和受蚀量，海岸即稍稍在冈身外向前推进。等到再一次转入沉积量与下沉量和受蚀量平衡时期，又开始形成一条新的冈身。

又由于松江是古代太湖尾闾"三江"中最大一江，江口极为深阔①，长江江流挟带到江口南岸东海之滨的泥沙能够越过松江口到达松南海滨的，较在松江口以北沉积下来的要少得多。所以有时在松江口以北已成长了新的冈外沙滩，在松江口以南却还没有，等到进入下一次沉积与下沉、受蚀平衡时期，松北便又有新冈身形成，松南则仅在原有的冈身上增加宽度而已。这就是在这几千年内松江口南北形成的冈身条数多少不同，冈身地带的宽度也不同之故。

冈身地带系由江流海潮挟带泥沙贝壳在自然条件下堆积而成，因而土质较粗，地势在四区中最为高爽。古代人类为了避免遭遇水灾，喜欢选择高地居住，所以在这一狭长地带上，发现了许多从新石器时代直到唐、宋时代的遗址和墓葬。

2. **冈身以内** 这一区在第一条冈身形成以前，本是西通太

---

① 郏乔《水利书》："吴淞古江故道深广，可敌千浦。"郏亶《水利书》："古……塘浦阔者三十余丈，狭者不下二十余丈。"

湖、东通大海的一大片浅海，东南两面有一条长江的沙嘴，中间分布着一些沙洲和岛屿。有一部分沙嘴和沙洲平时已露出水面，但遇海潮盛涨时仍不免被淹。第一条冈身形成后，潮汐为冈身所阻，原来较高的沙嘴沙洲免除了被淹的威胁，不久就成为上海最早有人类居住的陆地。青浦县崧泽遗址，应即其中的一个点。这个遗址的下层新石器时代遗存，经放射性碳素测定年代，距今在五千年以上。但本区大部分地区则都是在冈身形成以后才由浅海变而为潟湖进而葑淤成陆的。这一过程历时并不很久。已发现的冈身以内新石器时代遗址达十余处之多，分布地区甚广，西至淀山湖、金山坟，北起福泉山、孔宅，南抵戚家墩，可见三四千年前，这一过程业已完成，只留下了一部分潟湖，因湖底较深，变成了淡水湖。

但现在本区内的淡水湖不一定就是古代潟湖的残迹。即如淀山湖遗址既在淀山湖中，可见三四千年前这里原已成陆。历史时期太湖平原在缓慢下沉，今天的淀山湖，是在该地成陆以后又经历了一二千年，由于地体下沉又变而成湖的。

本区是太湖平原的一部分，是全上海四区中地势最低洼的一区。一般高程都在洪水位之下，农田皆赖人工修筑圩堤保护。土质以湖积为主，颗粒较细。

3. 冈身以外、里护塘以内　冈身以外的成陆年代要比冈身及冈身以内晚得多，这一点我在《成陆年代》中已着重指出。在近年出土文物分布图上，所有新石器时代、商周、春秋战国、秦汉、魏晋南北朝、隋唐五代的遗址和墓葬，都分布在冈身以内或正在冈身地带上，在冈身以外，最早的只有一处南朝墓葬，位于西去冈身约一里许的莘庄，1972 年以后在下砂捍海塘一线以内还出土了南朝文物一处、唐代文物四处、唐代遗址一处，其余全是距今不满千年的宋以下墓葬，也显示了这一点。可是我们决不能据此便认为自莘庄以东，全部地区都是在宋以后才成陆的。须知一地从出水成陆到有人类在此从事生产活动，并定居下来，是需要经历一段相当时期的，这段时期可能长达数百年。我在《成陆年代》中推定唐开元初（八世纪初）所筑旧瀚海塘（实际应筑于唐以前）约在冈身以东约十公里；可能我所推定的具体位置不很正确，但相差不会太远。又有在冈身以东约十五公里处的沪渎重玄寺，和在冈身以东约十公里处至今犹见在的龙华寺，都创立于五代吴越时代，这也是无可否认的。可见冈身以东约二十公里，断然应成陆于唐以前。南朝时期自莘庄以东这片土地可能虽已成陆而只是海滨未经垦辟的荒地，还没有聚落，所以没有任何文物遗留下来，到了唐、五代时期，既然已筑有海塘寺院，岂能没有村落庐墓？只是其遗址尚未被发现而已。

《成陆年代》中推定四世纪时的海岸线大致还停留在冈身地带，即最东一条冈身以外不远处，那时还不能说得更具体。现在根据莘庄发现南朝（420—589）墓葬，姑且在插图上把四世纪时的松南海岸线就画在莘庄、闵行、南桥一线，即横沥泾一线，当与实际情况不至于相差很远。

已发现的宋墓分布地域最东直抵宝山的月浦、川沙高桥东北的老宝山和南汇县治的惠南镇（编者注：川沙、南汇今均并入上海市浦东新区）。老宝山、月浦二墓都有墓志铭，前者葬于南宋开禧年（十三世纪初），后者葬于南宋宝祐年间（十三世纪中）。惠南一墓确年无考，但墓中有龙泉窑瓷片，足见其时代也不可能早于南宋。这三个墓葬所在地的成陆年代当然应在这些墓葬之前。在现在地图上，月浦、老宝山距海甚近，惠南距海较远，但其成陆年代则应该是月浦在前，老宝山次之，惠南最近。

做过野外调查工作的一位同志曾向我谈起，月浦、江湾一线存在着断续的沙带，北蔡、周浦、下砂一线存在着比较连续的沙带。我以为这是同一时代形成的一条沙带，也就是弘治《上海志》中所提到的"下砂捍海塘"故址所在。我在《再论成陆年代》一文里估计这条海塘筑于五代或北宋初期。今按：吴越钱氏统治两浙时，比较注意农田水利。在防御海潮内侵方面，杭州附近钱塘江口的石塘就是那时修筑的，当然很可能在这东海之滨开元旧瀚海塘之外沿当时的海岸侧近也筑上一条新海塘。所以这条下砂捍海塘应以断作筑于吴越时代即十世纪前期为妥。海塘所在一线的成陆当然在筑塘之前，但不会前很久，因为那时候的海岸伸展速度是很快的。可姑且假定为十世纪初，上距八世纪初兴筑旧瀚海塘约二百年，陆地向外伸展了约十公里。这正好符合于我在《成陆年代》中所作出的唐、宋间海岸平均约二十年即涨出一公里的推断。

《太平寰宇记》：秀州"东至大海二百一十里"，华亭县在州"东一百二十里"。秀州州治即今浙江嘉兴县城，华亭县治即今松江县城，则其时海岸在今松江城东九十里，正该在下砂、周浦一线。《寰宇记》虽成书于十世纪后期宋太平兴国年间，其所采集的资料则一般都是早一个时期的。秀州的四至八到和领县距州里数，所据很可能就是后晋天福三年（938）吴越初置秀州时的调查记录。

老宝山在月浦、下砂一线之东约七公里半，按当时平均伸展率计算，其成陆约当在十一世纪中叶，正可与我在《成陆年代》中所推定的成书于十一世纪七十年代的郏亶《水利书》中松江南岸海岸线连成一线。

惠南镇又在十一世纪中叶海岸线之东约六公里。镇东的里护塘（即内捍海塘、大护塘、老护塘），始建于南宋乾道八年（1172）①。所以惠南以及同在里护塘一线上的川沙县城、大团和奉城等地，其成陆约当在十二世纪七十年代稍前。

从四世纪到十二世纪，约九百年间，海岸线从冈身侧近推向里护塘一线，共达三十余公里。这是上海四区中成陆速度最快的一区，比冈身地带要快上几十倍乃至几百倍。

这一区成陆速度之所以如此之快，原因在于自公元一世纪以后，中原历次的兵燹，促使黄河流域的人口一批批地大量移殖长江流域。随着长江流域人类生产活动范围的日益扩大，植被遭受破坏，江口外的泥沙沉积量日益增涨。沉积物先将近岸处水下三角洲填高，约自五世纪以后，即有大片沙滩陆续露出水面。但初出水的滩地在伏秋大潮汛时仍难免被淹没。历代在海滩前缘所修筑的堤塘，使堤内滩地在未堆积到最高潮位的高度时就脱离了江海的浸灌与冲积，因此一般高程稍低于不假人工堆成的冈身地带。海塘的修筑同时又迫使此后长江挟带来的泥沙全部堆积在海

---

① 《宋史·河渠志七》：乾道八年，秀州守臣丘崈言："兴筑（华亭）捍海塘堰，今已毕工，地理阔远，全借人力固护……"丘崈所筑有塘有堰，堰在通海诸河道上，距海较远，塘则一般皆迫近海岸，华亭东南二面皆濒海，东海岸已远在下砂捍海塘之外，故曰"地理阔远"。嘉庆《松江府志》载明人曹印儒《海塘考》："海塘之制，本为捍御咸潮，以便耕稼。唐开元初名捍海塘，起杭之盐官，迄吴淞江，长一百五十里。宋乾道中、元至正初皆修焉；起嘉定老鹳嘴以南，抵海宁之澉浦以西……"讲到开元捍海塘是追溯府境海塘之始，起老鹳嘴抵澉浦的海塘才是当时见在的海塘，即今里护塘，曹氏认为即乾道、至正所修。

塘以外，人为地加快了陆地扩展的速度。

4. 里护塘以外　从十二世纪七十年代初创筑里护塘，至今正好又是八百年。在这八百年内，长江所挟带到江口的泥沙量当然不会比前八百年少。但由于长江主泓经常由南泓道入海，泥沙主要沉积在北岸或江心，大大地扩展了江北岸南通以东的平原和江中的崇明等沙岛，沉积到南岸来的比较少，因此本区陆地的伸涨虽比冈身地带快得多，但比里护塘以内要慢得多。现今的海岸距里护塘在川沙城东仅六七公里，在南汇城东仅约十公里，最远处自大团镇东南至南汇嘴也不过十六七公里，平均速度不及前八百年的四分之一。

人工筑堤也助长了本区成陆的速度。由于近代江南的人口极为稠密，与海争地的需要更为迫切，八百年内，在此宽仅几公里至十几公里的新涨土地上，逐步向外增筑了至少四条海塘（钦公塘、老圩塘、陈公塘、新圩塘，见民国《川沙县志》），因此地面高程又稍低于里护塘以内。脱离海水浸灌未久，土质含盐量较高。

约在近四五百年内，长江大溜自太仓至川沙高桥港口附近紧迫南岸，流势甚急，这一带江岸受到严重刷汕，不仅没有涨出，反而有所坍进。高桥港以南，流势渐缓，泥沙开始沉积，陆地稍有增涨，越往南流势越缓，沉积量越大，故南汇嘴一带伸展最快。又有一部分泥沙在越过南汇嘴后，为杭州湾强潮推向西南，以致在奉贤县的里护塘以外，海岸也在向外伸展。

5. 陆地坍没　前面已经提到近几百年来上海大陆的东北边缘地带有陆地坍没现象，这一现象只要打开大比例尺的地图一看就可以发现。吴淞口左右三十余公里的海塘全都紧迫海岸（即江岸），这当然绝不是筑塘时的原状，而是筑塘以后塘外滩地坍入江海的结果。宝山县城陡入大江中，附近一段海塘是石塘，要是没有这段石塘，县城当早已沦入江中。据《宝山县志》，则城外明代旧塘约在明末清初坍没入海，塘址逐步内移，去旧塘已数里而遥。清乾隆五年（1740）为保障县城的安全，乃于县城附近土塘内加筑石塘一段。今土塘已坍没，仅赖石塘护卫。

今宝山县城（位于今上海市宝山区）即明代吴淞所城，而这个吴淞所城是嘉靖十六年（1537）所筑的吴淞所新城。洪武十九年（1386）创筑的吴淞所旧城，在新城东北一里，距当时的海岸三里。可见此处明初海岸应在今岸之外二公里余。

自宋至明屡见记载的著名大镇黄姚场（黄窑镇），明季或清初沦于海，故址在今月浦镇东北三公里张家宅后海塘外。当立场建镇之初，当然不可能紧靠海岸，其时海岸当又在此外若干里。

吴淞口以东，明以前的海塘起点地名老鹳嘴，在今海塘起点草庵渡之北。至清代老鹳嘴全部坍没，据说共坍进数十里。

明永乐十年（1412），在今高桥镇东北老宝山城稍西筑土山高三十丈，昼则举烟，夜则明火，以为海运往来表识，山成，命名宝山。初筑山时距海三十里，其后山外平陆逐渐沦没，至万历十年（1582）海潮大溢，山及山麓的宝山旧城为洪涛冲没殆尽，仅留余址（清康熙中建宝山新城于万历旧址西北二里，即今老宝山城）。今海塘距宝山故址不足一公里。

上海大陆东北部近几百年来有坍没现象是很明显的，问题是这种现象开始于什么时候，开始以前原来的海岸线在哪里？这还有待于进一步寻究。证以上述几个事例，则至迟在明代后期即十

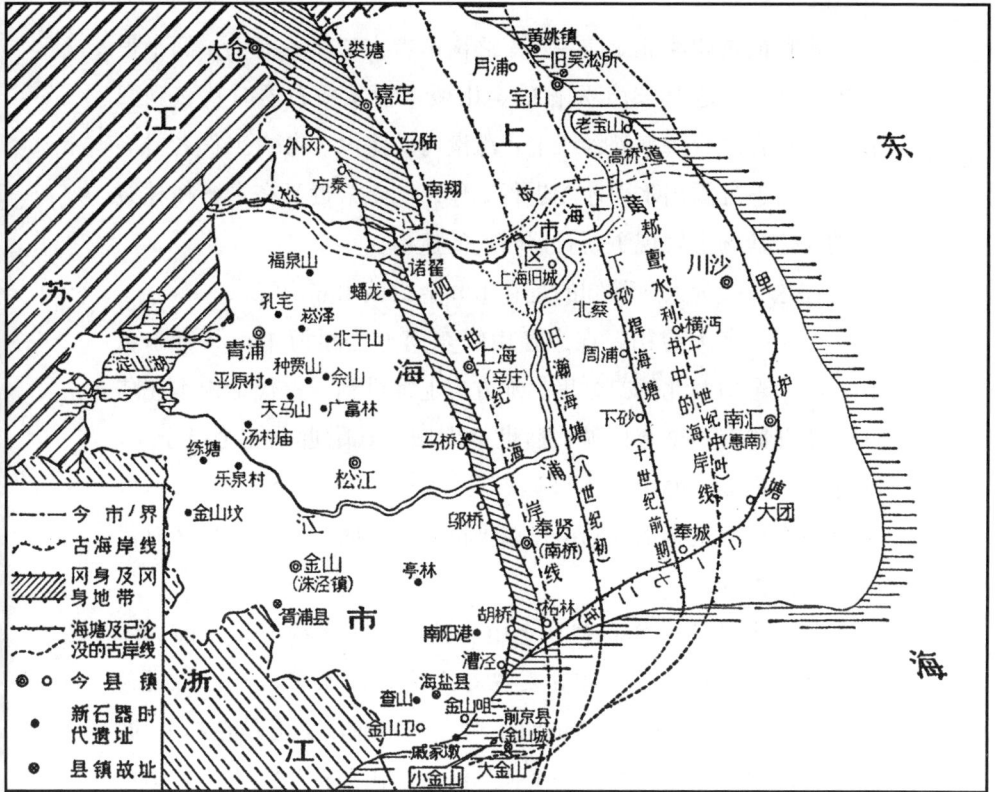

图 10-1 上海大陆部分海陆变迁示意图

六世纪初叶当已开始[①]，过去有人认为始于十八世纪中叶，是不确切的。内坍现象是从西北逐渐扩向东南的，清末以来，高桥港以南的九团地带也已有所坍进。[②]

在东北部边缘地带坍没入海以前，大陆南部边缘的陆沉现象，更为严重。

古代的杭州湾北岸应在今岸之南，考古工作者提供了两个很好的实证：一是1963年发掘的金山戚家墩从新石器时代直到秦汉的遗址在现今海塘外沙滩上，涨潮时被淹没，考古工作者要等到落潮时遗址露出水面才能进行工作。二是最近又在奉贤柘林城南的海边盐场上发现了新石器时代的遗物。

在这一带为人所熟知的是金山和金山城由陆沦海。

金山一名大金山，在今金山嘴东南七公里海中；又有小金山，在大金山西北约二公里。地方志上都讲到了古代金山本在陆上，山北麓有一个金山城；后世金山城及其附近平陆沦没于海，大小金山遂孤悬海中（各松江府志、金山卫志、金山县志）。可是都没有讲清楚金山在陆上可以上溯到什么时代，又在什么时代开始脱离大陆。

1958年考古工作者曾在金山山腰上发现了约三千年前的印纹陶陶片（见黄宣佩《考古发现与上海成陆年代》，《文汇报》1962年2月18日），这就证明了约三千年前，金山是在陆上的，要是那时也像今天那样是一个孤悬海中的山岛的话，人类就不可

---

① 弘治《上海志》卷五堰闸节海堤条引乔维翰《记略》："边海旧有积沙，亘数百里，近岁漂没殆尽，无所障蔽。盛秋水涝，挟以飓风，为患特甚……"此文作于成化癸巳（1473），可见海岸被刷坍现象十五世纪中叶已开始。

② 以上叙高桥港以北海岸内坍情况，除黄姚场故址见《月浦里志》外，其余皆见光绪《宝山县志》；高桥港以南，见民国《川沙县志》。

能在此聚居。

《太平寰宇记》：苏州"东南至海岸钊山四百五里"。按，金山城相传为周康王东游时所筑，南接金山，因以为名（始见绍熙《云间志》）。周康王是不可能跑到这里来筑城的，核以《寰宇记》这条记载，这一传说应该是由于金山本名钊山，遂将山麓的金山城附会为周康王所筑，因为周康王名钊。又按，自五代后晋时吴越分苏州为秀州后，苏州辖境东南不至海，《寰宇记》这条资料，显系采自分州以前的记载，大致可以反映唐代中后期的情况。由此可见，金山在唐代正在海岸上。

又据宋常棠《澉水志》，金山西南四十余里浙江境内的王盘山，南宋淳祐中曾发现古井，井砖上刻有文字，从刻辞中可知其地系东晋时屯兵处。海中孤岛不可能屯兵，足见东晋时王盘山亦在陆上。王盘既在陆上，据地势推断，其时金山附近的海岸当更在山之南与东各若干里。晋后海岸逐渐北移，不知何时王盘入海，至唐代金山遂迫临海滨。

金山城应创建于六世纪初，即梁天监中所置前京县城，考见《再论成陆年代》。旧说除周康王筑一说外，又有吴越钱氏时筑一说（《读史方舆纪要》、《清一统志》、嘉庆《松江府志》）。后说宜可信，五代时前京城当废圮已久，钱氏乃重筑以为海上戍守处，改名金山城。

北宋时金山仍在陆上，其证有二：1. 据《云间志》，金山山顶的慈济院建于元丰间（1078—1085），若其时山已脱离大陆，不可能在孤岛上建院。2.《云间志》又云，寒穴泉出金山顶，以甘洌著称。志又载有北宋时唐询、王安石、梅圣俞等人所咏寒穴泉诗及《寒穴泉铭并序》，都没有说到此泉在海中孤岛上。

金山城一带陆地坍没入海，金山之与大陆隔绝，当在南宋初年，十二世纪中叶。故成书于绍熙年间（1190—1194）的《云间志》，其寒穴泉、慈济院、金山忠烈昭应庙三条，都说在"海中金山"上。至于金山、金山城二条不言在海中或已沦没入海，当系录自旧图经，未及根据新情况予以注明。慈济院系"元丰间释惠安造，绍兴元年请额"，则绍兴之初（1131），金山应犹在陆上，山北陆地之沦没当在绍兴初年之后。

据明、清地方志，金山卫城南一带的海塘在元代凡内移三次；元以后、明成化以前续有坍进；成化以后，卫城附近趋于稳定，自金山嘴以东，自东而西，先有柘林城南的蔡庙港堡，后有漕泾镇南的胡家港堡，相继在清雍正以前坍没；雍正以后二百多年来基本上稳定。

历史时期海岸线推展速度快慢的原因，一方面是长江所挟带到江口泥沙量的多少和长江主泓道的南北摆动，但另一种因素也在起相当重要的作用。气候的变化影响到海面的升降：海面升使海岸停止前进甚或后退；海面降使大面积海涂出水成陆，岸线迅速向外推进。下面根据竺可桢先生和张丕远同志对我国近五六千年来气候变迁所作的研究成果（《竺可桢文集》，《中国近五千年来气候变迁的初步研究》；《中国自然地理·历史自然地理》第二章，张丕远《历史时期的气候变迁》），用以推阐气候变迁与上海海岸推进迟速的关系。

从五六千年前的仰韶时期起到三千年前的殷墟时代和西周初年，气候都要比现在温暖潮湿许多，黄河流域如此，长江流域也是如此。上海地区的青浦崧泽和金山亭林两处新石器时代的孢粉分析，有力地证明了这一点，估计其时年平均气温要高出现代

2℃—3℃。前十世纪以后约有一两个世纪气候转冷，进入春秋以后经战国、秦至西汉武帝时即前一世纪这六七百年内，又是一个温暖时期。直到东汉前期即公元一世纪时才转趋寒冷。总之，从前五六千年到前两千年是一个历时几千年之久的长期温暖气候时期，中间只间隔了一两次世纪性的寒冷时期。这正和上海地区海岸长期停留在冈身一带的时间相当，可见这几千年内海岸之所以伸展得极为缓慢，气候温暖导致海面高升应该是原因之一，其重要性可能还有过于其时长江输入东海的泥沙量不多这一原因。

自公元一世纪起气候转趋寒冷，至四世纪时达到顶点，估计年平均气温低于现在2℃—4℃。这时海岸应由于海面下降而迅速外展，这和我们原先推定海岸在四世纪时大致还停留在冈身外不远处，从五世纪起即迅速向外扩展是基本符合的。现在考虑到这个因素，则原先的推断应提前约一个世纪，即海岸离开冈身附近迅速外展应始于四世纪时。

五、六世纪即南朝时期的气温仍比现在低，所以从四世纪后在短短约三百年时间内，海岸线已推展到了远离冈身约二十公里那么远。七世纪中叶以后和八、九两个世纪即唐代自高宗以后气候又转暖，所以在这两百多年内，海岸似乎又停止推进或推进得很慢，下砂捍海塘一线的海岸约形成于唐季，西去严桥遗址仅一公里许。

十世纪下半叶到十一二世纪又是寒冷时期，所以海岸线从下砂捍海塘一线迅速伸展到了里护塘一线，在不过二百年的时间内推进了约十四五公里。

十三世纪初气候转暖，十四世纪后又转冷，延续五六百年之久直到十九世纪都比现在冷，进入二十世纪才转暖。自1172年

兴筑里护塘至今八百年中有五六百年是寒冷时代，但里护塘以外
扩展的陆地并不很多，那就不是气候在起作用了，而应该是由于
长江主泓道南移，新涨出来的海滩不断受到刷汕之故。

　　实际上海岸的推移是由多种因素交错起作用决定的。这些因
素时而此强彼弱，时而此弱彼强，以致海岸非但不会长时期按同
一速度向外伸展，并且有时根本停止不动，有时前进，有时后
退，进退又时而快，时而慢，所以不论是几千年也好，几百年也
好，甚至几十年也好，都不可能有什么定向移动、平均速度。

附　录
历代疆域政区概述

约1957年，谭其骧先生和
同事商讨编绘历史地图

附录部分据中国社会科学院主办、谭其骧主编《简明中国历史地图集》（中国地图出版社，1991 年）中谭其骧所撰图说汇编。从秦时期开始，至清时期（二）止。以原小标题删去"图""说"二字作小标题，如"唐时期图（三）说"即作"唐时期（三）"。为便于读者阅读使用，原正文中的"今地"已按 2021 年的行政区划括注，原括注的"今地"径按 2021 年行政区划修改。原文中仅对应于地图的话作了删节。

秦时期

　　战国后期，秦国逐步蚕食、吞并山东六国，至秦王政二十六年（前221）完成统一，建号皇帝，建立起了中国史上第一个一统皇朝——秦朝。历15年（前206），为农民起义军和六国旧贵族所推翻。

　　秦朝废除分封诸侯制，将始起于战国时代的郡县制普遍推行于全国，以郡统县。郡的首长是守（行政长官）、尉（典武职甲卒，又是守的副职）、监（掌吏治监察），直属朝廷，县大者置令，小者置长。初并天下时全境分置三十六郡。其后南并五岭以南南越地，置南海、桂林、象三郡；北取匈奴阴山以南地，置九原郡；又陆续分析内郡。至秦末，除都城咸阳（今陕西咸阳市东北）附近关中平原为内史辖境外，见于《史记》《汉书》《续汉书》《水经注》等记载的秦郡共四十八郡。全国县级政区约有一千左右。

四十八郡表

郡　　名	郡治县名	郡　治　今　地
上郡	高奴①	陕西延安市宝塔区
汉中	南郑	陕西汉中市汉台区

---

　　① 编者按：原文作肤施。据张家山汉简《二年律令·秩律》，上郡郡治所应为高奴。据改。

续　表

郡　　名	郡治县名	郡治今地
巴郡	江州	重庆市江北区
蜀郡	成都	四川成都市青羊区
陇西	上邽①	甘肃天水市秦州区
北地	彭阳②	甘肃庆阳市西峰区南
三川	雒阳	河南洛阳市洛龙区东
颍川	阳翟	河南禹州
河东	安邑	山西夏县西北
东郡	濮阳	河南濮阳南
砀郡	睢阳	河南商丘市睢阳区
邯郸	邯郸	河北邯郸市邯山区北
巨鹿	巨鹿	河北平乡西南
太原	晋阳	山西太原市晋源区
上党	长子	山西长子西
雁门	善无	山西右玉西
代郡	代县	河北蔚县东北

---

①　编者按：原文作狄道。据张家山汉简《二年律令·秩律》，陇西郡治所应为上邽。据改。

②　编者按：原文作义渠。据张家山汉简《二年律令·秩律》，北地郡治所应为彭阳。据改。

续　表

郡　　名	郡治县名	郡治今地
云中	云中	内蒙古托克托东北
南郡	江陵	湖北荆州市荆州区
南阳	宛县	河南南阳市宛城区
四川①	相县	安徽淮北市相山区
薛郡	鲁县	山东曲阜
九江	寿春	安徽寿县
苍梧②	临湘	湖南长沙市开福区、芙蓉区
会稽	吴县	江苏苏州市姑苏区
上谷	沮阳	河北怀来东南
渔阳	渔阳	北京市密云区西南
右北平	无终	天津市蓟州区
辽西	阳乐	辽宁义县西
辽东	襄平	辽宁辽阳市文圣区
临淄	临淄	山东淄博市临淄区
琅邪	琅邪	山东青岛市黄岛区西南
洞庭③	临沅	湖南常德市武陵区

---

① 编者按：原文作泗水。据西安相家巷秦封泥，应为四川。据改。
② 编者按：原文作长沙。据里耶秦简，应为苍梧。据改。
③ 编者按：原文作黔中。据里耶秦简，应为洞庭郡，郡治临沅。据改。

郡　　名	郡 治 县 名	郡 治 今 地
广阳	蓟县	北京市丰台区、西城区
淮阳①	陈县	河南周口市淮阳区
闽中	东冶	福建福州市鼓楼区
南海	番禺	广东广州市越秀区
桂林		
象郡	临尘	广西崇左
九原	九原	内蒙古包头市九原区西
东海	郯县	山东郯城北
恒山	东垣	河北石家庄市长安区
济北	博阳	山东泰安市泰山区东
胶东	即墨	山东平度东南
河内	怀县	河南武陟西南
衡山	邾县	湖北黄冈市黄州区北
鄣郡	鄣县	浙江安吉西北
庐江	番阳	江西鄱阳东北

西南夷地区虽未置郡县，亦曾"置吏"于夜郎、滇等部族，历十余岁至秦亡始弃守。

———————————

① 编者按：原文作陈郡。据西安相家巷秦封泥，应为淮阳。据改。

西汉时期

秦亡，经楚汉之战，公元前 202 年，汉王刘邦击破楚王项羽，即帝位，继秦之后再建统一皇朝——汉。汉朝历时 422 年。

公元前 202—公元 9 年是前汉朝，因建都长安，通称西汉。

公元 25—220 年是后汉朝，因建都雒阳，通称东汉。

两汉之间是 9—23 年的王莽统治时期，国号新；23—25 年的刘玄统治时期，国号汉，年号更始。

西汉初年疆域比秦朝减缩了南越、东越和河套地区。武帝时大事恢拓，极盛时东北置乐浪等朝鲜四郡，与三韩接壤于朝鲜半岛中部；北以阴山、长城与匈奴、乌桓接壤；西北置河西四郡，有河西走廊及湟水流域地；西南置西南夷七郡，西抵四川盆地边缘，南有怒江、哀牢山之东北云贵高原；南置南越九郡，有今两广、海南岛及越南北部中部地。武帝末年与昭宣之际，东北及西南边郡稍有省废，至元帝初元三年（前 46）弃珠崖即今海南岛，是后不再变动。

西汉既继承了秦代的郡县制，又在部分地域恢复封建制：一部分郡县直属朝廷，另一部分分属诸侯王国。高帝五年（前 202）有异姓七国分领二十余郡。十二年（前 195）有同姓九国、异姓一国；其时天子独有十五郡，此外三十余郡悉属诸侯，一国领有数郡，少或二三，多至六七。至景帝三年（前 154）平定吴楚七国之乱后，悉收诸侯王支郡，自后一国但有一郡，郡、国乃处于同等地位。武帝颁行推恩令后，王国的领地又因分封诸子为侯改属汉郡而逐渐缩小。《汉书·地理志》以平帝元始二年（2）

版籍为据，其时共有103郡国（83郡、20国），领1587县、道、邑、侯国各种县级单位。大郡领县多至三五十，王国小者但领三四县。

景帝中元二年（前148）更名郡守为太守，尉为都尉。王国的统治权汉初由诸侯王掌握；景帝剥夺诸侯王统治权，但得"衣租食税"；地方官由朝廷任命，内史治国民如郡太守，中尉掌武职如郡都尉。成帝绥和元年（前8）省内史，改以国相治民。

西汉元始二年（2）一百零三郡国表
（次序依《汉书·地理志》）

郡 国 名	治所县名	治 所 今 地
京兆尹	长安	陕西西安市未央区
左冯翊	长安	陕西西安市未央区
右扶风	长安	陕西西安市未央区
弘农郡	弘农	河南灵宝北
河东郡	安邑	山西夏县西北
太原郡	晋阳	山西太原市晋源区
上党郡	长子	山西长子西
河内郡	怀	河南武陟西南
河南郡	雒阳	河南洛阳市洛龙区东
东郡	濮阳	河南濮阳南
陈留郡	陈留	河南开封市祥符区东南

郡 国 名	治所县名	治 所 今 地
颍川郡	阳翟	河南禹州
汝南郡	平舆	河南平舆北
南阳郡	宛	河南南阳市宛城区
南郡	江陵	湖北荆州市荆州区
江夏郡	西陵	湖北武汉市新洲区西
庐江郡	舒	安徽庐江西南
九江郡	寿春	安徽寿县
山阳郡	昌邑	山东巨野县南
济阴郡	定陶	山东菏泽市定陶区西北
沛郡	相	安徽淮北市相山区
魏郡	邺	河北临漳西南
巨鹿郡	巨鹿	河北平乡西南
常山郡	元氏	河北元氏西北
清河郡	清阳	河北清河东南
涿郡	涿	河北涿州
勃海郡	浮阳	河北沧县东南
平原郡	平原	山东平原西南
千乘郡	千乘	山东高青东

续　表

郡 国 名	治 所 县 名	治 所 今 地
济南郡	东平陵	山东济南市章丘区西北
泰山郡	奉高	山东泰安市岱岳区东
齐郡	临淄	山东淄博市临淄区
北海郡	营陵	山东昌乐东南
东莱郡	掖	山东莱州市
琅邪郡	东武	山东诸城
东海郡	郯	山东郯城北
临淮郡	徐	江苏泗洪东南
会稽郡	吴	江苏苏州市姑苏区
丹阳郡	宛陵	安徽宣城市宣州区
豫章郡	南昌	江西南昌市东湖区
桂阳郡	郴	湖南郴州市北湖区、苏仙区
武陵郡	义陵	湖南溆浦南
零陵郡	零陵	广西兴安东北
汉中郡	西城	陕西安康市汉滨区西北
广汉郡	梓潼	四川梓潼
蜀郡	成都	四川成都市青羊区
犍为郡	僰道	四川宜宾市翠屏区西南

续 表

郡 国 名	治 所 县 名	治 所 今 地
越巂郡	邛都	四川西昌市东南
益州郡	滇池	云南昆明市晋宁区东北
牂柯郡	故且兰	贵州黄平西南
巴郡	江州	重庆市江北区
武都郡	武都	甘肃西和南
陇西郡	狄道	甘肃临洮
金城郡	允吾	甘肃民和东南
天水郡	平襄	甘肃通渭西
武威郡	姑臧	甘肃武威市凉州区
张掖郡	觻得	甘肃张掖市甘州区西北
酒泉郡	禄福	甘肃酒泉市肃州区
敦煌郡	敦煌	甘肃敦煌西
安定郡	高平	宁夏固原市原州区
北地郡	马领	甘肃庆城西北
上郡	肤施	陕西榆林市榆阳区东南
西河郡	平定	内蒙古准噶尔旗西南
朔方郡	朔方	内蒙古杭锦旗北黄河南岸
五原郡	九原	内蒙古包头市九原区西

续 表

郡 国 名	治 所 县 名	治 所 今 地
云中郡	云中	内蒙古托克托东北
定襄郡	成乐	内蒙古和林格尔西北
雁门郡	善无	山西右玉西
代郡	代	河北蔚县东北
上谷郡	沮阳	河北怀来东南
渔阳郡	渔阳	北京市密云区西南
右北平郡	平刚	内蒙古宁城西南
辽西郡	阳乐	辽宁义县西
辽东郡	襄平	辽宁辽阳市文圣区
玄菟郡	高句骊	辽宁新宾西南
乐浪郡	朝鲜	朝鲜平壤大同江南岸
南海郡	番禺	广东广州市越秀区
郁林郡	布山	广西桂平西南
苍梧郡	广信	广西梧州市长洲区
交趾郡	嬴陵	越南河内市
合浦郡	合浦	广西合浦东北
九真郡	胥浦	越南清化省清化西北
日南郡	西卷	越南广治省西北

续 表

郡 国 名	治 所 县 名	治 所 今 地
赵国	邯郸	河北邯郸市邯山区北
广平国	广平	河北鸡泽东南
真定国	真定	河北石家庄市长安区
中山国	卢奴	河北定州市
信都国	信都	河北衡水市冀州区
河间国	乐成	河北献县东南
广阳国	蓟	北京市西城区、丰台区
菑川国	剧	山东寿光南
胶东国	即墨	山东平度东南
高密国	高密	山东高密西南
城阳国	莒	山东莒县
淮阳国	陈	河南周口市淮阳区
梁国	睢阳	河南商丘市睢阳区
东平国	无盐	山东东平东
鲁国	鲁	山东曲阜
楚国	彭城	江苏徐州市鼓楼区
泗水国	凌	江苏泗阳西北
广陵国	广陵	江苏扬州市邗江区

续　表

郡 国 名	治 所 县 名	治 所 今 地
六安国	六	安徽六安市金安区
长沙国	临湘	湖南长沙市开福区、芙蓉区

汉初省郡监，由丞相派遣僚佐分区刺察，不设常员。武帝元封五年（前106）始设部刺史，除近畿七郡外，分全国一百多个郡国为十三部，每部设一刺史，掌刺察部内官吏与强宗豪右，定为常制。十三刺史部中有十一部采用《禹贡》《职方》里的州名为部名。称×州刺史部，故习惯上又称一部为一州。征和四年（前89），又设司隶校尉一职，掌察举京师百官与近畿七郡。从此全国连同十三州部共有十四个监察吏治的部。司隶校尉至成帝绥和二年（前7）改称司隶。

西汉十四部分察郡国表

司隶部	察京兆、冯翊、扶风、河东、河内、河南、弘农七郡。
兖州刺史部	察东、陈留、山阳、泰山四郡，淮阳、东平、定陶、城阳四国。
豫州刺史部	察颍川、汝南、沛三郡，梁、鲁二国。
青州刺史部	察齐、济南、千乘、平原、北海、东莱六郡，菑川、胶东、高密三国。
徐州刺史部	察东海、琅邪、临淮三郡，楚、泗水、广陵三国。
并州刺史部	察太原、上党、云中、定襄、雁门、代六郡。

续 表

冀州刺史部	察魏、清河、巨鹿、广平、信都、常山六郡，赵、真定、中山、河间四国。
幽州刺史部	察涿、勃海、上谷、渔阳、右北平、辽西、辽东、玄菟、乐浪九郡，广阳一国。
荆州刺史部	察南、南阳、江夏、武陵、桂阳、零陵六郡，长沙一国。
扬州刺史部	察九江、庐江、豫章、丹阳、会稽五郡，六安一国。
益州刺史部	察蜀、广汉、汉中、武都、巴、犍为、越巂、牂柯、益州九郡。
凉州刺史部	察安定、天水、陇西、金城、武威、张掖、酒泉、敦煌八郡。
朔方刺史部	察北地、上、西河、朔方、五原五郡。
交趾刺史部	察南海、苍梧、郁林、合浦、交趾、九真、日南七郡。

刺史，成、哀后改名牧；平时巡行郡国，岁尽诣京师奏事，并无固定治所。

西域诸国，汉初役属于匈奴。汉武帝初年，张骞穿越匈奴地，始通西域。其后汉得河西地开置郡县，遂得出阳关、玉门关与西域直接交通。经半个世纪汉匈间争夺，至宣帝神爵二年（前60），汉取得全胜，于是设西域都护府于乌垒城（今新疆轮台东北），统辖天山以南葱岭以东三十六国。至元帝初（前48）又置戊己校尉，屯田于车师前部之高昌壁（今新疆吐鲁番东）；辖境扩展至包有天山以北乌孙，葱岭以西大宛，都凡四十八国。其后又有增析，哀、平间都凡五十国。

　　汉朝疆域以外，其时东蒙古高原为东胡后裔乌桓、鲜卑分布地；松、嫩、黑龙、图们江流域为夫余、肃慎、沃沮分布地；漠南北为匈奴地，呼揭、坚昆、丁零皆为其役属；青藏高原为诸羌地，唐旄、发羌在今西藏境，先零羌傍西海（今青海）而居，王莽时曾诱使内附置西海郡。云南西南部为哀牢夷地。海南岛自武帝元封元年（前110）后为汉朝珠崖、儋耳二郡地，元帝初元三年（前46）放弃，遂由土人自治。

东汉时期

东汉光武帝刘秀于建武元年（25）即帝位，以次削平王莽末年以来割据政权，至建武十三年（37）恢复统一。光武时又废止王莽时所改变的州、郡、县各级区划名称，恢复西汉后期旧制。由于多年战乱使户口锐减，相应省并郡国十，县、邑、道、侯国四百余。后世陆续增析，历百年至顺帝时凡郡国百五，县、邑、道、侯国千一百八十，备载《续汉书·郡国志》。《志》于河南尹户口数上系以"永和五年"四字，故一般认为《志》所载105郡国即此年（140）政区制度。[但此年实应有106郡国。105郡国则为冲帝永嘉元年（145）至桓帝建和元年（147）期间阜陵王国暂绝未复时制度。]郡级政区除郡、国（王国）外，安帝又以属国分边郡远县，治民比郡而冠以本郡名，属国都尉比郡太守、王国相。罢郡都尉并职太守，惟边郡往往置都尉。县级政区除县、邑、道、侯国外，又有公国二。

王莽时改西汉十四部为十二州。东汉建武初一度恢复十四部，不久省朔方部并入并州部，改称交趾部为交州部。从此十三刺史部减为十二部，都称州；又将京畿的司隶校尉部也作为一州，合称十三州。实际是将西汉的十四部改为十三部。

西汉的部刺史或牧只有暂时的驻所，没有固定的治所，平时巡行郡国，岁尽诣京师奏事；对部内郡国长吏只有省察举劾之权，无权黜退，黜退之权属于中央的三公。光武改制，刺史或牧不再还京奏事，有权劾罢郡国长吏。从此州有了固定的治所；刺史品秩虽然仍旧为六百石，低于二千石的郡太守、王国相，职掌限于察吏而不关治民，却因有权黜陟能否，实际上渐成为郡国守相的上司。

《续汉书·郡国志》十三部百五郡国表

司隶校尉部，治雒阳			
河南尹	前汉河南郡	河内郡	同前汉①
河东郡	同前汉	弘农郡	同前汉
京兆尹	同前汉	左冯翊	治高陵，今陕西西安市高陵区西南
右扶风	治槐里，今陕西兴平东南		
豫州刺史部，治沛国谯县，今安徽亳州市谯城区			
汝南郡	同前汉	梁国	同前汉
沛国	同前汉	陈国	前汉淮阳国
鲁国	同前汉		
冀州刺史部，治常山高邑，今河北柏乡北			
魏郡	同前汉	巨鹿郡	并入前汉广平国，治廮陶，今河北宁晋西南
常山国	前汉郡，并入前汉真定国	中山国	同前汉
安平国	前汉信都国	河间国	同前汉
清河国	前汉郡，治甘陵，今山东临清东	赵国	同前汉
勃海郡	治南皮，今河北南皮北		

---

① "同前汉"指郡国名与治所与前汉同，辖县未必同。

兖州刺史部，治山阳昌邑，今山东巨野南			
陈留郡	同前汉	东郡	同前汉
东平国	同前汉	任城国	分东平置，治任城，今山东济宁市任城区东南
泰山郡	同前汉	济北国	分泰山置，治卢县，今山东济南市长清区南
山阳郡	同前汉	济阴郡	同前汉
徐州刺史部，治东海郯县，今山东郯城北			
东海郡	同前汉	琅邪国	前汉郡，并入前汉城阳国，治开阳，今山东临沂市兰山区北
彭城国	前汉楚国	广陵郡	前汉国，并入前汉泗水国
下邳国	前汉临淮郡，治下邳，今江苏邳州南		
青州刺史部，治齐国临淄，今山东淄博市临淄区			
济南国	前汉郡	平原郡	同前汉
乐安国	前汉千乘郡，治临济，今山东高青东南	北海国	前汉郡，并入菑川、高密、胶东三国，治剧县，今山东昌乐
东莱郡	治黄县，今山东龙口东	齐国	前汉郡
荆州刺史部，治武陵汉寿，今湖南常德市鼎城区东北			
南阳郡	同前汉	南郡	同前汉
江夏郡	同前汉	零陵郡	治泉陵，今湖南永州市零陵区

续 表

桂阳郡	同前汉	武陵郡	治临沅，今湖南常德市武陵区
长沙郡	前汉国		
扬州刺史部，治九江历阳，今安徽和县			
九江郡	治阴陵，今安徽定远西北	丹阳郡	同前汉
庐江郡	并入前汉六安国	会稽郡	治山阴，今浙江绍兴市越城区
吴郡	分会稽置，治吴县，今江苏苏州市姑苏区	豫章郡	同前汉
益州刺史部，治广汉雒县，今四川广汉北			
汉中郡	治南郑，今陕西汉中市汉台区	巴郡	同前汉
广汉郡	治广汉①，今四川广汉北	蜀郡	同前汉
犍为郡	治武阳，今四川眉山市彭山区东	牂柯郡	同前汉
越巂郡	同前汉	益州郡	同前汉
永昌郡	以哀牢夷内附地并割益州郡西部置，治不韦，今云南保山市隆阳区东北	广汉属国	分广汉北部置，治阴平道，今甘肃文县西北
蜀郡属国	分蜀郡西部置，治汉嘉，今四川芦山北	犍为属国	分犍为南部置，治朱提，今云南昭通市昭阳区

---

① 编者注：据《续汉书·郡国志》《华阳国志》《水经注》，广汉郡治雒县。

凉州刺史部，治汉阳陇县，今甘肃张家川			
陇西郡	同前汉	汉阳郡	前汉天水郡，治冀县，今甘肃甘谷
武都郡	治下辨，今甘肃成县西	金城郡	同前汉
安定郡	治临泾，今甘肃镇原东南	北地郡	治富平，今宁夏吴忠市利通区南
武威郡	同前汉	张掖郡	同前汉
酒泉郡	同前汉	敦煌郡	同前汉
张掖属国	分张掖置，不领县	张掖居延属国	分张掖之居延置，今内蒙古额济纳旗东南
并州刺史部，治太原晋阳，今山西太原市晋源区			
上党郡	同前汉	太原郡	同前汉
上郡	同前汉	西河郡	治离石，今山西吕梁市离石区
五原郡	同前汉	云中郡	同前汉
定襄郡	治善无，本雁门郡治	雁门郡	治阴馆，今山西朔州市朔城区东南
朔方郡	治临戎，今内蒙古磴口北		
幽州刺史部，治广阳蓟县，今北京市西城区、丰台区			
涿郡	同前汉	广阳郡	前汉国
代郡	治高柳，今山西阳高	上谷郡	同前汉
渔阳郡	同前汉	右北平郡	治土垠，今河北唐山市丰润区东

续 表

辽西郡	同前汉	辽东郡	同前汉
玄菟郡	同前汉,非故地	乐浪郡	同前汉
辽东属国	分辽东西部置,治昌黎,今辽宁义县		
交州刺史部,治龙编,今越南北宁省北宁			
南海郡	同前汉	苍梧郡	同前汉
郁林郡	同前汉	合浦郡	同前汉
交趾郡	治龙编	九真郡	同前汉
日南郡	同前汉		

东汉中叶和西汉后期的版图大同而小异。异在:幽州乐浪东界从日本海西移至狼林山脉、阿虎飞岭山脉一线,原在鸭绿江上游的玄菟郡西移至浑河中游;从幽州的辽西郡西至并州的雁门诸郡北界部分南移;益州南部西界从前汉益州郡怒江、哀牢山脉一线扩展至永昌郡伊洛瓦底江、萨尔温江一线;交州日南郡南界从越南富安省南界内移至承天省南界。

王莽时西域怨叛,复役属于匈奴,与中原隔绝。至明帝永平十六年(73)征匈奴,取伊吾庐地置宜禾都尉屯田,西域诸国遣子入侍;明年,复置西域都护府。次年,焉耆、龟兹叛杀都护,遂罢都护府。至和帝永元三年(91)班超定西域,因以超为都护,五十余国悉内属。后十六年至安帝初(107),又以诸国叛乱,再罢都护。又十六年至延光二年(123),乃以班勇为西域长史,出屯柳中(今新疆吐鲁番市鄯善县西鲁克沁)。勇击降焉耆,于是龟兹、疏勒、于阗、莎车等十七国皆来服属;但乌孙及葱岭以西遂绝。

桓帝以后东汉七八十年，疆域政区有不少变动，为《郡国志》记载所不及。

汉朝疆域以外，其时东北鸭绿江上游两岸为高句丽国领土，建都国内城；更东北图们江两岸为沃沮族，松嫩平原为夫余族，迤东松花江下游为挹娄族居地。北边匈奴族已分为南北二部，南匈奴降汉入居塞内缘边八郡，北匈奴远引西去。乌桓也入居塞内。于是鲜卑乘机日渐拓展，南抄汉边，北拒丁零，东却夫余，西击乌孙，尽据匈奴故地。青藏高原仍为诸羌所居。王莽末还据西海的先零羌于光武时内徙塞内陇右、关中诸郡，此后西海、河湟一带为烧当羌之地。此外又有武都边外白马、越嶲边外牦牛等羌。

三国时期

自 184 年黄巾起义，经过董卓之乱，关东州郡起兵讨董卓，转入割据争雄，相互吞并之局，历三十余年至 214 年刘璋降刘备，215 年张鲁降曹操，而天下归于曹操、刘备、孙权三家。220 年操死，子丕代汉称魏帝，221 年刘备称汉帝，222 年吴王孙权建年号（229 年称帝），进入国史上三国时期。

黄巾起义后东汉朝廷加重州的首长刺史或牧的权任，从此州遂由两汉监察区转变成为郡以上一级行政区。194 年分凉州河西为雍州。213 年诏书"并十四州复为九州（《禹贡》九州）"，但其时东汉帝国已分裂，九州制只能在曹操统治下地域内实行。曹丕称帝，当年即恢复十四州制，改以关陇为雍州，以河西为凉州。三国时魏有司、豫、冀、兖、徐、青、雍、凉、并、幽十州，又有荆、扬二州之北境，仍置州，全境共十二州。蜀但有益州一州；又分其南中七郡置庲降都督以统之。吴有扬、荆、交三州。三国合计凡十六州。荆、扬二州魏吴并建，各得其一部分，故实际仍只十四州。其后 263 年魏灭蜀得益州，翌年分益州为梁州，吴分交州为广州，增为十八州；则已不是三国鼎峙时期而进入魏（266 年后为晋）吴对峙时期了。

郡国一级，东汉献帝末已增至一百二十余。262 年：魏境有郡国九十余；蜀境有郡二十余；吴境有郡三十余，又有一毗陵典农校尉领县比郡。三国共有一百四十余郡国。

魏，都洛阳，今河南洛阳市洛龙区东	
司隶	治洛阳
豫州	治汝南安成，今河南汝南东南
冀州	治安平信都，今河北衡水市冀州区
兖州	治东郡廪丘，今山东鄄城县东
徐州	治下邳，今江苏邳州南
青州	治临淄，今山东淄博市临淄区
荆州	治南阳新野，今河南新野
扬州	治淮南寿春，今安徽寿县
雍州	治京兆长安，今陕西西安市未央区西北
凉州	治武威姑臧，今甘肃武威市凉州区
并州	治太原晋阳，今山西太原市晋源区
幽州	治燕国蓟县，今北京市西城区、丰台区
蜀汉，都成都，今四川成都市青羊区	
益州	治蜀郡成都
庲降都督	治建宁味县，今云南曲靖市麒麟区
吴，都建业，今江苏南京市鼓楼区、玄武区	
扬州	治丹阳建业
荆州	治南郡江陵，今湖北荆州市荆州区
交州	治南海番禺，今广东广州市越秀区

　　魏仍以西域长史领护西域诸国，驻海头（今新疆罗布泊西北楼兰遗址），置戊己校尉于高昌，屯田驻防。西汉末的五十国，

这时已并为鄯善、于阗、疏勒、龟兹、焉耆、车师后部六国。乌孙不属西域长史，都赤谷（今吉尔吉斯斯坦伊什特克）。

曹魏东北疆界由于濊貊的降附而东抵日本海，复西汉之旧；北边河套内外则两汉时朔方、五原、云中、定襄、北地、上郡六郡及西河、雁门之北半，自东汉末年以来已荒弃，为羌胡所据。蜀汉西北疆界由于白马羌的内附，稍有扩展。孙吴日南郡南界由于林邑国之扩张，北移至今越南广治。

三国时曹魏东北境外为高句丽、沃沮、夫余、挹娄，北则羌胡据套内，大漠南北为鲜卑。近边中部阴山南北为拓跋鲜卑，定都盛乐，即西汉定襄郡治；套西为西部鲜卑；西辽河流域为东部鲜卑。鲜卑之西北为匈奴、呼得、坚昆、丁令等部。伊犁河流域为乌孙国。青藏高原为诸羌地。孙吴曾先后用兵东南海上夷洲、朱崖洲，并无功而还；夷洲即今台湾岛，朱崖洲即今海南岛。

西晋时期

晋武帝司马炎于泰始元年（265）篡魏称帝，是为西晋。仍魏旧都洛阳，有十四州。泰始五年（269）分雍、凉、梁三州置秦州；七年（271）分益州置宁州；咸宁二年（276）分幽州置平州，共得十七州。太康元年（280）平吴得其扬、荆、交、广四州，并南北二荆二扬皆为一州，以十九州成一统。秦、宁二州于太康三年罢并雍、益，故太康二年（281）有十九州和一百七十一郡国。

司州 即汉魏之司隶，治洛阳，统郡十二：河南、荥阳、弘农、上洛、平阳、河东、汲、河内、广平、阳平、魏、顿丘。

兖州 治濮阳廪丘，统郡国八：陈留、濮阳、济阳、高平、任城、东平、济北、泰山。

豫州 治梁国陈县，统郡国十：颍川、汝南、襄城、汝阴、梁、沛、谯、鲁、弋阳、安丰。

冀州 治安平信都，统郡国十三：赵、巨鹿、安平、平原、乐陵、勃海、章武、河间、高阳、博陵、清河、中山、常山。

幽州 治范阳涿县，统郡国七：范阳、燕、北平、上谷、广宁、代、辽西。

平州 治辽东襄平，统郡国五：昌黎、辽东、乐浪、玄菟、带方。

并州 治太原晋阳，统郡国六：太原、上党、西河、乐平、雁门、新兴。

雍州 治京兆长安，统郡七：京兆、冯翊、扶风、安定、北地、始平、新平。

凉州 治武威姑臧，统郡八：金城、西平、武威、张掖、西、酒泉、敦煌、西海。

秦州 治天水冀县，统郡六：陇西、南安、天水、略阳、武都、阴平。

梁州 治汉中南郑，统郡八：汉中、梓潼、广汉、新都、涪陵、巴、巴西、巴东。

益州 治蜀郡成都，统郡八：蜀、犍为、汶山、汉嘉、江阳、朱提、越巂、牂柯。

宁州 治建宁滇池，统郡四：云南、兴古、建宁、永昌。

青州 治齐国临淄，统郡国七：齐、济南、北海、乐安、城阳、东莱、长广。

徐州 治彭城国彭城，统郡国七：彭城、下邳、东海、琅邪、东莞、广陵、临淮。

荆州 治南郡江陵，统郡国二十二：江夏、南、襄阳、南阳、南乡、义阳、新城、魏兴、上庸、建平、宜都、南平、武陵、天门、长沙、衡阳、湘东、零陵、邵陵、桂阳、武昌、安成。

扬州 治丹阳建邺，统郡十六：丹阳、宣城、淮南、庐江、毗陵、吴、吴兴、会稽、东阳、新安、临海、建安、豫章、临川、鄱阳、庐陵。

交州 治交趾龙编，统郡七：合浦、交趾、新昌、武平、九真、九德、日南。

广州 治南海番禺，统郡十：南海、临贺、始安、始兴、苍梧、郁林、桂林、高凉、高兴、宁浦。

　　太康三年，罢秦、宁二州，惠帝时复置，又分扬州、荆州十郡为江州，治豫章；怀帝永嘉元年（307）又分荆州、江州八郡为湘州，治长沙：故西晋末年共有二十一州。

　　西域和境外各族分布情况基本同曹魏。

东晋十六国时期

晋朝在中原地区的统治于 4 世纪初为东汉以来入居内地的各族所推翻。317 年，镇守江东的琅邪王司马睿即晋王位于建康，次年称帝；以建康在洛阳之东，史称东晋。传至 420 年禅国于刘宋。自西晋末到刘宋初，各族在中原和巴蜀先后建立了二十多个割据政权，史称其中前后二赵、前后西三秦、前后南北四燕、前后南北西五凉及成、夏为十六国，并用以泛指这一时期晋、宋以外各国。

这一时期各个政权的疆域政区变化极为频繁，淝水之战前一年即 382 年，十六国中的前秦臻于极盛，《禹贡》九州有其七，东晋的版图只限于淮水以南、汉水的下游、巴蜀盆地的长江以南。前秦境内共有二十二州：关中为司隶校尉及秦、南秦、河、凉州；河淮间为豫、东豫、兖、南兖、青、徐、扬州；河以北为雍、并、冀、幽、平州；汉中南阳为梁、洛、荆州；巴蜀为益、宁州。辖有一百多郡。东晋境内分为八州：长江中下游为扬、江、荆三州，江北为徐、豫二州，珠江流域为广州，越南北部为交州，云贵高原为宁州。辖有八十多郡。又有兖、青、幽等侨州和若干侨郡侨寄在大江南北。

前秦的西境尽于敦煌、高昌，后二年（384）西域三十余国降附，始置西域校尉于龟兹以领护葱岭以东、天山以南诸国。

其时前秦的东北是高句丽、契丹、库莫奚、夫余、挹娄、寇漫汗、乌洛侯、地豆于等国族。北边鲜卑、柔然收入境内，境外为高车、契骨、匈奴等族。西域校尉诸属国的西北是乌孙国。青

東晋十六国时期 / 339

藏高原羌族有宝髻、孙波、象雄、女国、白兰等国族，又有从辽东迁来的鲜卑吐谷浑部建国于黄河河曲一带。

淝水战后，前秦分裂瓦解，延至 394 年为西秦所灭。东晋乘胜收复了一些失地。至安帝义熙中刘裕北伐，六年（410）灭南燕，十三年（417）灭后秦，晋土遂北以黄河与北魏为界，西有关中，置北徐州治彭城，北兖州治滑台城，北青州治东阳城，司州治虎牢城，雍州治长安，以统新得郡县，这是东晋一代的极大版图。但同年刘裕还建康，次年关中即没于赫连夏。

十六国

历史上所谓"五胡十六国"，指的是下列各国，兹表列其国号和统治者的族类姓氏，定都与起讫年份：

成（巴氏李氏）　起 303 年，据成都；338 年改号汉；347年亡于东晋。

汉（匈奴刘氏）　起 304 年，据离石，徙左国城、蒲子、平阳；319 年改号赵（前赵），据长安；329 年亡于后赵。

前凉（安定张氏）　301 年始为凉州刺史，子孙世有其地，据姑臧；376 年亡于前秦。

后赵（羯石氏）　起 319 年，据襄国，335 年迁邺；351 年亡于冉魏。

前燕（鲜卑慕容氏）　起 337 年，据龙城，350 年迁蓟，357 年迁邺；370 年亡于前秦。

前秦（氐苻氏）　起 351 年，据长安；394 年亡于后秦。

后燕（鲜卑慕容氏）　起 384 年，386 年据中山，397 年迁龙城；407 年亡于北燕。

后秦（羌姚氏）　起 384 年，386 年据长安；417 年亡于东晋。

西秦（鲜卑乞伏氏）　起 385 年，据勇士，迁金城、苑川、南安；431 年亡于夏。

后凉（氐吕氏）　起 386 年，据姑臧；403 年亡于后秦。

南凉（鲜卑秃发氏）　起 397 年，据广武，迁乐都、西平、姑臧；414 年亡于西秦。

北凉（卢水胡沮渠氏）　起 397 年，据建康，次年迁张掖，412 年迁姑臧；439 年亡于北魏。

南燕（鲜卑慕容氏）　起 398 年，据滑台，次年迁广固；410 年亡于东晋。

西凉（陇西李氏）　起 400 年，据敦煌，405 年迁酒泉；421 年亡于北凉。

夏（匈奴铁弗赫连氏）　起 407 年，据高平，413 年筑统万城居之，427 年出奔陇上；431 年亡于吐谷浑。

北燕（长乐冯氏）　起 410 年，据龙城（和龙）；436 年亡于北魏。

十六国之外，又有仇池（氐杨氏），后称南秦；代（鲜卑拓跋氏），386 年后改号魏，即北魏。二者起自魏晋，十六国时或降附大国、或建号自立。另有辽西鲜卑段部，338 年并于前燕；宇文部，344 年为前燕所破。又有 350—352 年据邺的冉魏，384—394 年据长子的西燕（慕容氏），386—391 年据滑台的翟魏（丁零翟氏），405—413 年据成都的后蜀（谯氏）等。

十六国时各国竞相析置州郡，汉晋一州之地，往往分为四五，疆域虽局于一隅，州名却兼采诸方。故刘汉地处河东而有雍州，前赵地处关中而有幽州，北燕地处辽西而有青州、冀州、幽州，南燕之幽州在琅邪，夏之幽州在郭尔罗斯，诸如此类的名实不符现象很普遍。

西域诸国先后在前凉、前秦、后凉、西凉领护之下，前凉置西域长史于海头，前秦置西域校尉于龟兹，后凉置西域大都护于高昌。

宋、魏时期

420 年刘裕受晋禅称帝，是为南朝宋朝，传至 479 年禅于齐。北朝始于鲜卑拓跋氏的魏，原先是十六国时的代国，338 年称王建号，376 年为前秦所并，386 年复国，同年改号魏，398年称帝。439 年灭北凉完成北方统一，史称北魏。传至 534 年，分裂为东西二魏。兹以 449 年为准，南朝为宋元嘉二十六年，北朝为魏太平真君十年。其明年，南北爆发大战，从此南朝转衰，北朝转盛。

其时宋都建康，有州十八：

扬	治建康
南徐	分西晋扬州江南置，治京口
徐	治彭城
南兖	分西晋徐州淮南置，治广陵
南豫	分西晋扬州江南置，治姑熟
豫	分西晋扬州淮南置，治寿春
江	治寻阳
青	改东晋末北青置，治东阳
冀	分青州置，治历城
荆	治江陵
湘	治临湘
雍	分西晋荆州北境置，治襄阳
梁	治南郑
秦	分梁州置，寄治南郑

益	治成都
宁	治味
广	治番禺
交	治龙编

《宋书·州郡志》所载凡二十二州，二百七十余郡国。其兖、司、郢、越四州皆元嘉末年以后所置，故与此不同。元嘉时郡国数不详。

魏都平城，太行山右为司、肆、并、东雍、东秦等州，山左为冀、相、定、幽、平、营等州，河南为洛、豫、荆、兖、济等州，关右为雍、华、秦、泾、渭、河等州。又置镇于边境，有敦煌、凉州、高平、薄骨律、统万、沃野、怀朔、柔玄、怀荒、枹罕、武都、御夷等镇。镇将统兵屯戍防御，主一方城隍仓库守土之责，与刺史同。

其时魏之西界包有焉耆、鄯善。焉耆于448年攻下，鄯善于445年攻下，"赋役其民，比于郡县"，置西戎校尉以镇之。东界止于辽西，辽东之地则于十六国后期已为高句丽所占有。

东北境外为契丹、库莫奚、地豆于、乌洛侯、失韦、豆莫娄、勿吉。漠北为柔然、高车、契骨。西域则高昌为北凉沮渠氏之裔所据；乌孙南迁，其故地为匈奴后裔悦般所据；仍有疏勒、龟兹、于阗、且末等。青藏高原东北部为吐谷浑地，迤南为党项、白兰羌，西南则为宝髻、象雄、女国等。宋之东南海上，仍为朱崖洲、夷洲。

齐、魏时期

479 年萧道成受宋禅，是为南朝齐朝，传至 502 年禅于梁。北魏于 493 年迁都洛阳。兹以 497 年为准，齐为建武四年，魏为太和二十一年。次年起，自宋泰始年间（465—471）失淮北以来基本稳定的双方疆界，又发生变动。

齐初承宋泰始以来之旧，置二十二州。曾分荆益五郡置巴州于巴东，寻省。终一代仍为二十二州，即《南齐书·州郡志》所载。《志》所载郡、左郡、俚郡、僚郡达三百九十五。

扬（建康）　南徐（京口）　豫（寿春）　南豫（姑熟）　南兖（广陵）　北兖（淮阴）　北徐（钟离）　青（郁洲）　冀（与青州共一刺史）　江（寻阳）　广（南海郡）　交（交趾郡）　越（临漳郡）　荆（江陵）　郢（夏口）　司（义阳）　雍（襄阳　别置宁蛮府领蛮左诸郡）　湘（长沙郡）　梁（南郑）　秦（与梁州共一刺史）　益（成都）　宁（建宁郡）

北魏境内的州、镇设置已多达五十二：

司（洛阳金墉城）　豫（汝南悬瓠城）　荆（山北）　洛（上洛）　东荆（沘阳）　东豫（南新息）　南兖（涡阳）　兖（瑕丘）　青（广固）　齐（历城）　徐（彭城）　南徐（宿预）　南青（东安郡）　光（东莱掖）　济（碻磝城）　相（邺）　冀（信都）　幽（蓟）　平（肥如）　营（白狼城）　定（中山郡）　瀛（河间郡）　燕（广宁）　安（燕乐）　并（晋阳）　肆（九原）　恒（平城）　朔（盛乐）　汾（蒲子城）　雍（长安）　秦（上邽）　豳（定安）　夏（统万城）

东秦（中部）　**华**（华阴）　**泾**（安定）　**岐**（雍城）　**梁**（仇池）　**西安**（大兴郡）　**河**（枹罕）　**凉**（姑臧）　共四十一州

　　御夷　怀荒　柔玄　抚冥　武川　怀朔　沃野　薄骨律　高平　鄯善　敦煌　自东而西十一镇

　　魏境东北接高句丽及契丹、库莫奚、失韦等族；漠北为柔然、高车等族。西尽敦煌、伊吾，境外高昌之北凉沮渠氏于460年为柔然所灭；此后华人阚氏、张氏、马氏相继为臣附于柔然之高昌王；是年，金城麴氏代马氏为王。天山以南焉耆以西诸国隶属于中亚之嚈哒；天山以北为高车牧地。吐谷浑强盛，奄有鄯善、且末之地。

　　齐交州南界又内移至横山，即今越南河静、广平省界。

梁、东魏、西魏时期

502 年萧衍受齐禅，是为南朝梁朝；传至 557 年禅于陈。北魏自 523 年六镇起义后，经连续战乱，至 534 年孝武帝奔长安依宇文泰，高欢入洛阳，另立孝静帝，迁都邺，从此分裂为东、西二魏。兹以 546 年即梁中大同元年、东魏武定四年、西魏大统十二年为准。是时梁朝全盛，东西魏相持不下。次年，侯景之乱起，从此南朝一蹶不振。

梁"天监十年（511）有州二十三，郡三百五十"。其后颇事恢拓，析置日滥，至"大同（535—546）中州一百七，郡县亦称于此"。往往徒有其名，无土地户口之实。北魏于六镇起义后改镇为州，至东西魏分裂前夕有州八十余，郡三百五十余。《魏书·地形志》所载系东魏武定时制度，合以西魏境内全魏末永熙（533—534）旧簿，共有一百一十一州，五百一十九郡。

海南岛自西汉元帝时弃守，历五百八十年至梁，复置崖州于岛上。

突厥初兴于金山（阿尔泰山）之阳，臣属柔然。嚈哒退出葱岭以东。吐谷浑建都伏俟城。

陈、齐、周时期

557 年陈霸先受梁禅，是为南朝陈朝；传至 589 年为隋所灭。550 年东魏高洋废其主自立，建号齐，史称北齐；传至 577 年为北周所灭。557 年宇文氏废西魏帝自立，建号周，史称北周；传至 581 年禅于隋。兹以 572 年即陈太建四年、齐武平三年、周建德元年为准。次年，陈攻齐取淮南；后二年周攻齐，又二年灭齐。

梁自侯景乱后，江北丧于东魏、北齐，汉东、荆襄及汉中巴蜀沦于西魏。555 年萧詧在西魏卵翼下称帝于江陵，史称后梁。故陈朝疆界，仅得三峡以东大江以南之地，"州有四十二，郡唯一百九"。侯景乱后云贵高原实际上已为爨蛮所据，南宁州刺史只是朝廷授予爨酋的一个虚名。北齐承东魏之旧，河北有平阳以东，河南有洛阳以东之地，又开拓淮南，末年有"州九十七，郡一百六十"。北周在灭齐后三年有"州二百一十一，郡五百八"。估计灭齐前州数大致与齐相当，郡数应多于齐。

其时突厥已击降铁勒，破灭柔然，西破嚈哒，臣服西域诸国，北并契骨，东有室韦，威服塞外诸部；北至北海（贝加尔湖），南北五六千里，西至西海（咸海），东西万余里。

云南西南部在南朝前期由于土著的反抗，永昌郡已"有名无民"；至是完全成为化外之地，为濮族诸部所居。

隋时期

581年杨坚篡周，建立隋朝；589年灭陈，结束西晋末年以来二百八十多年的长期分裂之局，复归一统。仅二十余年，初则由暴政引起农民大起义，继以群雄纷起割据，618年隋亡。

文帝开皇三年（583）废除行政区中的郡一级，将施行了四百年的州、郡、县三级制改为以州统县二级制。但汉晋时平均每州领八九郡，每郡领八九县，至南北朝后期州增析至二百五六十，郡增析至六百有奇，而县数仍为千五六百，所以到隋改为以州统县时，平均每州领县不过六七，比汉晋的郡平均领县数还要少些。炀帝大业三年（607）将州一级都改为郡，从此过去几百年上下两个不同级别的政区名，变而为同一级别的不同时期名称，沿袭至后代不改。

《隋书·地理志》所载是大业五年（609）平定吐谷浑更置四郡之初的版图，"大凡郡一百九十，县一千二百五十五"，说是"隋氏之盛，极于此也"。实际大业五年后又有所恢拓增置，故以八年（612）为准，全境郡数当为一百九十二郡，这是真正的隋极大版图。但农民大起义已于上一年爆发，不数年隋帝国即土崩瓦解。

大业三年改州为郡时，置司隶台于中央掌全国吏治巡察，设别驾二人分察东都、京师，刺史十四人分察畿外。此十六人的巡察地区范围为史乘所不及。

《隋书·地理志》将全境郡县按《禹贡》九州分州记载，这不是当时的行政区域，也不是吏治监察区。

大业八年时隋境东北抵辽水下游，置辽东郡于辽水西岸通定镇（今辽宁新民东北）；西北有大业五年平吐谷浑所置西海、河源（今青海北部）、鄯善、且末（今新疆若羌、且末）四郡，六年所置伊吾郡（今新疆哈密）；北承北周之旧抵五原郡（今内蒙古后套），南仍以日南郡南界横山接林邑国境；又在海南岛上分置珠崖、儋耳、临振三郡。

隋朝境外辽东为高丽国地，高丽东北至海为靺鞨诸部。其西完水（黑龙江）、难水（嫩江）流域为室韦诸部，南至隋边塞为契丹、霫、奚等部。

583年后突厥分为东西二部：金山（阿尔泰山）以东为东突厥（即北突厥），建牙于颎根河（鄂尔浑河）上今蒙古哈尔和林北，铁勒、拔也古、仆骨、同罗、回纥、都波等部及契骨皆为所统属。自金山西逾药杀水（锡尔河）、乌浒水（阿姆河），南抵于阗南山为西突厥，建庭于龟兹北山，统有白山（天山）北铁勒诸部，南龟兹等城郭诸国，东至高昌，西至吐火罗，河中诸国皆服属之。

青藏高原中部为宝髻、孙波等，东部为党项、嘉良、附国，西部为女国、象雄。

隋初在云贵高原上疆界有所扩展；开皇十三年（593）设南宁州总管府于味（今云南曲靖），辖有东至今贵州西部，西至云南大理白族自治州之地。十七八年爨酋复叛，遂弃于域外。大业中西南越巂、犍为、牂柯等郡边境外为昆明、东爨、西爨、白子、濮部之地。

日南郡之南为林邑国地，大业元年曾用兵占领，置比景、海阴、林邑三郡；数月后军还，林邑王复其故地。《隋书·地理志》以大业五年为准而载有这三郡是错的。

建安郡之东海岛上为流求，即今台湾省，大业中曾遣人招抚之，不从，自尔遂绝。

唐时期（一）

唐朝起武德元年（618），讫天祐四年（907），历时290年。

617年隋太原留守李渊起兵入长安，立代王杨侑为帝，618年逼侑禅位，是为唐高祖。渐次削平隋末以来割据群雄，至太宗贞观二年（628）完成统一。贞观四年（630）破降东突厥，十四年（640）灭高昌，二十年（646）破降薛延陀；高宗永徽元年（650）击擒突厥车鼻可汗，显庆二年（657）破降西突厥，五年击降百济，龙朔二年（662）破铁勒定天山，总章元年（668）击灭高丽。与此等战胜攻取同时，四裔各族多相继降附，唐版图臻于极盛，即以总章二年（669）为准。

武德初即普改天下郡为州，增析州县颇多；数州合置一总管府以统军戎；七年，改总管府为都督府。贞观初大加省并，十三年（639）有州府358，县1551；次年平高昌，增置西、庭二州六县。此后内地府州仍有所并省，而边境广事建立由当地部族酋长为都督刺史的羁縻府州，由灵、夏、幽、营、凉、松等边州都督府，又特设安西、单于、安北、安东四都护府以领护之。安西辖西突厥故地，跨天山南北，东抵西州、庭州界，西逾葱岭，治龟兹镇。单于辖碛南突厥故地，治云中城。安北辖碛北突厥、铁勒故地，治回纥部落。安东辖高丽故地，治平壤城。

贞观元年（627）因山川形便，分天下为关内、河南、河东、河北、山南、陇右、淮南、江南、剑南、岭南十道。其时的道主要是地理区划，时或遣使分道观风、巡察、举刺，不为常制。

7世纪初吐蕃勃兴，自山南匹播城（今西藏琼结）迁都逻些

（今西藏拉萨），兼并苏毗（孙波）、羊同，破党项、白兰，西制泥婆罗（今尼泊尔），北逐吐谷浑，统一青康藏高原诸部，兼有川边、滇西北及克什米尔之地。至是又连岁侵占唐边境诸羌羁縻州，成为继突厥、高丽而起与唐争衡于东亚之大国。

滇西南诸羁縻州之外的为濮子、金齿等部。东北松花江、黑龙江流域为靺鞨、室韦诸部。

唐时期（二）

　　玄宗开元天宝时期是唐代的国势全盛时期。开元仍初唐之旧用州县制，天宝元年（742）改州为郡，肃宗乾元元年（758）又改郡为州，唐290年中仅十六年称郡。据两《唐书·地理志》，开元二十八年有州328，县1573，羁縻府州不在此数。据《资治通鉴》，天宝元年有州331，县1528，羁縻州820。兹据两唐书《地理志》开元二十九年见在之州列表于后，总数不足328之数，志文殆稍有脱漏。天宝初所改郡名附见，以便检阅。长安、洛阳、晋阳三都所在之雍、洛、并三州，开元初已升为京兆、河南、太原三府。都护府已增为六：安西单于仍旧治，北庭治庭州，安北内徙治中受降城，安东内徙治平州，安南治交州。

　　开元二十年（732）置十道采访处置使，检察非法，如汉刺史之职，定为常制。次年，分十道为十五道：分关内为京畿、关内，分河南为都畿、河南，山南为东、西，江南为东、西、黔中。诸道采访处置使京畿治京城内，关内以京官领，都畿治东都城内，河南治汴州，河东治蒲州，河北治魏州，山南东治襄州，山南西治梁州，陇右治鄯州，淮南治扬州，江南东治苏州，江南西治洪州，黔中治黔州，剑南治益州，岭南治广州。

　　景云二年（711）始于边境置节度使以防御四裔，开元、天宝之际增至十节度。安西节度使抚宁西域，治龟兹城。北庭节度使防制突骑施、坚昆，治北庭都护府。河西节度使断隔吐蕃、突厥，治凉州。朔方节度使捍御突厥，治灵州。河东节度使犄角朔方以御突厥，治太原府。范阳节度使临制奚、契丹，治幽州。平卢节度使镇抚室韦、靺鞨，治营州。陇右节度使备御吐蕃，治鄯州。剑南节度使西抗吐蕃，南抚蛮僚，治益州。岭南五府经略使绥静夷僚，治广州。此外又有长乐经略使福州刺史领之，东莱守捉莱州刺史领之，东牟守捉登州刺史领之，备御海疆。

边区设置羁縻府州地区，较之总章，有展有缩。河北道高丽旧壤退至以浿水（大同江）为界，其南弃于新罗。创建于开元，置于靺鞨粟末部之忽汗州都督府（渤海），置于黑水靺鞨部之黑水都督府及勃利州，置于室韦部落之室韦都督府，虽皆未能实际统治其地，册封臣属关系持续不断。关内道北界在单于都护府北700里，东受降城北800里，中受降城即安北都护府治北500里，西受降城北300里。迤北旧安北都护府全境及单于都护府南半境，悉为突厥所有。陇右道天山以南保有安西四镇及葱岭中诸小国，又以小勃律地为绥远军。迤西吐火罗、河中诸国，已为大食所并。天山以北旧隶北庭都护府诸府州，除内徙寄治于北庭府界内者外，或为突骑施或为突厥所并。突骑施本显庆时嗢鹿、洁山二都督府，其后日渐强盛，兼并诸部，开元时已成为介在大食、突厥间一强国，虽受唐突骑施都督称号，仅为空名，无臣属关系。

吐蕃、突厥为其时唐朝两大敌国。吐蕃境界略如总章之旧。突厥以高宗永淳元年（682）反唐复国，史称后突厥；并有铁勒诸部及黠戛斯、骨利干之地，南侵唐边，西服葛逻禄。

开元末天宝初州郡对照表

开　元	天　宝	开　元	天　宝
京兆府	京兆府	商州	上洛郡
岐州	扶风郡	邠州	新平郡
华州	华阴郡	同州	冯翊郡
以上京畿道六府州			
陇州	汧阳郡	原州	平凉郡
宁州	彭原郡	庆州	顺化郡
鄜州	洛交郡	灵州	灵武郡
胜州	榆林郡	丰州	九原郡
单于都护府	不改	安北都护府	不改
泾州	保定郡	坊州	中部郡
丹州	咸宁郡	延州	延安郡
威州	××郡	会州	会宁郡
盐州	五原郡	夏州	朔方郡
绥州	上郡	银州	银川郡
宥州	宁朔郡	麟州（天宝元年置）	新秦郡
以上关内道二十二府州			
河南府	河南府	汝州	临汝郡
以上都畿道二府州			

续　表

开　元	天　宝	开　元	天　宝
滑州	灵昌郡	郑州	荥阳郡
颍州	汝阴郡	许州	颍川郡
陈州	淮阳郡	汴州	陈留郡
宋州	睢阳郡	亳州	谯郡
徐州	彭城郡	郓州	东平郡
齐州	济南郡	青州	北海郡
登州	东牟郡	莱州	东莱郡
棣州	乐安郡	兖州	鲁郡
海州	东海郡	沂州	琅邪郡
陕州	陕郡	虢州	弘农郡
蔡州	汝南郡	泗州	临淮郡
濠州	钟离郡	曹州	济阴郡
濮州	濮阳郡	淄州	淄川郡
密州	高密郡		
以上河南道二十七州			
蒲州	河东郡	晋州	平阳郡
隰州	大宁郡	太原府	太原府
汾州	西河郡	代州	雁门郡

开　元	天　宝	开　元	天　宝
云州	云中郡	朔州	马邑郡
潞州	上党郡	绛州	绛郡
慈州	文成郡	沁州	阳城郡
辽州	乐平郡	岚州	楼烦郡
石州	昌化郡	忻州	定襄郡
蔚州	兴唐郡	泽州	高平郡
以上河东道十八州			
魏州	魏郡	相州	邺郡
邢州	巨鹿郡	恒州	常山郡
冀州	信都郡	沧州	景城郡
易州	上谷郡	幽州	范阳郡
瀛州	河间郡	蓟州	渔阳郡
平州	北平郡	营州	柳城郡
安东都护府	不改	怀州	河内郡
博州	博平郡	卫州	汲郡
贝州	清河郡	洺州	广平郡
深州	饶阳郡	赵州	赵郡
德州	平原郡	定州	博陵郡

续　表

开　元	天　宝	开　元	天　宝
莫州	文安郡	妫州	妫川郡
檀州	密云郡		
以上河北道二十五府州			
荆州	南郡	峡州	夷陵郡
归州	巴东郡	朗州	武陵郡
涪州	涪陵郡	万州	南浦郡
襄州	襄阳郡	唐州	淮安郡
隋州	汉东郡	邓州	南阳郡
金州	汉阴郡	夔州	云安郡
澧州	澧阳郡	忠州	南宾郡
均州	武当郡	房州	房陵郡
复州	竟陵郡	郢州	富水郡
以上山南东道十八州			
梁州	汉中郡	利州	益昌郡
凤州	河池郡	兴州	顺政郡
巴州	清化郡	通州	通川郡
阆州	阆中郡	洋州	洋川郡
成州	同谷郡	文州	阴平郡

续　表

开　元	天　宝	开　元	天　宝
扶州	同昌郡	集州	符阳郡
壁州	始宁郡	蓬州	蓬山郡
开州	盛山郡	果州	南充郡
渠州	潾山郡		
以上山南西道十七州			
河州	安昌郡	鄯州	西平郡
兰州	金城郡	岷州	和政郡
凉州	武威郡	沙州	敦煌郡
甘州	张掖郡	肃州	酒泉郡
伊州	伊吾郡	西州	交河郡
庭州	×××	北庭都护府	不改
安西都护府	不改	秦州	天水郡
渭州	陇西郡	临州	狄道郡
阶州	武都郡	洮州	临洮郡
廓州	宁塞郡	叠州	合川郡
宕州	怀道郡	瓜州	晋昌郡
以上陇右道二十二府州			
扬州	广陵郡	楚州	淮阴郡

续　表

开　元	天　宝	开　元	天　宝
和州	历阳郡	寿州	寿春郡
庐州	庐江郡	光州	弋阳郡
安州	安陆郡	申州	义阳郡
滁州	永阳郡	舒州	同安郡
蕲州	蕲春郡	黄州	齐安郡
以上淮南道十二州			
润州	丹阳郡	苏州	吴郡
杭州	余杭郡	越州	会稽郡
衢州	信安郡	婺州	东阳郡
温州	永嘉郡	台州	临海郡
福州	长乐郡	建州	建安郡
泉州	清源郡	汀州	临汀郡
漳州	漳浦郡	常州	晋陵郡
湖州	吴兴郡	睦州	新定郡
明州	余姚郡	处州	缙云郡
以上江南东道十八州			
宣州	宣城郡	歙州	新安郡
洪州	豫章郡	江州	浔阳郡

开　元	天　宝	开　元	天　宝
鄂州	江夏郡	岳州	巴陵郡
饶州	鄱阳郡	虔州	南康郡
吉州	庐陵郡	袁州	宜春郡
潭州	长沙郡	衡州	衡阳郡
永州	零陵郡	郴州	桂阳郡
邵州	邵阳郡	抚州	临川郡
道州	江华郡		
以上江南西道十七州			
黔州	黔中郡	辰州	卢溪郡
巫州	潭阳郡	播州	播川郡
锦州	卢阳郡	施州	清化郡
业州	龙溪郡	夷州	义泉郡
思州	宁夷郡	费州	涪川郡
南州	南川郡	溪州	灵溪郡
溱州	溱溪郡		
以上黔中道十三州			
益州	蜀郡	汉州	德阳郡
嘉州	犍为郡	巂州	越巂郡

续　表

开　元	天　宝	开　元	天　宝
雅州	卢山郡	茂州	通化郡
戎州	南溪郡	姚州	云南郡
梓州	梓潼郡	遂州	遂宁郡
合州	巴川郡	渝州	南平郡
泸州	泸川郡	彭州	濛阳郡
蜀州	唐安郡	眉州	通义郡
邛州	临邛郡	简州	阳安郡
资州	资阳郡	黎州	洪源郡
翼州	临翼郡	维州	维川郡
松州	交川郡	当州	江源郡
悉州	归诚郡	静州	静川郡
柘州	蓬山郡	恭州	恭化郡
保州	天保郡	绵州	巴西郡
剑州	普安郡	龙州	应灵郡
普州	安岳郡	陵州	仁寿郡
荣州	和义郡		
以上剑南道三十五州			
广州	南海郡	韶州	始兴郡

开　元	天　宝	开　元	天　宝
循州	海丰郡	潮州	潮阳郡
端州	高要郡	春州	南陵郡
雷州	海康郡	崖州	珠崖郡
振州	延德郡	儋州	昌化郡
万安州	万安郡	邕州	朗宁郡
浔州	浔江郡	宜州	龙水郡
桂州	始安郡	梧州	苍梧郡
柳州	龙城郡	容州	普宁郡
廉州	合浦郡	交州	交趾郡
陆州	玉山郡	峰州	承化郡
爱州	九真郡	驩州	日南郡
康州	晋康郡	泷州	开阳郡
新州	新阳郡	封州	临封郡
潘州	南潘郡	勤州	云浮郡
罗州	招义郡	辩州	陵水郡
高州	高凉郡	恩州	恩平郡
澄州	贺水郡	宾州	岭方郡
横州	宁浦郡	峦州	永定郡

开 元	天 宝	开 元	天 宝
钦州	宁越郡	贵州	怀泽郡
龚州	临江郡	象州	象郡
藤州	感义郡	岩州	常乐郡
瀼州	临潭郡	笼州	扶南郡
田州	横山郡	环州	整平郡
贺州	临贺郡	连州	连山郡
富州	开江郡	昭州	平乐郡
蒙州	蒙化郡	严州	循德郡
融州	融水郡	古州	乐兴郡
牢州	定川郡	白州	南昌郡
绣州	常林郡	郁林州	郁林郡
党州	宁仁郡	窦州	怀德郡
禺州	温水郡	义州	连城郡
长州	文炀郡	福禄州	唐林郡
汤州	汤泉郡	芝州	忻城郡
武峨州	武峨郡	武安州	武曲郡
庞州		南登州	
以上岭南道七十二州			

唐时期（三）

　　唐自安史之乱（755—763）后内地裂为方镇数十，陇右与剑南西山地入吐蕃，自天宝年间起大漠南北回纥取代突厥，南诏叛唐统一云南，形势大非初盛唐时之比。宪宗元和时削平叛镇，号称中兴。

　　隋开皇置总管府以统数州军戎，大业罢。唐武德初复置，七年改都督府。贞观十三年（639）凡都督府四十一，分统天下州县，唯近畿九州不属都督府。景云二年（711）曾使都督兼纠察州县之任，逾月即以权重不便而罢。开元十七年（729）有大都督府五，中都督府十五，下都督府二十。景云二年始有以边州都督充节度使者，至开元遂有缘边八节度。旋增为十。又渐以节使兼度支、营田、采访等使，遂综一道军民财赋事权。安史乱起，内地各处继起效尤，都督之权重持节者皆称节度使，主兵事而不授节者称防御使、经略使或团练使。大者领十余州，小者二三州，各为一道，亦称一镇。乾元元年（758）罢开元以来之十五道采访使，改置各镇观察处置使。此后或以节度兼观察，或以观察兼防御、经略，安史以前采访使道与都督府两种不同区划，至是乃合而为一。名为一道而已非仅监察区域，名为一镇而已非仅军政区域，实际已成为统辖数州的高一级行政区划。隋初以来的州县二级行政区划制，乃变而为道（镇）、州、县三级制。

　　缘边羁縻府州已大量撤废或内徙。关内道突厥回纥州限于碛南，多数侨治灵、夏州境内；灵、夏、庆州境内又有党项、吐谷浑州。河北道除侨在幽州境内者外，唯存辽东高丽降户州。剑南道西境多没入吐蕃，南境多没入南诏，惟雅、黎、嶲、戎、泸州所领犹有存者。黔中道及岭南桂、邕、安南三管所领则基本沿袭如旧，间有增设。奚、契丹岁有酋豪入长安参与朝会，然外附回鹘，故不授官爵。室韦部落中设有都督通朝献，但室韦分部至二十有余，此都督未必能统辖全境。

唐朝境外，其时渤海最为海东盛国，有五京、十五府、六十二州；地东至海，北黑水靺鞨，南新罗，西接契丹及唐之辽东。都上京龙泉府，故址今黑龙江宁安市西南东京城。西京鸭绿府濒鸭绿江南岸，由此取水道对唐通朝贡。

渤海之北为黑水靺鞨，通朝献；又东北为思慕、莫曳皆、郡利、窟说等部，皆不能自通。

回纥本铁勒十五部之一，臣属突厥。天宝初起而攻灭突厥，尽得突厥故地，建牙于乌德犍山（杭爱山）、嗢昆河（鄂尔浑河）之间。东极室韦，西逾金山，南控大漠。贞元四年（788）改称回鹘。又于吐蕃陷北庭后逐走之而有其地。回鹘之西则为葛逻禄，本回纥属部，安史后转盛，脱离回鹘独立，代突骑施有碎叶川（吹河）、伊丽河（伊犁河）至多逻斯水（额尔齐斯河）之地。开成五年（840）回鹘为黠戛斯所破，部族分支西迁。

安史乱起，吐蕃乘机入侵唐土，至安史之乱结束之年即广德元年（763），已尽取陇右道河陇间诸州及关内道之陇右原、会等州，剑南道之西山诸州及大渡河南之嶲州。是年冬，陷长安十二日后退出。此后十余年又西取河西凉、甘、肃、瓜、沙、伊等州。贞元六年（790）陷北庭，西州、安西相继陷落，四镇弃守，自焉耆以西至葱岭小勃律皆为所役属。元和末除嶲州已为唐收复，北庭已入回鹘外，基本上仍占有贞元以来极大版图。次年为长庆元年，唐蕃会盟于长安西郊，此后双方停止攻战。至会昌中（842—846）其国内乱，大中初（848—851）唐边镇克复陇右秦、原等三州七关，沙州人张义潮逐吐蕃守将，以瓜、沙、伊、西等十一州归唐，疆界始变。

南诏本乌蛮六诏之一蒙舍诏（今云南巍山），于六诏为最南，故称南诏。初唐置羁縻蒙舍州，隶姚州都督府，开元中在唐朝支持下统一六诏，封云南王。不久就向东扩张占领爨区，天宝九载（750）起兵反唐，攻陷姚州，旋即臣附吐蕃，连兵于天宝十载至十三载屡次大败唐兵，将唐朝势力逐出云南。安史乱起，又北取嶲州南部地，接着向周边蛮僚部落大事开拓，西至伊洛瓦底江上游，东至今滇黔界上乌蒙乌撒部，南抵红河上游，筑拓东城于今昆明市以控制东南部，成为唐土西南一大国。贞元十年（794）又转而连唐反吐蕃，夺取了神川都督地（今云南剑川、鹤庆、丽江、香格里拉一带）和昆明城（今四川盐源）。又南征茫蛮、黑齿等部族，拓土南与女王国（今泰国南奔一带）接壤。开元时都太和城（今云南大理太和村），大历十四年（779）徙都阳苴咩城（今云南大理）。

元和方镇

唐自安史乱后形成方镇（道）、州、县三级制。《旧唐书·地理志》所录肃宗至德、乾元之制，凡三十二节度，七观察，二经略，三防御，共四十四镇。德宗贞元十四年（798）贾耽所上《十道录》（时"十道"已成为地理区划，与行政无涉），"凡三十一节度，十一观察，益以防御、经略，以守臣称使者共五十"。宪宗元和二年李吉甫上《元和国计簿》，"总计天下方镇四十八，州府二百九十五，县千四百五十三"。八年，吉甫又上《元和郡县图志》，

"凡四十七镇"。今传本已残缺，故四十七镇之目不详。兹以元和十五年为准，核以史传记载，其时除京师京兆府（雍州）外，全国共分四十八镇。表列如下（镇与府州皆附以当时常用别称）：

镇　名	治　　所	领府州城
潼关防御史	华州	
同州防御史	同州	
凤翔节度使	凤翔府（岐州）	陇州
泾原节度使	泾州	原州
邠宁节度使	邠州	宁州、庆州
鄜坊节度使	鄜州	坊州、丹州、延州
朔方节度使（灵武）	灵州	盐州
夏绥节度使	夏州	绥州、银州、宥州
振武节度使	单于都护府	麟州、胜州、东受降城
丰州都防御使	天德军	丰州、中受降城、西受降城
以上关内道		
东都畿都防御使	河南府（洛州）（河阳等五城别属河阳三城节度使）	汝州
陕虢观察使	陕州	虢州
宣武节度使（汴宋）	汴州	宋州、亳州、颍州

镇　名	治　所	领 府 州 城
义成节度使（郑滑）	滑州	郑州
武宁节度使（徐泗）	徐州	宿州、泗州、濠州
忠武节度使（陈许）	许州	陈州、溵州、蔡州
平卢节度使（淄青）	青州	淄州、齐州、登州、莱州
天平节度使（郓曹）	郓州	曹州、濮州
兖海观察使	兖州	海州、沂州、密州
以上河南道		
河中节度使	河中府（蒲州）	绛州、晋州、慈州、隰州
河东节度使	太原府（并州）	汾州、沁州、仪州、岚州、石州、忻州、代州、蔚州、朔州、云州
昭义节度使（泽潞）	潞州	泽州、邢州、洺州、磁州
以上河东道		
河阳三城节度使	怀州	河南府之河阳、温、济源、河清、汜水五县
魏博节度使	魏州	相州、博州、卫州、贝州、澶州
成德节度使（恒冀）	镇州（恒）	冀州、深州、赵州、德州、棣州
横海节度使（沧景）	沧州	景州、德州、棣州

续　表

镇　　名	治　　所	领 府 州 城
义武节度使（易定）	定州	易州
卢龙节度使（幽州）	幽州	蓟州、涿州、瀛州、莫州、妫州、檀州、平州、营州
以上河北道		
山南东道节度使（襄阳）	襄州	邓州、复州、郢州、唐州、随州、均州、房州
山南西道节度使	兴元府（梁州）	洋州、利州、凤州、兴州、文州、集州、壁州、巴州、蓬州、通州、开州、阆州、果州、渠州
金商都防御使	金州	商州
荆南节度使	江陵府（荆）	澧州、朗州、峡州、夔州、忠州、万州、归州
以上山南道		
淮南节度使	扬州	楚州、滁州、和州、舒州、寿州、庐州、光州
以上淮南道		
浙西观察使	润州	常州、苏州、杭州、湖州、睦州
浙东观察使	越州	婺州、衢州、温州、处州、台州、明州
鄂岳观察使	鄂州	沔州、岳州、安州、申州、黄州、蕲州

续 表

镇　名	治　所	领府州城
江西观察使	洪州	饶州、虔州、吉州、江州、袁州、信州、抚州
宣歙观察使	宣州	歙州、池州
湖南观察使	潭州	衡州、郴州、永州、连州、道州、邵州
福建观察使	福州	建州、泉州、漳州、汀州
黔中观察使	黔州	涪州、夷州、思州、费州、南州、珍州、溱州、播州、辰州、锦州、叙州、溪州、施州、奖州
以上江南道		
剑南西川节度使	成都府（益州）	彭州、蜀州、汉州、邛州、简州、资州、嘉州、戎州、雅州、眉州、茂州、黎州、嶲州
剑南东川节度使	梓州	剑州、绵州、遂州、渝州、合州、普州、荣州、陵州、泸州、龙州、昌州
以上剑南道		
岭南节度使	广州	循州、潮州、端州、康州、封州、韶州、春州、新州、雷州、罗州、高州、恩州、潘州、辩州、勤州、泷州、崖州、琼州、振州、儋州、万安州

镇　　名	治　　所	领府州城
邕管经略使	邕州	贵州、宾州、澄州、横州、钦州、浔州、峦州、岩州
容管经略使	容州	白州、禺州、牢州、绣州、党州、窦州、廉州、义州、郁林州、平琴州、顺州
桂管经略使	桂州	梧州、贺州、昭州、象州、柳州、严州、融州、龚州、富州、蒙州、思唐州、宜州
安南经略使	安南都护府（交州）	爱州、骥州、陆州、峰州、演州、长州、武峨州、武安州、福禄州、汤州
以上岭南道		

五代十国时期

唐亡于 907 年，历后梁、后唐、后晋、后汉、后周至 960 年入宋，是为"五代"。同时期（起唐末吴、蜀、吴越封王，终宋初灭北汉）四方割据建国称帝王者有前蜀、后蜀、吴、南唐、吴越、楚、南平、闽、南汉、北汉等，合为十国。后唐灭前蜀；南唐篡吴，灭闽、楚，宋初先后取南平、后蜀、南汉、南唐、吴越，最后于 979 年灭北汉成一统。兹以后晋天福八年（943）为准，其时中原为晋，建东京开封府（汴州），以西京河南府（洛州）、北京太原府（并州）、邺都广晋府（魏州）为陪都。南方则汉中巴蜀为后蜀，都成都府（益州）。荆峡为南平，都江陵府（荆州）。湖南及桂管为楚，都长沙府（潭州）。淮南及江南东西为南唐，以江宁府（昇州）为西都，江都府（扬州）为东都，两浙为吴越，以杭州为西府，越州为东府。福建为闽，都长乐府（福州），又于建州分而为殷。岭南东西及容管为南汉，都兴王府（广州）。西北夏、绥银为独立藩镇定难军节度使。

907 年，耶律阿保机代遥辇氏为契丹主，并八部为一国，916 年称帝。相继征服周围奚、霫、黑车子室韦、女真、乌古、室韦、吐浑、党项、鞑靼、沙陀等部，攻取营、平、辽东，俘掠燕赵，926 年灭渤海。927 年耶律德光继立，936 年援石敬瑭叛后唐建立后晋，晋割幽云十六州以献，938 年改国号为辽。以皇都为上京临潢府（故址今内蒙古巴林左旗东南波罗城），葺辽东之辽阳故城为东京辽阳府（今辽宁辽阳市），升幽州为南京幽都府（今北京市西南），亦称燕京。

902年蒙氏南诏为郑氏所篡，改国号为长和。928年赵氏得国改号天兴，929年杨氏得国改号义宁。937年段氏得国，改号大理，都大理（故阳苴咩城），以鄯阐（故拓东城）为东京。大理之东北今贵州西部为昆明、牂柯等部。

唐安史乱后陷没于吐蕃的自河陇至伊西诸州，至大中咸通中（846—861）一部分由于边镇用兵收复，大部分由于沙州张义潮起义兵逐走吐蕃守将而复归唐朝版图。唐授张义潮为归义军节度使，治沙州，领大中五年（851）义潮挈以归朝的沙、瓜、伊、西、甘、肃、鄯、河、兰、岷、廓十一州，咸通二年（861）增领义潮新收复的凉州。义潮卒后子孙世袭其职。但这一局势未能持久巩固。进入五代，整个地区已呈分崩离析之局。后梁时张氏绝嗣，由曹义金及其子孙继承归义军节度使的名号权位，辖境却已仅限于沙、瓜二州。840年漠北回鹘为黠戛斯所袭破，部众溃散，其西迁者一支五代时建牙于甘州，领有甘、肃二州，史称甘州回鹘，或河西回鹘；一支建国于西州北庭一带，史称西州回鹘，或高昌回鹘。介于归义、高昌间的伊州，由华人陈氏统治。归义与甘州回鹘间隔有吐蕃部落。甘州回鹘之东则为凉州，亦称西凉府。其民华夷杂处；其守将或为华人，或为吐蕃、党项人，皆由州人自立而受命于中朝，称河西节度使。凉州之东灵州徼外则为党项部族所据。

西域自沙州出阳关傍南山至今若羌一带为古小月氏遗种所建的仲云国，又西涉沙迹而入于阗国境。于阗全境分置数州，西南接葱岭与婆罗门为邻。自高昌迤西天山以北的九姓乌护，是840年后回鹘西迁进入葛逻禄境的一支，此时据有伊犁河流域地。其南天山南北分布着葛逻禄、突骑施、炽俟、样磨等族。

其时达旦（阻卜）族广布于漠南北，一部分已在辽辖境之内，另一部分在今外蒙古的尚不在辽辖境内。达旦以北叶尼塞河上游仍为黠戛斯族地，贝加尔湖左右的嗢娘改即唐代的骨利干。

黑龙江流域的室韦、黑水靺鞨，亦分布于辽国境内外。

唐代的吐蕃此时沦于分裂状态。河陇地区剩下一小部分，祁连山南麓的阿柴是原服属于吐蕃的吐谷浑部落，在今青海地区的蕃族称脱思麻。在旧吐蕃中心地区的称乌思，其东为波窝、敢，其西为藏。藏以西今阿里、克什米尔地区分为纳里、古格、布让、日托、麻域等部。

五代十国时期分国

后梁及同时北方诸国（镇）

882 年黄巢将朱温叛巢降唐，赐名全忠。883 年授宣武（汴宋）节度使。自此朱全忠以汴镇为根本，吞并邻近诸镇，进而挟持天子，至 907 年以梁王篡位，称帝于汴州，史称后梁。以汴州为东都开封府，改东都河南府（洛阳）为西都，废西都，改京兆府为大安府。909 年迁都洛阳；913 年子朱友贞迁还开封，923年为后唐所灭。

908 年时梁境东至于海，西尽大安，南抵荆南，北有邢（保义）、魏（天雄）。与梁并峙于南北者：南方为前蜀、吴、楚、吴越、闽、南汉；西北为凤翔节度使岐王李茂贞；岐北为灵（朔方）、夏（定难）二镇；东北为卢龙（幽州）节度使刘守光（909年称燕王，911 年称帝）；燕南为镇冀（赵）、易定二镇；与梁争战最烈者为河东节度使晋李存勖。

后唐

883 年李克用任河东节度使。此后颇侵夺邻镇，896 年称晋王。908年克用死，子存勖嗣。913年灭燕，已而梁之魏博、河中相继归附，又取镇冀，收易定。923年四月即帝位于魏州，国号唐，史称后唐。以魏州为兴唐府，建号东京（今河北大名），以太原府为西京，又以镇州为北都真定府。十月灭梁，迁都洛阳，号洛京，改西京为北京，罢北都及东京开封府，以大安府为西京京兆府。925年以洛京为东都，东京为邺都，北京为北都，西京为西都。929年罢邺都。934年境界较后梁为广：西则岐与朔方已在境内，惟定难仍独立；北抵幽云，惟河套之丰、胜，辽西之营、平已为契丹所夺；而荆南之高氏受封南平王，已独立。936年北京留守石敬瑭反，契丹册为晋帝，晋割幽、蓟、瀛、莫、涿、檀、顺、新、妫、儒、武、云、应、寰、朔、蔚十六州畀契丹。冬，晋兵破洛阳，唐亡。

后汉

943年辽（契丹）起兵取晋，947年兵入大梁（开封），晋亡。河东节度使刘知远即帝位于晋阳，仍称晋天福十二年。辽兵北返，知远入大梁，改国号为汉，史称后汉。949年仍以东京开封府为首都，以西京河南府、北京太原府、邺都大名府（广晋府）为陪都。疆域较后晋略有变动：北得胜州、失易州于辽，西南失秦、凤、阶、成于后蜀。

后周与北汉

951年邺都留守郭威引兵入京城，篡汉自立，国号周，史称后周。北京留守河东节度使刘崇（知远弟）称帝于晋阳，史称北汉。959年周仍都东京开封府，以西京河南府为陪都。疆域颇有扩展：西取秦、凤、阶、成四州于后蜀，南取淮南江北十四州于南唐，北取易、瀛、莫三州于辽。北汉都太原府，有州十。

前蜀

唐西川节度使王建于唐末兼并东川、山南西、荆南、黔中之地，903 年称蜀王，907 年称帝，史称前蜀。旋又取秦、凤、阶、成于岐，925 年为后唐所灭。

吴

唐末淮南节度使杨行密尽收淮南地，902 年称吴王，旋又进取江南之昇、润、常、鄂等州。五代初尽取江西诸州。934 年都于江都府（扬州），以昇州为金陵府。927 年行密子溥称帝，937 年禅于南唐。

辽、北宋时期

10 世纪后期至 12 世纪 20 年代为辽、北宋南北对峙时期。

983 年辽圣宗复国号为契丹，1066 年兴宗复称辽，至 1125 年天祚帝为金兵所擒，辽亡。

1007 年圣宗建中京大定府（今内蒙古宁城西大明城），自临潢迁都于此。1044 年兴宗升云州为西京大同府（今山西大同市），于是备上、东、中、南、西五京。

1111 年辽天祚帝天庆元年，全境为五京道，五京府外有府六、州军城一百五十六、县二百九，又有部族五十二、属国六十。"东至于海"，今日本海、鄂霍次克海；"西至金山"，今阿尔泰山；北接斡朗改、辖戛斯；其南则黑汗、西州回鹘、西夏、北宋、高丽。

960 年赵匡胤代周称帝，建立宋朝。963 年取荆南、湖南，965 年取后蜀，971 年取南汉，975 年取南唐，978 年吴越、漳泉入朝，979 年攻灭北汉，982 年夏绥入朝，从而结束五代十国割据之局，完成统一。未几，夏绥复为西夏所据。传至 1127 年金兵破京师，徽、钦二宗被掳北去，是为北宋。

初期因后周之旧都于开封号东京，以洛阳为陪都号西京；1014 年以应天府（河南商丘南）为南京，1042 年以大名府为北京，备四京。太祖时置诸道转运使以总财赋，分全国为十三道。太宗以边防、盗贼、刑讼、金谷、按廉之任，皆委于转运使，分全国为十五路。真宗时分为十八路，神宗时分为二十三路，徽宗

崇宁四年（1105）又增一路为二十四路。诸路除转运使司外又置
提点刑狱司理刑狱，安抚使司理军政，提举常平司理仓储。转运
司称漕司，提点刑狱司称宪司。安抚司称帅司，常平司称仓司。
宪司分路时或与漕司不同，帅司仓司非逐路皆设。一漕司辖区或
分设二三帅司。一路诸司或不在一地。表列二十四路漕司路名、
治所、今地如下：

路　　名	治　　所	治 所 今 地
京畿路	陈留	河南开封市祥符区陈留镇
京东东路	青州	山东青州市
京东西路	应天府	河南商丘市南
京西南路	襄州	湖北襄阳市
京西北路	河南府	河南洛阳市东
河北东路	大名府	河北大名东
河北西路	真定府	河北正定
河东路	太原府	山西太原市
永兴军路	京兆府	陕西西安市
秦凤路	秦州	甘肃天水市
两浙路	杭州	浙江杭州市
淮南东路	扬州	江苏扬州市
淮南西路	寿州	安徽凤台

路　名	治　所	治所今地
江南东路	江宁府	江苏南京市
江南西路	洪州	江西南昌市
荆湖南路	潭州	湖南长沙市
荆湖北路	江陵府	湖北荆州市荆州区
福建路	福州	福建福州市
成都府路	成都府	四川成都市
梓州路	梓州	四川三台
利州路	兴元府	陕西汉中市
夔州路	夔州	重庆奉节
广南东路	广州	广东广州市
广南西路	桂州	广西桂林市

河北陕西为兵防重地，故河北二路分设四帅司，陕西二路分设六帅司：

河北东	大名府路治大名府（今河北大名东）
	高阳关路治河间府（今河北河间）
河北西	真定府路治真定府（今河北正定）
	定州路治定州（今河北定州）

永兴军	永兴军路治京兆府（今陕西西安市）
	鄜延路治延安府（今陕西延安市）
	环庆路治庆州（今甘肃庆成）
秦 凤	秦凤路治秦州（今甘肃天水市）
	熙河路治熙州（今甘肃临洮）
	泾原路治渭州（今甘肃平凉市崆峒区）

路下地方行政区划为州、县二级。州级有府、州、军、监之分：重于州者为府，轻于州者为军，管理官营工矿业兼理民事者为监。军监或直属于路比下州，或隶于府州比县。元丰三年（1080）共有府十四，州二百四十二，军三十七，监四。宣和四年（1122）共有府三十八，州二百四十三，军五十二，监四，县一千二百余。

北以雁门（关山在山西代县北）、白沟（水道流经河北雄县、霸州市北、天津市区）接辽境，西北以横山（山在陕西横山、靖边、吴旗）接西夏境，西以河、湟、洮、岷、剑南西山接吐蕃诸部，西南接大理及越之李朝，东南际海。

982 年，党项酋、夏绥银定难军节度使李继捧降宋，族弟继迁率部反宋，屡败宋兵，传子德明、孙元昊。元昊于 1034 年建年号，1038 年称帝，国号大夏，史称西夏。尽有东起黄河，西尽玉门关（今甘肃敦煌西），南迄萧关（今甘肃环县北），北抵大漠之地，定都兴庆府（今宁夏银川）。1044 年与宋达成和议，不久又在击败辽军后与辽议和，从此形成宋、辽、夏三足鼎立之局。1111年时元昊曾孙乾顺在位。全境有府州二十二：河南九州，河西九州，河外四州。又设左右厢十二监军司。

辽、宋、夏三国之外，其时云南为大理国，青藏为吐蕃诸部及黄头回纥，西域为西州回鹘及黑汗王朝。

大理都大理，境内设府、郡、部各若干。

西州回鹘都高昌，境界较前有所扩展，南并仲云，东有伊州，西有龟兹。

黑汗亦作黑韩，欧洲东方学界和钱币学家称为喀拉汗朝。这是一个在10世纪后期由样磨、葛逻禄、炽俟、九姓乌护等突厥语族联合建成的汗国，信伊斯兰教。汗廷在八剌沙衮（今吉尔吉斯斯坦托克马克东），副汗治怛逻斯（今哈萨克斯坦塔拉兹）和疏勒（今新疆喀什）。999年破波斯萨曼朝，奄有阿姆河以北中亚地区。约自1041年起，黑汗分裂为东西二汗。东汗于1004年后不久灭于阗，此后与宋朝不断有交往。

金、南宋时期（一）

12世纪初至13世纪初为金与南宋南北对峙时期，其前期疆域以1142年为准。

1114年，辽的属部女真部族联盟长完颜阿骨打起兵反辽，1115年称帝，建国号金，是为太祖。传弟太宗，于1125年灭辽，1127年灭北宋。经宋金之间战争十余年，至1141年双方订和议。1142年为金熙宗皇统二年，宋进誓表于金，称臣纳币割地；两国以秦岭、淮水为界，中间唐、邓二州属金。是时金以上京（今黑龙江哈尔滨市阿城区南白城）为都，以辽上京为北京，南京为燕京，中京、东京、西京仍辽旧，以宋东京为汴京。分全境为十七路：

上京路	即金之旧土，初号内地，1138年建号上京，治上京会宁府。
北京路	即辽上京道，1138年改名，治北京临潢府。
东京路	即辽东京道，治东京辽阳府。
中京路	即辽中京道，治中京大定府。
西京路	即辽西京道，治西京大同府。
燕京路	即辽南京道，治燕京析津府。
汴京路	即宋河南故土，治汴京开封府。
河北东路、西路	1129年改宋之河北四路为东西二路，东路治河间府，西路治真定府。

河东南路、北路	1128 年分宋河东路为南北二路，南路治平阳府（今山西临汾），北路治太原府。
山东东路、西路	因宋之京东东、西二路，东路治益都府，西路治东平府。
陕西四路	1142 年改宋之陕西六路为四路：京兆府路治京兆府，庆原路治庆阳府，熙秦路治临洮府（今甘肃临洮），鄜延路治延安府。

诸京所领路各设兵马都部署司，即由留守带府尹兼任都部署。诸府所领路各设兵马都总管府，即由府尹兼任都总管。诸路辖州县各若干，州级有散府、节镇州、防御州、刺史州、军之别。又有隶属于上京路的蒲与、曷懒、速频、胡里改四路和隶属于东京路的曷苏馆、婆速二路，也是相当于州级的政区，因不领民户只领猛安谋克，故不称府州而称路。上京、北京、西京等路又辖有边境诸部族。

全境东极吉里迷胡里改之地，至日本海；北抵蒲与路北三千余里大兴安岭；西北包有王纪剌、塔塔儿、白鞑靼等部，与境外诸部接壤于蒙古高原；西接西夏、吐蕃；南以秦岭、淮水与宋为表里。

1127 年金侵宋军北撤后，康王赵构即帝位于南京，是为高宗，南宋始此。同年，南迁扬州；明年，渡江南逃；1138 年定都临安府（今浙江杭州）；1141 年定和议，1142 年割地定界，时为绍兴十二年。境内分路十六，逐路设安抚使司掌一路兵民之政：

路　名	治　所	治　今　地
两浙西路	临安府	浙江杭州市
两浙东路	绍兴府	浙江绍兴市
江南东路	建康府	江苏南京市
江南西路	洪州	江西南昌市
淮南东路	扬州	江苏扬州市
淮南西路	庐州	安徽合肥市
荆湖南路	潭州	湖南长沙市
荆湖北路	江陵府	湖北荆州市荆州区
京西南路	襄阳府	湖北襄阳市
福建路	福州	福建福州市
成都府路	成都府	四川成都市
潼川府路	潼川府	四川三台
夔州路	夔州	重庆奉节
利州路	兴元府	陕西汉中市
广南东路	广州	广东广州市
广南西路	静江府	广西桂林市

又设转运、提点刑狱等司，路分与安抚司同，而治所时或不同。诸路辖府州军监各若干。

西夏、大理、吐蕃诸部，疆理略如辽宋时之旧。

金兵灭辽后，随即南下侵宋。辽宗室耶律大石领兵北走西北路招讨司（蒙古中部、西部），召集辽西北地区各部族，重组统治机构。1130 年率部西行，服属西州回鹘黑汗王朝境内诸部。1132 年即帝位，仍以辽为国号，史称西辽。1134 年建都于八剌沙衮，号虎思斡耳朵。旋又出兵南进至斡端（今新疆和田），西征至花剌子模，奄有东起蒙古高原西部，西抵阿姆河下游之地。

其时蒙古高原中部及迤东迤北之地，为克烈、萌古斯等突厥、鞑靼部族。

金、南宋时期（二）

宋金于 1141 年议和后，1161 年金败盟南侵，战端再起。1165 年再订和议，地界如旧。1206 年宋出兵攻金，1208 年再订和议，地界仍如旧。

《金史·地理志》所载行政区划，即 1208 年（金章宗泰和八年、宋宁宗嘉定元年）制度。全境分为总管府路十九：

中都路，以大兴府尹兼任	上京路，治会宁府	东京路，治辽阳府
北京路，治大定府	西京路，治大同府	南京路，治开封府
咸平路，治咸平府	河北东路，治河间府	河北西路，治真定府
山东东路，治益都府	山东西路，治东平府	大名府路，治大名府
河东北路，治太原府	河东南路，治平阳府	京兆府路，治京兆府
凤翔路，治凤翔府	鄜延路，治延安府	庆原路，治庆阳府
临洮路，治临洮府		

转运司则分为中都、西京、辽东（治咸平府）、北京、南京、河北东、河北西、山东东、山东西、河东南、河东北、陕西东（治京兆府）、陕西西（治平凉府）十三路；按察司则分为中都西京（治大同府）、上京东京（治会宁府）、北京临潢（治临潢府）、

南京、河北东西大名府（治河间府）、山东东西（治济南府）、河东南北（治汾州）、陕西东西（治平凉府）八路。共领京、府、州凡一百七十九，县六百八十三。又有曷懒、蒲与、速频、胡里改、婆速五路领猛安谋克不领民户，分隶于上京、东京二路，比于府州。又有西南、西北、东北三路招讨司置于西京路之丰州（今内蒙古呼和浩特东白塔）、桓州（今内蒙古正蓝旗西北）、北京路之泰州（今吉林大安东南他虎城），各领有若干猛安谋克及藩部。

1211 年起蒙古侵金，1214 年金避蒙古迁都南京开封府。1217 年由于金侵宋而两国战事又起，1233 年金帝避蒙兵出奔蔡州（今河南汝南），1234 年蒙、宋军破蔡州，金亡。

南宋利州路于绍兴十四年（1144）分为东、西二路，其后时分时合，嘉定元年（1208）值分置时，故全境分路十七。利州东路治兴元府，西路治沔州，今陕西略阳。潼川府路移治泸州，今四川泸州。余仍绍兴之旧。转运使司、提点刑狱司路分同安抚司，治所间有不同。诸路领府二十七、州一百三十二、军三十四、监二。

1234 年金亡后，蒙古随即发动对宋进攻，经四十多年战争，终于在 1276 年宋帝被逼出降，元军入临安；残余势力在江西和福建、广东沿海继续抗元，至 1279 年覆没于崖山（今广东新会南），宋亡。

西夏于 1205 年遭受蒙古军首次侵掠后修复城堡，改都城兴庆府为中兴府；其后连续被侵，终于在 1227 年被灭。

大理全境东至今黔西北盘江，西至今缅北伊洛瓦底江流域，南至今泰国北边老挝西北部，北至川南大渡河，置八府、四郡、四镇。1253 年为蒙古所灭。

1206 年蒙古部铁木真统一蒙古高原诸部，建大蒙古国，称成吉思汗，建大斡耳朵于怯绿连河（克鲁伦河）上。其疆域东至金山（大兴安岭），包有弘吉剌部；南接金之西南路界壕，包有汪古部；西有阿勒泰山乃蛮部；北包谦河（叶尼塞河）流域吉利吉思部及大泽（贝加尔湖）左右不里牙惕、八剌忽等部。

元时期（一）

1271年（至元八年）蒙古大汗忽必烈（元世祖）改国号为大元，创建了中国史上的元朝。1276年纳宋帝之降，兵入临安，灭南宋。1279年消灭宋残余势力于崖山。蒙古国初起时各据一方的金、夏、西辽、宋、大理、吐蕃等政权，经成吉思汗、窝阔台汗、蒙哥汗以来七十年征讨兼并，至是全被消灭，完成了旷古未有的大一统。

元朝的都城已从至元九年起定在新建于金中都城东北的大都城（今北京），忽必烈初即位时的都城上都（今内蒙古正蓝旗东闪电河北岸），则作为每年四月至八、九月间避暑的夏都。地方行政机构已将蒙古初年沿用金后期的行省制度推行于全国，并从原来的临时性的中央派出机构演变成为常设的最高地方政府。全境除部分地区直隶于中央的中书省外，分设若干行中书省。中书省又称都省，号为腹里。行中书省的全称是××等处行中书省，简称××行省，或只称××省。至元年间省区的分置罢并极为频繁，十七年（1280）时直隶于中书省的是包括河北、河南、山东、山西、漠南、漠北、辽东和西夏故地等广大地域，行中书省有六：

陕西四川行省辖有金陕西五路、南宋四川路故地，治安西路（今西安市）。

云南行省辖大理国故地，治中庆路（今昆明市）。

江淮行省辖南宋两淮、两浙路故地，治扬州路（今扬州市）。

江西行省辖南宋江西、广东路故地，治隆兴路（今南昌市）。

福建行省辖南宋福建路故地，治泉州路（今泉州市）。

湖广行省辖南宋湖南、湖北、京西南、广西四路故地，治潭州路（今长沙市）。

省以下的行政区划为路、府、州、县四级，西南又有宣抚司、安抚司和军。唐宋时较大的州，多数已升为路。府或隶路，或隶省。州或隶府，或隶路、省。府州或不领县。又有宣慰司作为省的派出机构，用以统辖远离省会地区的路、府、州、县，辖区称道。

除中书省和各行省所辖路、府、州、县外，黑龙江上游有所谓东道诸王即成吉思汗诸弟的封地，迤东有置于女真部族的若干万户府；极北还有一些部族和断事官等特殊建置。吐蕃地区由设置在中央的掌管全国佛教事务的总制院管辖。西域地区的建置隶属不明。阿尔泰山以西阿姆河以东是西北宗藩成吉思汗三子窝阔台后裔窝阔台汗国和成吉思汗二子察合台后裔察合台汗国之地。其时察合台汗笃哇实际是在窝阔台汗海都控制之下的附庸，两国联兵反元，不承认元帝的宗主地位；两国的疆界也难以划分。

也儿的石（额尔齐斯）河以西，花剌子模以北是成吉思汗长子术赤后裔的钦察汗国，阿姆河以西是蒙哥汗之弟旭烈兀后裔的伊利汗国。两国名义上对大汗即元帝称藩，实际已成独立国。

其时元朝的版图东北抵鲸海（日本海），以慈悲岭、铁岭与王氏高丽为界于朝鲜半岛中部；北抵日不落之山，在今俄罗斯西伯利亚北极圈内；西南接尼波罗、印度、缅、越；东南际海。

元时期（二）

《元史·地理志》所载文宗至顺元年（1330），"立中书省一，行中书省十有一……分镇藩服，路一百八十五，府三十三，州三百五十九，军四，安抚司十五，县一千一百二十七"。

中书省 甘肃、辽阳、河南、岭北等处相继建立行省后，中书省辖境遂限于河北、漠南、山东、山西。

岭北行省 大德十一年（1307）置和林行省，治和林（今蒙古国后杭爱省额尔德尼召北，1235年后窝阔台汗至蒙哥汗时代的蒙古国都城）。皇庆元年（1312）改为岭北行省，和林路改名和宁路。统辖东起哈剌温山（大兴安岭），西至也儿的石河，今蒙古国、俄罗斯西伯利亚地区和我国内蒙古新疆部分。

辽阳行省 至元初曾置东京行省，旋罢。二十三年再立，同年罢。二十四年（1287）复置，改称辽阳，治辽阳路（今辽阳市）。辖境相当金东京、咸平、上京三路和北京路的大部分，西北起大兴安岭、外兴安岭，东南抵海，接高丽境。

河南江北行省 至元二十八年（1291）割中书省之河南、江淮、湖广二行省之江北立，治汴梁路（今开封市）。辖境有今河南省河南部分和湖北、安徽、江苏三省的江北部分。

陕西行省 四川行省 至元十八年（1281）分陕西四川行省为陕西、四川二省，其后一度再合为一，二十三年又分为二。陕西行省治安西路后改奉元路（今西安市），辖境相当金陕西五路及南宋利州路部分地，东起山陕间黄河，西包河洮，南起大巴山，北包鄂尔多斯草原。四川行省治成都路，相当宋成都、潼川、夔州三路及利州路一部分，今四川省的大部分。

甘肃行省　景定二年（1261）立西夏中兴行省于西夏故地，治中兴府。其后屡罢屡置，至元二十三年（1286）徙省治于甘州路（今张掖），改称甘肃行省。辖境有今宁夏回族自治区、甘肃河西地区和内蒙古西部。

云南行省　因旧。辖境在今缅、泰境内有所扩展。

江浙行省　至元二十一年改江淮行省为江浙行省，徙治杭州。二十三年还治扬州，复称江淮行省。二十六年再徙杭州，二十八年（1291）割江北州郡隶河南行省，改称江浙。大德三年（1299）罢福建行省，以其地并江浙。辖境相当宋两浙西、两浙东、江南东、福建四路，今浙江、福建二省，上海市和安徽、江苏的江南部分。

江西行省　因旧。辖有今江西大部、广东大部分地。

湖广行省　至元十八年移治鄂州，后改武昌路（今武汉市武昌）。辖境有今湖南、广西、海南三省，贵州省的大部分，湖北、广东各一部分。

又有征东行省，大德三年初置于高丽，未几罢；至治元年（1321）复立。此省丞相由高丽国王兼任，自辟官属，不改变其原有政权机构与制度，故与一般行省性质不同；应视作藩属国。

甘肃之西又有哈密力、北庭都元帅府（别失八里）、哈剌火州之地，不属行省。

至元二十五年改总制院为宣政院，所辖吐蕃地分设三道宣慰司：1. 吐蕃等处宣慰司即脱思麻宣慰司；2. 吐蕃等路宣慰司即朵甘思宣慰司；3. 乌思藏、纳里、速古鲁孙三路宣慰司即乌思藏宣慰司。脱思麻司辖有青海黄南州至四川阿坝州之地。朵甘思司辖有青海果洛州、玉树州至四川甘孜州、西藏昌都地区之地。乌思藏司辖有西藏大部分和克什米尔之地。宣慰司下辖有宣抚司、安抚司、招讨司、元帅府、万户府等建置。

东道诸王自至元二十八年平定乃颜之乱后，已在岭北行省和辽阳行省节制之下。西北窝阔台汗国已于 1309 年破灭，领地大半为察合台汗国所并。察合台汗国已与元朝通好称藩，其地东接别失八里哈剌火州，西尽阿姆河，南抵昆仑山，北抵库克恰腾吉斯（巴尔喀什湖），西北与钦察汗国，西南与伊利汗国接壤。

明时期（一）

　　元末农民起义军蜂起，随后形成了若干割据政权。朱元璋以1352年起兵于濠州（今安徽凤阳），1356年取集庆（今江苏南京），改称应天府以为根据地，在破灭上游的陈友谅和下游的张士诚之后，1368年即帝位，建国号明，年号洪武，是为太祖。同年，北伐中原，元帝弃大都北走。明兵又四出征讨，至洪武十五年（1382）平云南，二十年（1387）降辽东元将纳哈出，完成统一。

　　洪武元年以开封府为北京，应天府为南京，意欲复北宋之旧，定都开封。十一年以开封漕运不便，罢北京；应天府改称京师。成祖永乐元年（1403）以北平府（元大都）为北京，称行在，改府名为顺天。十九年定都北京，以京师为南京，北京为京师。

　　洪武初仍元制，以中书省及行中书省分统郡县；九年改行中书省为承宣布政使司；十三年罢中书省，以所领郡县直隶六部。是时全境共有直隶（中央直辖区）一，布政使司十二：浙江治杭州府，江西治南昌府，福建治福州府，湖广治武昌府，山东治济南府，山西治太原府，北平治北平府，河南治开封府，陕西治西安府，广东治广州府，广西治桂林府，四川治成都府。十五年，又增置云南布政使司。永乐元年罢北平布政使司，以所领直隶北京，自此有南北二直隶。五年收安南入版图，置交阯布政使司；十一年置贵州布政使司。至是共有直隶二、布政使司十四。宣德二年（1427）弃安南，罢交阯布政司。此后终明一代为直隶二、布政司十三。二直隶又称京师、南京二京，十三布政司流俗仍称十三省。两京十三司总称十五省。

宣德八年（1433），十五省分统府、州各百数十，县一千一百有余。府、州、县只领民户，另置卫、所以领军户。全国卫、所以千计，分隶于两京都督府及十六都指挥司、四行都指挥司、一留守司。两京都督府各有直隶卫所。十三省各有一都指挥司，京师又有万全都司治宣府卫（今河北张家口市宣化区），大宁都司治保定府，山东又有辽东都司治定辽卫（今辽宁辽阳）。又有山西行都司治大同府，陕西行都司治甘州卫（今甘肃张掖），福建行都司治建宁府（今福建建瓯），四川行都司治建昌卫（今四川西昌），中都留守司治中都凤阳府（今安徽凤阳）。

府、州、县、卫、所之外，又有土府、土州、土县隶于布政司，宣慰、宣抚、安抚、长官等土司隶于都司。

两直隶和各布司、都司是直辖版图，外此洪武、永乐间又在西陲设哈密（今新疆哈密）、赤斤蒙古（今甘肃玉门西北）、沙州（今甘肃敦煌）等羁縻七卫于陕西行都司边外；永乐招抚海西、建州、野人女真诸部，分置数以百计的羁縻卫所于辽东都司边外，又招抚黑龙江下游奴儿干、吉烈迷及海东苦夷诸部族，设奴儿干、囊哈儿等卫，统以流官奴儿干都司（治黑龙江口今俄罗斯哈巴罗夫斯克边区塔赫塔）。又遣使诏谕西番各族，授其僧俗首领以国师、法王及都指挥、宣慰使、招讨使、元帅、万户等官，因俗以为治。阐化、赞善、护教、阐教、辅教五王各有分地，相当于今西藏自治区除阿里以外及青海玉树州之地。又置俄力思军民元帅府于今阿里地区。又设乌斯藏、朵甘二都指挥司于五王之地。封大宝、大乘、大慈等法王于乌斯藏之地，设董卜韩胡、长河西鱼通宁远二宣慰司于四川徼外今四川甘孜、阿坝州之地。

1368 年元帝退出大都，北走上都；次年明军捣上都，元帝再往北逃；又次年明军克应昌（今内蒙古克什克腾旗西达米诺尔附近），元帝逃往和林，国号仍为元，史称北元。传至 1402 年去帝号称可汗，去国号称鞑靼。永乐、宣德时，时或寇边，时或修职贡，受封爵。

元亡之后蒙古分为三部：鞑靼之西为瓦剌，永乐初分马哈木、太平、把秃孛思三部，明朝封为顺宁、贤义、安乐三王。数与鞑靼相互攻袭，对明时通贡献，间侵及哈密。

鞑靼之东为兀良哈，洪武时受明招抚，置朵颜、泰宁、福余三卫于其部落，通称兀良哈三卫，或朵颜三卫。牧地在洮儿河流域及嫩江下游一带。三卫是明的羁縻卫，和鞑靼、瓦剌与明朝仅为藩属关系不同。

14 世纪 40 年代察合台汗国陷于分裂，60 年代西察合台汗国演变为帖木儿汗国。明初东察合台汗居别失八里（今新疆吉木萨尔北破城子）；永乐十六年（1418）西迁亦力把里（今新疆伊宁），明代史籍即以城名作为其国名。其地西起葱岭、库克恰腾吉斯（巴尔喀什湖），而哈实哈儿（今新疆喀什）不在境内；东接哈密及撒里畏吾儿阿端、曲先等卫；北起也儿的石河（额尔齐斯河）上游，南抵昆仑山。其向阳地区（天山南路）则在贵族朵豁剌惕氏控制之下。

明时期（二）

　　万历十年（1582）明朝直辖版图仍为两京十三布政使司，惟所领府、州、县稍有增损；十六都指挥使司仍旧，行都指挥司除山西、陕西、四川、福建仍旧外，成化时又增设湖广行都司治郧阳府（今湖北十堰市郧阳区），留守司除中都外，嘉靖又增设兴都一司于承天府（今湖北钟祥）；卫所及土官、土司皆稍有增损。

　　京师、山西、陕西的北边，洪武时为阴山、潢河一线；永乐初内徙大宁都司于保定府，东胜卫于永平府及遵化县，宣德徙开平卫于独石堡，正统后鞑靼牧地渐次南展，嘉靖以后遂以长城一线与鞑靼及朵颜三卫为界。明朝在此一线上多次坚筑长城，至是已完成西起嘉峪关，东抵山海关的全线工程，称为“边墙”；又在宣化、大同二镇之南及北直、山西界上筑有内长城，称为“次边”。

　　山东的辽东都司，明初西接大宁都司，北临兀良哈三卫，东临女真诸卫州等羁縻地区；正统后三卫转而为瓦剌、鞑靼所控制，女真诸卫所亦不复能维持永乐、宣德旧制，大宁都司故地又为三卫所侵据；明廷乃于西起山海关北，东至九连城东鸭绿江浒一线，筑较为简易的“辽东边墙”为分界线。北边边墙大部分至今犹存，惟多已残破，辽东边墙则早已湮灭。

　　缘边分段设总兵官统兵防御，初设辽东（驻广宁）、宣府、大同、延绥（驻榆林）四镇，继设宁夏、甘肃（驻甘州）、蓟州三镇，又太原与固原近边亦称边镇，合称九边，于全国诸镇中最为重镇。

云南西南境旧有的孟密、孟养、木邦、蛮莫等土司，至是皆为缅甸所并。

广东珠江口，嘉靖三十二年（1553）葡萄牙人贿通地方官，在壕镜澳（今澳门）登岸建立居留地，万历元年（1573）变贿赂为地租。

川陕徼外仍为东起董卜韩胡、西至俄力思诸西番部族地，惟护教王已在宣德后无嗣而绝。黄教僧锁南坚错已取得极高威望，被奉为活佛，并获得鞑靼俺答汗所赠达赖喇嘛尊号，是为三世达赖。西番自大宝法王、阐化等四王皆俯首称弟子，自此诸番王徒拥虚位，不复能施其号令，一切皆听命于达赖，成为藏族地区政教合一的首领。

辽东边外的建州卫，本在图们江北，正统中西迁苏子河畔赫图阿拉（今辽宁新宾老城），逼近边墙，天顺后时辄寇扰辽东。

正统元年（1436）瓦剌顺宁王脱欢吞并贤义、安乐二王部落，统一瓦剌；二年后又进而控制鞑靼，遂立元裔脱脱不花为蒙古可汗，自为丞相握实权。明年脱欢死，子也先继立；又东取兀良哈三卫及建州女真各部，西掠沙州、赤斤蒙古、哈密等卫。正统十四年（1449）南下攻明，俘英宗于土木堡。景泰四年（1453）自立为大元田盛大可汗，后二年因内乱被杀，蒙古又分裂。其后鞑靼达延汗（《明史》称小王子）在汗位时迫瓦剌西迁，统一鞑靼各大小割据领地，并为六万户，自领左翼察哈尔、喀尔喀、兀良哈三万户，封其一子为济农，统右翼袄儿都司（鄂尔多斯）、满官嗔（土默特）、永绍不（永谢布）三万户。达延汗卒后鞑靼又分裂。至万历初年达延汗孙土默特首领控制右翼，称阿勒坦（俺答）汗。筑大板升城于今呼和浩特，成为漠南地区的政治、经济、文化中心；明赐名归化。

阿勒坦汗又自河套侵入青海，明朝称驻牧青海的部落为"海寇"，《中国历史地图集》标注为鞑靼土默特部。

其时亦力把里已分为亦力把里、叶尔羌、土鲁番三国，其王皆察合台后裔。叶尔羌尽有天山以南、葱岭以东、博斯腾湖以西之地。土鲁番以成化八年（1472）袭占哈密，明朝力谋存复不果，至嘉靖时嘉峪关外七卫之地皆为所有。

清时期（一）

　　1583 年（明万历十一年），建州女真首领、明建州左卫指挥使爱新觉罗·努尔哈赤（清太祖），始起兵兼并邻部；在统一建州诸部、吞并海西女真、收服东部蒙古之后，1616 年（明万历四十四年）即汗位，建国号金，史称后金。1618 年开始攻取明朝辽东地区。1626 年子皇太极（清太宗）嗣立，1635 年改女真族名为满洲，1636 年即皇帝位，改国号为清。

　　清开国后 123 年，疆域在逐渐扩展中：

　　1. 吞灭明朝。1644 年在明总兵吴三桂招引下，清兵进入山海关、击败李自成，顺治帝入主北京。1645 年清兵下江南，南明弘光帝政权覆灭。1659 年清兵入滇，南明永历帝逃入缅甸。1664 年清兵消灭夔东十三家抗清义军，大陆南明残余势力被肃清。海上南明势力郑成功于 1662 年逐走荷兰侵略军，占领台湾，仍奉永历正朔；1683 年（清康熙二十二年），清兵入台湾，成功孙克塽降，明祚告终。

　　2. 统一东北诸部族与并有漠南蒙古，这两件事都完成于灭明之前。太祖时代统一了建州诸部和海西四部，征服招抚了野人女真的主要部分；臣服了蒙古科尔沁、喀尔喀等部。太宗时代统一了乌苏里江、黑龙江流域和海东库页岛上诸部族；击并蒙古察哈尔部，迤西土默特、鄂尔多斯等部相继降附，漠南蒙古十六部悉入版图。

　　3. 灭明之后，经过对准噶尔的长期战争，陆续将厄鲁特蒙古、喀尔喀蒙古、套西、青海蒙古与西藏、回部等地全部收入版图。漠西厄鲁特蒙古即明代瓦剌之后，明季分为准噶尔、杜尔伯特、土尔扈特、和硕特四部，游牧于阿尔泰山以西、天山以北一带。明末清初，准噶尔尽并四部之地，和硕特移牧青海、西藏。1678年（康熙十七年）准噶尔又并有天山以南之回部（维吾尔）地，1688年击并漠北喀尔喀蒙古三部地，三部被迫投清，清廷安置于漠南北部。1690年准噶尔进扰漠南，清朝开始反击。经康熙三次亲征，1697年准噶尔汗噶尔丹战败自杀，阿尔泰山以东尽入清朝版图，喀尔喀还牧故地，青海和硕特亦称藩臣服。山以西仍为准部所有。1717年（康熙五十六年）准噶尔侵占西藏，1720年（康熙五十九年）清兵入藏，准部败走，西藏遂入版图。1723年（雍正元年）青海和硕特叛清降准，清出兵以次年平定之。1755年（乾隆二十年）清乘准部内乱出师进取伊犁，擒其汗，准部初定。已而降将阿睦尔撒纳叛，1757年始荡平。准部既平，所属额尔齐斯河以北乌梁海诸部亦尽入版图。天山以南回部乘机谋独立，1759年（乾隆二十四年）为清兵所平定。清准抗争凡历康、雍、乾三朝，首尾达七十年，至是乃以准噶尔覆亡、清朝全胜结束；清由此拓地万里，建成了中国历史上版图最大的一统帝国。

嘉庆二十五年（1820）全国分为二十七区：山海关内明朝故土为"内地十八省"；东北满洲入关以前故土为"盛京三将军"；西北蒙、藏、准、回诸部分为六区。因明之旧以顺天府为京师，又以入关前旧都沈阳为陪都，称盛京奉天府。

直隶省 明北直隶，入清称直隶省。扩展北境。总督驻保定府。分为霸昌（驻昌平）、通永（驻通州）、清河（驻保定）、天津、大顺广（驻大名）、口北（驻宣化）、热河（驻承德）七道，领顺天、保定、永平、河间、天津、正定、顺德、广平、大名、宣化、承德十一府，遵化、易、冀、赵、深、定六直隶州，及口北张家口、独石口、多伦诺尔三厅。

江苏省　明南直隶，入清改为江南省。康熙六年分江南东半为江苏省。两江（江南、江西）总督驻江宁府，江苏巡抚驻苏州府。分为盐法（驻江宁，今南京市）、苏松太（驻上海）、淮扬（驻清河，今淮安市清江浦区）、淮徐海（驻徐州）、淮海（驻安东，今涟水）、常镇通海（驻镇江）六道，领江宁、苏州、松江、常州、镇江、淮安、扬州、徐州八府，太仓、海、通三直隶州，海门一直隶厅。

安徽省　康熙六年分江南西半为安徽省。巡抚驻安庆府。分为安徽（驻芜湖）、庐凤（驻凤阳）二道，领安庆、徽州、宁国、池州、太平、庐州、凤阳、颍州八府，滁、和、广德、六安、泗五直隶州。

山西省　因明旧。扩展北境。巡抚驻太原府。分为冀宁（驻太原）、河东（驻运城）、雁平（驻代州）、归绥（驻绥远，今内蒙古呼和浩特市）四道，领太原、平阳、蒲州、潞安、汾州、泽州、大同、宁武、朔平九府，平定、忻、代、保德、霍、解、绛、隰、沁、辽十直隶州，归化、绥远、托克托、清水河、萨拉齐、和林格尔六厅。

山东省　因明旧。划出辽东都司。巡抚驻济南府。分为济东泰武临（驻济南）、登青莱（驻登州，今蓬莱）、兖沂曹济（驻兖州）三道，领济南、兖州、东昌、青州、登州、莱州、武定、沂州、泰安、曹州十府，济宁、临清二直隶州。

河南省　因明旧。巡抚驻开封府。分为开归陈许（驻开封）、河北（驻武陟）、河陕汝（驻陕州，今三门峡市）、南汝光（驻信阳）四道，领开封、陈州、归德、彰德、卫辉、怀庆、河南、南阳、汝宁九府，许、陕、光、汝四直隶州。

陕西省 康熙二年分陕西省为二，东部仍称陕西。巡抚驻西安府。分为西乾鄜（驻西安）、凤邠（驻西安）、潼商（驻潼关，今潼关东北）、陕安（驻汉中）、延榆绥（驻榆林）五道，领西安、延安、凤翔、汉中、榆林、兴安、同州七府，商、乾、汾、鄜、绥德五直隶州。

甘肃省 康熙二年分陕西省西部为巩昌省，五年改称甘肃。陕甘总督兼甘肃巡抚驻兰州府。分为兰州、平庆泾（驻固原）、巩秦阶（驻岷州）、宁夏、甘凉（驻凉州，今武威市）、西宁、安肃（驻肃州，今酒泉市）七道，又有镇迪道在新疆境内。领兰州、巩昌、平凉、庆阳、宁夏、甘州、凉州、西宁八府，泾、秦、阶、肃、安西五直隶州，又有镇西府、迪化直隶州在新疆境内。

浙江省 因明旧。巡抚驻杭州府。分为杭嘉湖、宁绍台、金衢严、温处四道，领杭州、嘉兴、湖州、宁波、绍兴、台州、金华、衢州、严州、温州、处州十一府，玉环一直隶厅。

江西省 因明旧。巡抚驻南昌府。分为南抚建、瑞袁临（驻南昌）、广饶九南（驻九江）、吉南赣宁（驻赣州）四道，领南昌、饶州、广信、南康、九江、建昌、抚州、临江、瑞州、袁州、吉安、赣州、南安十三府，宁都一直隶州。

湖北省 康熙三年分湖广省北部为湖北省。湖广总督、湖北巡抚同驻武昌府。分为武昌、汉黄德（驻黄州，今黄冈市）、安襄郧荆（驻襄阳）、荆宜施（驻荆州）四道，领武昌、汉阳、黄州、安陆、德安、荆州、襄阳、郧阳、宜昌、施南十府，荆门一直隶州。

湖南省　康熙三年分湖广省南部为湖南省。巡抚驻长沙府。分为长宝（驻长沙）、岳常澧（驻澧州，今澧县）、衡永郴桂（驻衡州，今衡阳市）、辰沅永靖（驻凤凰）四道，领长沙、岳州、宝庆、衡州、常德、辰州、沅州、永州、永顺九府，澧、桂阳、靖、郴四直隶州，乾州、凤凰、永绥、晃州四直隶厅。

四川省　因明旧。扩展西境，减缩南境。总督驻成都府。分为成绵龙茂、川东（驻重庆）、川南永宁（驻泸州）、建昌上南（驻雅安）、川北（驻保宁，今阆中）五道，领成都、重庆、保宁、顺庆、叙州、夔州、龙安、宁远、雅州、嘉定、潼川、绥定十二府，眉、邛、泸、资、绵、茂、忠、酉阳八直隶州，叙永、松潘、石柱、杂谷、太平五直隶厅，懋功一屯务厅。

福建省　因明旧。康熙二十三年增领台湾澎湖诸岛。闽浙总督、福建巡抚同驻福州府。分为粮驿（驻福州）、兴泉永（驻厦门）、汀漳龙（驻漳州）、延建邵（驻延平，今南平市）、台湾（驻台湾府，今台湾台北市）五道，领福州、兴化、泉州、漳州、延平、建宁、邵武、汀州、福宁、台湾十府，永春、龙岩二直隶州。

广东省　因明旧。两广总督、广东巡抚同驻广州府。分为粮储（驻广州）、南韶连（驻韶州，今韶关市）、惠潮嘉、肇罗、高廉、雷琼（驻琼州，今海南海口市琼山区）六道，领广州、韶州、惠州、潮州、肇庆、高州、廉州、雷州、琼州九府，南雄、连、嘉应、罗定四直隶州，佛冈、连山二直隶厅。

广西省　因明旧。巡抚驻桂林府。分为桂平梧郁、左江（驻南宁）、右江（驻柳州）三道，领桂林、柳州、庆远、思恩、泗城、平乐、梧州、浔州、南宁、太平、镇安十一府，郁林一直隶州。

云南省 因明旧。扩展东北境。云贵总督、云南巡抚同驻云南府。分为粮驿（驻云南，今昆明市）、迤东（驻寻甸）、迤西（驻大理，今大理市北）、迤南（驻普洱，今宁洱）四道，领云南、大理、临安、楚雄、澂江、广南、顺宁、曲靖、丽江、普洱、永昌、开化、东川、昭通十四府，广西、武定、元江、镇沅四直隶州，景东、蒙化、永胜、腾越四直隶厅。

贵州省 因明旧。扩展西北境。巡抚驻贵阳府。分为粮驿（驻贵阳）、贵西（驻威宁）、贵东（驻古州，今榕江）三道，领贵阳、安顺、都匀、镇远、思南、石阡、思州、铜仁、黎平、大定、兴义、遵义十二府，平越一直隶州，松桃、普安、仁怀三直隶厅。

以上内地十八省。

奉天 明辽东都司及清朝发祥地兴京。入关后设奉天将军（一称盛京将军），统辖全境驻防，又设奉天府尹统辖境内州县。将军及盛京户、礼、兵、刑、工五部，奉天府尹同驻盛京奉天府（今辽宁沈阳市）。分为奉天、熊岳、锦州三副都统辖区及奉天、锦州二府。

吉林 明辽东都司边外女真诸卫所至奴儿干都司地。清初设宁古塔将军，旋改设吉林将军，驻吉林城。分为吉林、宁古塔、白都讷、阿勒楚喀、三姓五副都统辖区，嘉庆五年又设长春厅。

黑龙江 明辽东都司边外野人女真及东蒙古地。清康熙二十三年设黑龙江将军，驻黑龙江城（今黑河市爱辉区），二十九年移驻墨尔根（今嫩江），三十八年移驻齐齐哈尔。分为齐齐哈尔、黑龙江、墨尔根三副都统及呼伦贝尔副都统衔总管四辖区。又有布特哈总管。

以上盛京三将军辖区。

新疆 乾隆二十七年设总统伊犁等处将军，统辖天山南北准部回部各新疆地方驻防官兵，驻伊犁惠远城（今霍城县西）。伊犁、塔尔巴哈台、喀什噶尔三处设参赞大臣，乌鲁木齐设都统，哈密、喀喇沙尔、库车、阿克苏、乌什、叶尔羌、和阗设办事大臣，库尔喀喇乌苏、古城、巴里坤、吐鲁番、英吉沙尔设领队大臣，皆统于将军。又设镇西府于巴里坤，迪化直隶州于乌鲁木齐，隶甘肃省。又有部分哈萨克、布鲁特部落，为伊犁、喀什噶尔大臣羁驭巡视所及。

乌里雅苏台 雍正十一年设定边左副将军统辖喀尔喀蒙古四部及科布多、唐努乌梁海地方，驻乌里雅苏台（今蒙古扎布汗省会乌里雅苏台），通称外蒙古。喀尔喀北路为土谢图汗部二十旗，东路为车臣汗部二十三旗，西路为扎萨克图汗部十九旗。中路三音诺颜部分自土谢图汗部，二十四旗。科布多设参赞大臣，管厄鲁特、乌梁海十七旗。唐努乌梁海五旗四十六佐领，分属将军、扎萨克图汗部、三音诺颜部。

以上西北二将军辖区。

内蒙古 漠南蒙古东起科尔沁，西至鄂尔多斯，凡二十四部四十九旗，合为哲里木、卓索图、昭乌达、锡林郭勒、乌兰察布、伊克昭六盟，径隶理藩院。设有热河都统，驻防直隶承德府（今河北承德市）。又有归化城土默特二旗，由山西绥远城将军管辖。又有察哈尔八旗，各设总管，由察哈尔都统管辖，驻直隶张家口（今河北张家口市）。直隶盛京边外又设有诸牧厂，各设总管。

套西蒙古 阿拉善厄鲁特一旗，额济纳旧土尔扈特一旗，牧地在河套贺兰山以西，各自为部，不设盟。

以上漠南蒙古二区。

青海 北部为蒙古厄鲁特等二十九旗，南部为玉树等四十土司，由西宁办事大臣统辖，驻甘肃西宁府。

西藏 分卫（前藏）、藏（后藏）、喀木（康）、阿里四区，辖六十余城，东接四川巴塘，西至拉达克、丁木刚。达赖喇嘛驻拉萨，掌全藏政令；班禅额尔德尼驻日喀则，掌后藏寺院，并受命于驻藏办事大臣、帮办大臣。

以上青藏二办事大臣辖区。

康熙二十八年（1689）中俄订立《尼布楚条约》，划定黑龙江、吉林与俄国远东地区间边界：黑龙江西以自南北流入黑龙江之额尔古讷河、自北南流入黑龙江之格尔必齐河，以及额尔古讷河口至格尔必齐河口间之黑龙江为界；北以格尔必齐河源东至于海之外兴安岭为界。东端乌第河以南，作为两国待议地区。海中格布特等岛屿属吉林。

雍正五年（1727）中俄订立《布连斯奇界约》，划定外蒙古与俄国西伯利亚间边界，东起额尔古讷河西岸阿巴该图，西至唐努乌梁海沙宾达巴哈。康熙五十一年（1712）定盛京与朝鲜之间以鸭绿江、图们江为界，于长白山天池南分水岭上立碑为记。

清时期（二）

19 世纪中叶以后，清朝的领土多次被资本主义列强侵占割夺，不断减缩。清廷为了加强边区统治，相应作出了一些政区制度上的改革。

1. 边境的丧失与边界的划定

黑龙江、吉林　咸丰八年（1858）第二次鸦片战争期间，俄国乘机迫胁黑龙江将军奕山签订中俄《瑷珲条约》，强行割去黑龙江、松花江左岸大片中国领土，仅规定瑷珲对岸精奇里江以南"江东六十四屯"仍由原住中国人永远居住，归中国政府管理。乌苏里江以东至海，划为中俄共管地。清廷当时拒绝批准，后二年在中俄《北京条约》中遂被迫确认此约。光绪二十六年（1900）八国联军侵华战役中，俄又出兵强占江东六十四屯。

吉林　《瑷珲条约》定乌苏里江以东至海为中俄共管地，《北京条约》进而将乌苏里及松阿察二河逾兴凯湖至图们江口一线以东原中国领土划归俄国。次年勘定边界，绘图立牌。光绪十二年（1886）重勘，增立改立界牌多处，多有退让。

鞑靼海峡东岸的库页岛，本为吉林三姓副都统辖境，中俄订立《北京条约》，清廷竟置此岛于不问。时俄日已分占北部南部。1875 年全归俄，1905 年日俄战后以北纬 50°以南归日。

图们江源处中朝边界，光绪九年（1883）至十三年（1887）曾经双方交涉勘查，未得结论。甲午中日战后，日本取得韩国外交权，终于在宣统元年（1909）定以石乙水为江源，两国以此为界。

外蒙古　咸丰十年中俄《北京条约》，定西界"自沙宾达巴哈起至斋桑淖尔"，虽未经勘定，此两点以西北定边左副将军所属乌梁海十佐领及科布多所属阿勒坦淖尔乌梁海二旗，已划在界外。后经同治三年（1864）订立《塔城条约》，八年（1869）订科布多、乌里雅苏台二界约，光绪九年（1883）又勘改科布多边界，遂划定如《中国历史地图集》所示。

新疆　咸丰十年《北京条约》定中俄西界"自沙宾达巴哈起，至斋桑淖尔，又西南至特穆尔图淖尔，又南至浩罕为界"，已割弃乾嘉旧界自巴勒喀什湖东南至特穆尔图淖尔之地于俄，后经同治三年订中俄《勘分西北界约记》（即《塔城条约》），同治九年于边界建立牌博（注：牌博即界牌鄂博），光绪七年（1881）订《伊犁改订条约》，自八年至十年相继勘定伊犁、塔尔巴哈台、喀什噶尔东北、西北界约，遂划定如《中国历史地图集》所示。

外蒙古、新疆中俄历次的勘界，中方每次皆有丧失。喀什噶尔西北界约所定中俄分界线，止于乌孜别里山豁；自此以南未经勘定，约文但作自此"中国界转向正南，俄国界转向西南"。其地即帕米尔高原，光绪初年曾设置苏满等八卡伦。1895 年英俄两国竟私分其地，中国虽抗议无结果。

西藏　拉达克本为阿里的一部分，西接克什米尔。1840 年左右克什米尔侵入拉达克，1846 年英国吞并克什米尔，拉达克随即被并入英属克什米尔。

光绪十六年（1890）英国迫订《藏印条约》，规定哲孟雄归英保护，并划定藏哲间边界，被割去春丕以南等地。

云南两广　光绪十一年法国吞并越南，十二年英国吞并缅甸，嗣后云南、两广与缅越边界经多次交涉划定，滇西茶山、麻栗坝等地，铁壁、虎踞、天马、汉龙等关遂划入英属缅甸，滇南乌得、勐乌二土司划入法属交趾支那（今属老挝）。惟两广与越南接壤处，清廷以商务利益换取对方界务让步，故十万大山西南稍有展出，钦州西南江坪、黄竹原为越南飞地，至是并入钦州。

粤闽海疆　原属广东广州府新安县的香港岛，鸦片战争中为英国占据，道光二十二年（1842）中英订《江宁条约》，割让于英国。咸丰十年（1860）第二次鸦片战争结束时中英订《天津续约》，又以香港对岸之九龙司地方一区割归英属。

原隶福建省之台湾府，光绪十一年建为行省。甲午中日之战（1894）中国战败，次年订中日《马关条约》，割让于日本。

2. 沿海港湾被强租

澳门　在广东广州府香山县南。初沿明旧为葡萄牙人租住地；1849 年后葡拒交地租，逐走清驻澳官吏；光绪十三年（1887）中葡订《北京条约》，允准葡萄牙"永居管理"澳门。

香港　光绪二十四年（1898）中英订《香港界址专条》；次年，勘定以深圳河及深圳、大鹏二湾以南及附近海面租予英国，以 99 年为限期。（为别于割让地九龙司地方一区，此称九龙新界。）

胶州湾　在山东胶州东南。光绪二十三年德国因教案出兵据胶州湾，次年迫订《胶州湾租约》，定期 99 年。青岛为湾中商港。

旅顺口大连湾　在奉天金州境。光绪二十四年俄国强租，包括亚当湾、貔子窝湾以南陆地及附近海面岛屿，租期 25 年。光绪三十一年（1905）日俄之战俄国战败，旅大租借权为日本所承袭。

威海卫　在山东登州文登县北。光绪二十四年英国擅以兵舰停泊于此，旋即强订租约，租期 25 年。

广州湾　在广东雷州东北。光绪二十五年（1899）法国用兵占据，旋即强订租约，定期 99 年。

列强侵夺我主权，又有通商、筑路及划定通商口岸租界等约。

3. 边境政区改革

新疆　光绪九年（1883）建行省，置巡抚；旋即裁诸驻防大臣及扎萨克、阿奇木伯克，改置府、厅、州、县。分为镇迪、伊塔、阿克苏、喀什噶尔四道，迪化、伊犁、温宿、焉耆、疏勒、莎车六府，库车、和阗二直隶州，镇西、吐鲁番、哈密、库尔喀喇乌苏、塔尔巴哈台、精河、乌什、英吉沙尔八直隶厅，州一、县二十一。新疆巡抚驻迪化，辖镇迪、阿克苏、喀什噶尔三道。仍设伊犁将军驻惠远城，辖伊塔道。（民国二年始并伊犁入新疆。）

外蒙古　光绪三十二年（1906）设阿尔泰办事大臣，分辖科布多西南部阿尔泰乌梁海、新土尔扈特、新和硕特三部地，驻承化寺。（民国八年并入新疆。）

台湾　光绪十一年分福建台湾府建行省，随后分建台湾、台北、台南三府，台东一直隶州，厅三、县十一。巡抚驻台北。光绪二十一年（1895）全省割于日本。

东三省　光绪三十三年（1907）奉天、吉林、黑龙江改行省，设巡抚，又设东三省总督统辖。悉裁副都统、协领、城守尉等驻防，改设析置府、厅、州、县；各分数道。总督、奉天巡抚驻奉天府，吉林巡抚驻吉林府，黑龙江巡抚驻龙江府。三省间区划颇有改变，内蒙古哲里木盟牧地多划入三省。

内地十八省、内蒙古、青海、西藏改动皆不多，不备举。

编后记

去年复旦大学举办纪念谭其骧先生一百一十周年诞辰活动期间，中华书局的郭时羽女士约我编一本《谭其骧历史地理十讲》，向公众普及谭先生历史地理学研究成果的精华，并希望能在今年9月前出版，以此纪念谭先生逝世三十周年。作为谭先生的学生和晚年的助手，我自然义不容辞。

根据本书的宗旨，我们确定的编选原则，一是尽可能覆盖谭先生涉及的历史地理学的各个方面，一是必须代表谭先生在该领域的最高水平或最终成果。最终选定的十个方面是中国的疆域、历代政区、七大古都、历史人文地理研究、中国文化的时代与地区差异、马王堆古地图、西汉以前的黄河下游河道、东汉以后黄河长期安流、云梦与云梦泽、上海的建镇得名与海陆变迁，组成十讲。考虑到有些单篇论文不足以全面反映谭先生的学术成果，而同一"讲"收多篇论文又不符合本书的体例，于是将两篇或多篇论文合并，稍作了点技术性处理，合成一讲。具体的选编办法，已在各讲前注明。

历代疆域的变迁和政区沿革是中国历史地理和中国史的重要内容，但第一讲《历史上的中国和中国历代疆域》和第二讲《中国历代政区制度演变概述》限于篇幅，不可能具体讲述中国历代疆域的演变过程和历代政区沿革。在谭先生主编的《简明中国历史地图集》（中国地图出版社，1991年）中，每幅地图都附有谭先生撰写的《图说》；故汇集从秦时期至清时期的《图说》，编为《历代疆域政区概述》，作为本书的附录。

对谭先生的原文，自然不能擅改，所以在选编过程中只限于改正原版在排印中产生的错讹。但在谭先生身后出土或发现了新的证据，填补了史料的空白，或纠正了流传至今的误解，如秦郡的数量和名称，则在该讲的正文后加注说明。为了方便读者的阅读和理解，对较长的篇目酌情分段，所用小标题尽可能采用谭先生原文。

谭先生原稿，凡引用《史记》《汉书》等常见正史，除需要特别说明之处外，一般均不出注。原文中所注"今地"是根据撰写或发表时的行政区划，现均据2021年底的行政区划调整。对原文正文中需要调整的"今地"加括注，原文括注中的"今地"径改。原文未标明市、区、县、镇、乡而专名未改的，一般从略。为避免繁冗，同一页中同一地名仅首次出现时加注今地。

1982年，中央电视大学邀请谭先生为语文类专业1982级选修课"中国古代文化史讲座"讲授历史地理，先生命我讲"谈谈历史地理学"，他自己讲"历代行政区划略说"。我的讲稿是在谭先生指导下写的，并经他审阅定稿。我将这篇讲稿题为《为什么要学习历史地理学》，作为本书的《导言》，相信符合谭先生的本意。这两篇讲稿都保留着原声，已制成二维码放在《导言》及第二讲的开端。

孟刚学弟与我一起选编成《十讲》，他还对照原稿的不同版本作了仔细校改，核查今地等，各讲篇首所用谭先生的照片亦是由他收集提供的。

原稿所附地图有的不甚清晰，多数达不到重印的质量标准，均由鲍俊林学弟在不改变原图面貌的基础上作数码优化处理。

应中华书局之约，马孟龙学弟对全书作了审校，并对秦到东汉的今地做了逐一核查修订。

特别感谢郭时羽女士！正是她倡议选编出版此书，并且担任责任编辑。拙书《黄河与中华文明》也是由她编辑的，其精湛的编辑水准和严谨细致的态度令人折服，我们有过卓有成效的合作，并有幸在本书的编辑过程中得到延续。其间她因工作变动，离开中华书局，但仍坚持完成付印前的全部工作。她对本书的贡献远远超过一般意义上的责任编辑，要不是为了尊重她的职业操守，我实在应该将她的名字列入本书的选编者。

葛剑雄　2022 年 6 月

中华书局

| 初版责编 | 郭时羽 |